탈냉전기
미국의 외교 · 안보정책과 북한의 핵정책

이 도서의 국립중앙도서관 출판시도서목록(CIP)은 e-CIP홈페이지(http://www.nl.go.kr/ecip)와 국가자료공동목록시스템(http://www.nl.go.kr/kolisnet)에서 이용하실 수 있습니다. (CIP제어번호: CIP2011005342)

탈냉전기

미국의 외교·안보정책과 북한의 핵정책

조성복 지음

한글판 서문

이 책은 2007년 봄 필자가 독일의 쾰른대학교에서 박사학위를 받기 위해 제출했던 학위논문 "탈냉전기 미국의 외교·안보정책과 북한의 핵정책(Die Außen- und Sicherheitspolitik der USA seit dem Ende des Ost-West-Konflikts und die Nuklearpolitik Nordkoreas)"을 우리말로 번역하면서 우리 상황에 맞추어 손질하고 보강한 것이다. 1990년대 초반 북한의 핵문제가 발생하던 시점부터 2007년 초 제5차 6자회담의 2·13 합의에 이르기까지 북한 핵을 둘러싼 미국의 외교·안보정책과 탈냉전기 북한의 생존전략을 국제정치이론 가운데 현실주의적 시각에서 분석한 것이다.

2007년 이 논문을 제출한 이후 벌써 4년이나 지났지만 북한 핵문제 관련 현재의 북미관계는 2007년의 시점과 비교하여 크게 변화하지 않았다고 볼 수 있다. 2008년 집권한 이명박 정부가 이전 정부들과는 달리 철저한 상호주의에 입각한 강경한 대북입장을 고수하였고, 따라서 미국으로서도 북한 핵문제와 관련하여 굳이 적극적으로 나설 필요가 없었기 때문이다.

다만 미국이 2008년 세계금융위기를 맞아 냉전 이후 국제체제 내에서 지켜오던 초강대국으로서의 지위가 다소 흔들리게 된 점, 또 중국이 지속적인 경제성장을 통해 국제무대에 "G2" 국가로 등장하게 된 점이 2007년 논문제출 당시의 상황과는 다소 달라진 모습이라고 하겠다. 그러나 이 점을 제외하고는 이 책의 내용은 현재의 시점에서도 핵문제를 둘러싼 북미관계를 설명하는 데 상당히 유용하다고 할 수 있겠다. 이 책의 주요 내용은 다음과 같다.

이 연구에서 도출된 중요한 국제정치학의 **이론적 및 경험적** 결론은 미국의 모호한 대북정책과 북한의 균형화 전략을 현실주의 이론의 시각으로 설명할 수 있고, 경험적 측면에서 이를 확인할 수 있다는 것이다.

이 책은 냉전 이후 미국의 외교·안보정책과 북한의 핵정책을 병렬적으로 다룬 것이다. 지금까지의 연구들은 국제정치이론의 자유주의적인 시각에서 북한 핵문제를 대체로 북한 내부의 문제(예를 들어, 북한의 핵개발을 정권의 일탈행동으로 보고, 이에 따라 핵 위기의 원인이 전적으로 북한에 있다고 가정)로 취급함으로써, 북한에 대한 미국 외교·안보정책의 영향력을 과소평가하여 온 점이 없지 않다. 이러한 의미에서 이 연구는 국제정치이론의 현실주의적 시각(북한은 자신의 안보이익을 위해 핵무기를 추구한다는 가정)에서 북한 핵 문제를 다루고 있다. 이 주제에 대한 부분적인 연구들은 많이 있었으나, 1990년대 초반부터 2007년의 5차 6자 회담에 이르기까지의 총괄적인 연구물은 아직까지 출판되지 않고 있다.

본 연구는 현실주의 시각에서 특히 다음 두 가지 문제에 초점을 맞추고 있다. 첫째, 탈냉전기 미국의 대북정책 수행을 국제체제 내 미국의 단극적(unipolar) 지위로 설명할 수 있는가? 둘째, 그러한 단극의 국제체제 내에서 북한정권은 미국을 상대로 자신의 생존을 위해 어떠한 대안을 가질 수 있는가?

따라서 이 책은 크게 이론과 실제(경험적 측면)의 부분으로 구성되어 있다. 먼저 이론 부분에서는 현실주의 이론의 기본원리와 고전적/구조적 현실주의 이론의 내용을 자세히 살펴보고, 이러한 시각에서 미국이 냉전 후 국제체제 내에서 실제로 지배적인 (단극의) 위치에 올랐는가, 미국은 그러한 단극의 국제체제에서 다른 국가들을 어떻게 보고 있는가, 또 반대로 다른 국가들은 미국을 어떻게 보고 있으며 자신들의 안보이익을 위하여 유일 초강대국인 미국을 상대로 어떠한 전략들을 가질 수 있는가를 분석하고 있다.

실제부분에서는 탈냉전기 미국 외교정책의 전반적 골격, 비/반확산 및 소위 불량국가 문제를 포함하는 안보정책, 동북아시아 및 대북정책을 분석하고, 그에 맞서는 북한의 생존정책 등을 검토하고 있다.

냉전 이후 미국의 국익은 대량살상무기 및 그 운반체의 확산을 방지하는 것과 글로벌 차원에서 새로운 경쟁자의 출현을 저지하는 것이다. 이러한 이유에서 미국은 동북아시아에서 북한의 핵개발을 중단시키고 중국이 세계적인 강대국으로 부상하는 것을 저지하려고 하고 있다. 그런데 이 두 가지 목표를 동시에 추구하는 데에는 모순되는 측면이 존재한다. 미국이 동북아시아에서 주도권을 가지고 중국의 부상을 견제하기 위해서는 이 지역에 미군의 주둔을 필요로 하나, 반면에 그러한 주한미군의 존재는 북한의 핵 문제를 해결하는 데에는 걸림돌로 작용할 수 있기 때문이다. 바로 이러한 점에 미국의 딜레마가 있는 것으로 보인다.

그래서 미국은 북한 핵 문제에 대하여 모호하고 이중적인 태도를 보여왔다. 한편으로 북한의 핵 및 미사일 프로그램을 과장하여 자신의 미사일 방어체제를 정당화하는 근거로 사용하고 있으며, 다른 한편으로는 서둘러 해결을 시도하기보다 그냥 방치함으로써 동북아시아에서의 현상유지를 도모하고 있다. 예를 들어, 1993/94년 제네바 회담, 2003년 이래의 6자회담 등 외교적 해결을 모색하는 한편, 다른 측면에서는 선제공격, 핵사용 가능성, 정권교체/변환, 경제 및 금융제재 등 강경정책을 추구하고 있기 때문이다. 이러한 미국(특히 부시 행정부)의 대북정책은 일방적이고 패권적이라 할 수 있는데, 그러한 정책이 가능한 이유는 냉전 이후 미국이 달성한 국제체제 내 단극의 지위에서 기인한 것으로 볼 수 있다.

끝으로 미국 중심의 단극의 국제체제에서 북한정권은 자신의 생존을 위하여 어떠한 대안을 가질 수 있는지 논의하고 있다. 구조적 현실주의 이론의 논리에 따르면, 북한은 미국에 대항하는 〈균형화 전략〉이나 미국에 영합하는 〈편승화 전략〉을 선택할 수 있다. 균형화 전략은 동맹에 의존하는 외부적인 방법과 스스로 힘을 키우는 내부적인 방법이 있는데, 외부 균형화 전략은 거의 불가능한 상태이다. 왜냐하면 현재 어떤 국가도 북한을 편들어 정면으로 미국에 대항하려 하지 않기 때문이다. 과거에는 소련이 그 역할을 했었으나 이제는 그것을 기대하기 어려운 상황이고, 현재 중국이 어느 정도 그러한 역할을 하고 있다고 볼 수 있으나 보다 완전한 역할을 기대하려면 아직 시간이 더 필요한 상황이다. 또한 부시 행정부가 북한정권의 교체나 변환을 추구하고 있기 때문에, 북한이 미국에 편승하려는 전략도 여의치 않다. 따라서 현재 북한정권에게는 내부적인 균형화 전략, 즉 스스로 핵무기와 장거리 미사일 능력을 지속적으로 강화하는 것 이외에는 생존을 위해 다른 마땅한 대안이 없는 상황이다.

미국이 국제체제 내에서 현재의 단극 지위를 계속하여 유지하는 한, 미국의 모호한 대북정책은 상황에 따라 약간의 변화를 보일 수는 있으나 앞으로도 크게 달라지지 않을 것으로 보인다. 따라서 미국과 북한 사이의 핵을 둘러싼 갈등은 당분간 지속될 것으로 전망된다.

유학생활을 하는 동안 크고 작은 어려움이 많았다. 그럴 때마다 함께 고민하고 용기와 격려를 해주신 서울대 우한용(우공) 교수님께 깊은 존경과 감사를 드린다. 또한 유학기간 많은 분들의 도움을 받았는데, 특히 임석동, 한명수, 이상백, 최정희, 윤종수, 신성호, 아람 후배들, 그리고 부모형제들에게 이 자리를 빌려 고마운 마음을 전한다. 끝으로 여러 경제적 어려움을 무릅쓰고 이 원고의 출판을 맡아 이렇게 훌륭하게 좋은 책을 만들어 주신 도서출판 오름의 부성옥 대표와 직원 여러분께 감사드린다.

2011년 10월

조성복

독일어판 서문

대학졸업 후 10년 가까운 직장생활을 정리하고 1997년 말 공부를 더 하기 위해 독일에 왔다. 독일에 온 이유는 이 나라가 한국과 마찬가지로 2차대전 후 분단의 경험이 있었기 때문이다. 독일의 분단과 통일의 경험에서 한반도 통일을 위해 무엇인가를 배우기 위해서였다.

어학연수를 마치고 학업을 시작하면서 북한의 핵문제가 동북아 평화 및 안보에 막대한 영향을 미치고 있다고 느끼게 되었고, 한반도 통일의 첫걸음은 북한 핵문제의 해결이라고 생각하게 되었다. 그래서 이 주제를 연구대상으로 선정하고 박사학위논문을 작성하게 되었다.

이곳에서 공부하는 동안 적지 않은 사람들이 북한 핵문제를 평양정권의 국내문제라고 인식하는 점은 조금 놀라웠다. 쾰른대학교 정치학과 대학원 과정의 한 세미나 발표에서 북한 핵문제의 발생원인과 관련 다른 요인을 제시하자 동료 학우들의 놀라워하던 표정들을 아직도 잊을 수 없다.

이 연구에서는 **북핵 위기의 원인이 전적으로 북한에 있다**는 '일반적으로 받아들이는 가정' 을 잠시 접어두고, 그 원인이 어쩌면 **미국의 외교·안**

보정책에도 일정 부분 있을지 모른다는 새로운 제안을 하게 된다.

이 논문에서 도출된 중요한 이론적 및 경험적 결론은 미국의 "모호한" 대북정책과 북한의 "균형화" 전략을 현실주의 이론의 시각으로 설명할 수 있고, 이를 경험적 측면에서 확인할 수 있다는 것이다.

이 책은 탈냉전기 미국의 외교·안보정책과 북한의 핵정책을 병렬적으로 다룬 것이다. 지금까지의 연구들은 북한의 핵문제를 국제정치이론의 자유주의적 시각에서 북한 내부의 문제로만 취급함으로써 북한에 대한 미국 외교·안보정책의 영향력을 과소평가하여 온 점이 없지 않다. 이 연구는 현실주의적 시각에서 북한의 핵정책이 북한의 안보문제에서 기인한 것임을 보여주고 있다. 그동안 이 주제에 대한 부분적인 연구들은 많이 있었으나, 1990년대 초반부터 2007년 2월의 6자회담에 이르기까지의 총괄적인 연구물은 아직까지 출판되지 않고 있다.

지도교수 토마스 예거(Prof. Dr. Thomas Jäger)의 탁월한 지성에 깊은 존경을 표하며, 학업기간 내내 지속된 신뢰와 아낌없는 지원, 그리고 합리적인 일처리에 대해 진심으로 감사의 말씀을 드린다. 한 세미나에서 알게 된 친구 크리스토프 가이돌(Christophe Gaydoul M.A.)은 인내심을 가지고 내 논문들을 꼼꼼히 읽고 교정해 주었다. 또 첫 학기 첫 수업부터 함께 했던 친구 미하엘 슈테크(Dipl.-Kfm. Michael Stegh)와 그의 부모에게도 고마움을 표한다. 이들의 도움이 없었다면 독일 유학생활은 훨씬 더 고단했을 것이다. 끝으로 나의 아내 — 오미예 — 에게 감사한다. 그녀의 헌신적인 사랑과 보살핌이 있었기에 힘들고 어려운 유학생활을 이겨낼 수 있었다. 다시 한 번 사랑과 감사의 마음을 전한다.

2008년 4월

조성복

차 례

제2부 탈냉전기 미국의 외교·안보정책과 대북정책

:: 도표 차례

서장
미국의 외교·안보정책과 한반도

Ⅰ. 풀어야 할 문제들

1. 미국의 외교·안보정책

동서냉전은 1990년대 초반 소련연방의 붕괴로 막을 내렸다. 이후 미국은 타의추종을 불허하는 군사력과 막대한 경제적·정치적 영향력을 확보함으로써 국제체제(international system) 내 유일한 초강대국으로서 단극의(unipolar) 지위를 갖게 되었다. 1992년 미 국방부는 이러한 단극의 지위를 지속적으로 유지하기 위하여 글로벌 차원의 새로운 경쟁자가 등장하는 것을 저지하기 위한 전략을 발표하였다. 이와 동시에 미국은 더 이상 개별적인 핵무장 국가와 대결하는 것이 아니라, 대량살상무기와 그 운반체를 추구하고 있는 여러 국가들 및 테러조직들과 대치하게 되었다. 따라서 핵에 대한 비확산 문제도 미국 외교·안보정책의 주요과제가 되었다(The Secretary of State 1999, 13; Wohlforth 1999, 5; Bush 2002).

2001년 9·11 테러사건은 안보에 대한 미국인들의 시각을 근본적으로 바꾸어 놓았다. 미국인들은 이제 미국안보에 대한 위협이 국제 테러리즘과 소위 불량국가들[1])로부터 발생한다고 보게 되었다. 2002년 국가안보전략(National Security Strategy)에서 부시 행정부는 "불량국가, 테러조직, 대량살상무기"를 미국에 대한 현존하는 가장 중요한 위협이라고 규정하였다(Bush 2002, 13-15). 이후 비확산정책과 불량국가정책은 미국의 외교정책에 있어서 보다 중요한 위치를 차지하게 되었다. 이러한 맥락에서 미국은 탈냉전기에 들어서면서 특히 북한과 이란을 주시하게 되었다.

예방전쟁 독트린, 핵무기의 선제사용 가능성, 정권교체(regime change) 정책, 워싱턴의 일방적인 의사결정 등이 9·11 이후 미국 안보전략의 중요한 요소가 되었다. 따라서 일부 국가들은 현존하는 국제법이나 국제규범을 위반해서라기보다는 워싱턴의 일방적인 결정에 의해(그러한 국가들이 미국 중심의 국제질서에 방해가 된다고 여기게 될 때) 미 군사력의 위협을 받게 되었다. 그러나 부시 행정부의 이러한 새로운 안보전략은 역설적이게도 다른 국가들이 미국에 대해 등을 돌리도록 만들고 있으며, 반미국가들에게는 그러한 미국의 전략에 대항하는 유일한 수단으로서 대량살상무기의 보유의지를 자극하게 되었다. 이러한 점들은 미국으로 하여금 '안보딜레마'[2])에 빠지게 하고 있으며(Ikenberry 2002a, 57), 이러한 문제점들은 구체적으로 이란과 북한의 경우에서 현실로 나타나고 있다.

오늘날 한반도는 세계에서 가장 위험한 지역 중의 하나이다. 그 이유는 한국전쟁의 포성이 멈춘 1953년 이래 미국(한국 포함)과 북한은 공식적으로 아직 휴전상태로 인식하며, 군사적 긴장과 군비경쟁의 상황에 놓여 있기

1) 이에 대해서는 2장 2절과 4장 4절에서 보다 자세하게 다룰 예정이다.
2) 국가 A가 국가 B에 대하여 위협을 느껴 힘을 증대시키면, 이번에는 국가 B가 국가 A에 대하여 위협을 느끼어 자신의 힘을 증대시키게 되고, 이는 또다시 국가 A를 위협하게 되어 힘을 증대하도록 한다. 이렇게 상호 불신 속에 서로 자신의 힘을 증대하고자 하여 반복되는 악순환을 '안보딜레마'라고 한다(Herz 1961, 130-131).

때문이다. 따라서 동서냉전이 이미 끝났음에도 불구하고 한반도에서는 여전히 냉전이 지속되고 있다. 1990년대 이후 두 진영 사이의 중요한 갈등은 평양이 핵무기와 장거리 미사일을 개발하는 사건에서 발생하고 있으며, 바로 이 점 때문에 갈등의 양상은 보다 더 격화되는 모습을 보이고 있다. 2006년 북한의 핵실험으로 인하여 양측의 갈등은 최고조에 달하였다. 북한의 핵무기 보유는 한국과 일본의 국가안보에 대한 심각한 위협일 뿐만 아니라, 미국의 핵 비확산정책에도 커다란 도전이 되고 있기 때문이다(Manning 2002, 61-68; Umbach 2003, 68).

핵개발과 관련한 북한의 목적은 상대적으로 분명해 보인다. 핵 포기의 대가로 미국과의 관계를 정상화하고, 기타 관련국들의 지원을 받아 경제를 발전시켜 자국의 생존과 정권의 안정을 달성하는 것이다. 이와 반대로 미국의 대북정책은 (한편으로 북한의 핵 및 미사일 프로그램을 과장하고, 다른 한편으로는 무시하여 방치하는 등) 모호하거나 때때로 모순되는 모습을 띠기도 한다(Möller 2003, 3). 1994년 클린턴 행정부는 제1차 북핵 위기를 제네바 합의(Agreed Framework)를 통해 임시 봉합하였으나, 이 합의는 결과적으로 충실히 이행되지 못했다. 뒤이은 부시 행정부는 북한의 불분명한 고농축우라늄(HEU) 핵 프로그램 개발을 이유로 제네바 합의를 파기하였고, 모든 북한 핵 프로그램의 "완전하고 검증가능하며 돌이킬 수 없는 폐기(CVID)"[3]를 요구하였다. 그러나 북한이 이에 불응함으로써 2002년 연말에 제2차 북핵 위기가 발생하였고, 이 위기는 현재까지 지속되고 있다. 이러한 미국의 대북정책을 어떻게 설명할 수 있을까?

2. 북한의 핵정책

"국가들이 왜 핵무기를 보유하려고 하는가?" 이와 관련 많은 국제정치학

3) complete, verifiable, irreversible dismantlement.

자들은 비교적 간단하고도 분명한 대답을 하고 있다. 자국의 안보와 관련 군사적 위협이 존재하고, 그러한 위협을 다른 방법을 통해서는 극복하기 어려울 경우, 국가들은 핵무기 개발을 시도한다는 것이다. 그 밖에 국가들이 핵무기를 추구하는 데에는 이러한 안보상의 목적 이 외에도 국내정치적 및 규범적인 이유들이 존재한다고 한다(Sagan 1996/97, 54-86).

그러면 "북한은 왜 자신의 핵 프로그램 또는 핵무기를 보유하고자 하는가?"라는 질문에 대해서도 몇 가지 이유를 들어 설명할 수 있다. 먼저 현실주의(realism) 시각으로서 미국의 위협이나 한국의 우세한 재래식 전력에 따른 자신의 안보상의 이유로 핵무기를 추구한다고 볼 수 있다. 또 다른 이유로는 자유주의(liberalism) 시각으로서 북한정권의 국내정치적 이해관계를 들 수 있는데, 예를 들어, 에너지 부족문제의 해소, 정권의 강화, 외교정책의 수단(지렛대) 등이 그것이다(Mazarr 1995, 100). 이 외에도 제도주의(institutionalism) 시각으로서 북한의 핵무기 개발을 막지 못한 원인으로 국제기구(예를 들어, NPT, IAEA 등) 역할의 한계를 들 수 있을 것이다.

이와 같은 이유들 가운데 안보상의 이해관계를 북한이 핵무기를 추구하는 가장 중요한 이유로 볼 수 있다. 왜냐하면 소련연방의 해체 이후 러시아는 북한과의 군사동맹 관계를 종료하였고, 이에 따라 북한은 자신의 안보를 외부로부터 확실하게 보장받을 수 없게 되었기 때문이다(Harrison 1998, 62; Manning 2002, 67). 북한의 입장에서 보면 미국은 한국전쟁 이후 북한의 주적(主敵)이고, 따라서 안보문제에 관한 협상에서 주상대자이다. 왜냐하면 1953년 휴전협정에서 한국은 협정문에 서명을 거부하였기 때문이고, 또 아직도 주한미군이 지속적으로 주둔하고 있기 때문이다(Foot 1985, 204-231; Harrison 2001, 73).

특히 9·11 테러 이후 북한은 자신의 안보에 대한 우려가 확산되었다. 왜냐하면 9·11 이후 미국의 2001년 아프가니스탄 공격과 2003년 이라크 공격에서 보듯이, 부시 행정부가 소위 불량국가들에 대하여 강경정책을 구사하고 있기 때문이다. 따라서 북한은 그러한 미국의 위협을 억제하는 수단으로 핵무기 개발에 박차를 가하여 2005년 2월 핵무기 보유를 공식적으로 선언하였고, 이후 2006년 10월 처음으로 지하핵실험을 실시하였다. 북한의 핵 프로그램 포기를 요구하며 지속적으로 경제제재를 가하고 있는 미국에 맞서 북한정권은 자신의 생존을 위하여 어떤 선택을 할 수 있을까?

II. 기존 연구 현황과 책의 구성

1. 연구 현황

미국의 대북정책 및 북한의 핵정책에 관한 부분적인 연구 결과들은 많이 있지만, 1990년대 초반부터 2006년 핵실험과 2007년 6자회담에 이르는 핵을 둘러싼 북한과 미국 사이의 갈등에 대한 총괄적인 연구물은 아직까지 출판되지 않고 있다. 또한 지금까지의 연구들[4]은 북한 핵문제를 일반적으

---

4) Denny Roy, "North Korea as an Alienated State," *Survival,* Vol.38, No.4(Winter 1996-97), pp.22-36; James Miles, "Waiting out North Korea," *Survival,* Vol.44, No.2(Summer 2002), pp.37-49; Victor D. Cha, "Korea's Place in the Axis," *Foreign Affairs,* Vol.81, No.3(May/June 2002), pp.79-92; Ted Galen Carpenter, "Living with the Unthinkable—How to coexist with a nuclear North Korea," *The National Interest* (Winter 2003/04), pp.92-98; Stephen J. Morris, "Averting the Unthinkable," *The National Interest* (Winter 2003/04), pp.99-107; Scott Snyder, *Negotiating on the edge North Korean Negotiating Behavior* (Washington, DC: United States Institute of Peace Press, 1999); Samuel S. Kim, Tai Hwan Lee (eds.), *North Korea and Northeast Asia* (New York u.a.: Rowman & Littlefield, 2002); Michael E. O'Hanlon, Mike M. Mocizuki, *Crisis on the Korean Peninsula How to deal with a Nuclear North Korea* (McGraw-Hill, 2003); Ted Galen Carpenter, Doug Bandow, *The Korean Conundrum—America's troubled relations with North and South Korea* (New York: Palgrave, 2004); Joel S. Wit, Daniel B. Poneman, Robert L. Gallucci, *Going Critical—The First North Korean Nuclear Crisis* (Washington, DC: Brookings Institution Press, 2005); Chae-Jin Lee, *A Troubled Peace U.S. Policy and the Two Koreas* (Baltimore: The Johns Hopkins University Press, 2006) 등 참조.

로 북한 내부의 문제, 예를 들어, 북한정권의 일탈행동으로만 취급함으로써, 북한에 대한 미국 외교·안보정책의 영향력을 과소평가하여 온 점이 없지 않다.

이러한 맥락에서 본 연구는 핵 위기의 원인이 전적으로 북한정권에 있다는 가정(자유주의적 시각)에서 벗어나, 모든 국가들은 자신의 힘과 안보의 극대화를 추구한다는 관점(현실주의적 시각)에서 북한의 핵 문제를 다루고 있다. 그러나 북한문헌에 대한 접근의 어려움 때문에 핵 문제 관련 북한의 시각은 폭넓게 반영되지 못하고 있다. 또한 독일어권에서의 북한 핵문제에 대한 논의[5]는 이란 핵문제에 대한 논의에 비해 상대적으로 많지 않은 편이다.

2. 연구 필요성 및 문제 제기

북한 핵문제의 신속한 해결은 한국과 일본의 입장에서는 대단히 중요한 일이다. 또한 남북한 및 일본을 포함하여 동북아시아의 중국, 대만, 러시아의 입장에서도 북핵문제가 평화적인 방법으로 해결되는 것이 아주 중요하다. 왜냐하면 어느 국가도 지리적인 근접성 등의 이유로 인해 한반도에서의 군사적 충돌을 원치 않기 때문이다. 북한 핵문제는 그 해결의 긴급성에도 불구하고, 이와 관련한 협상은 뚜렷한 진전을 보지 못하고 계속하여 답

5) Sebastian Harnisch, *Außennpolitisches Lernen — Die US-Außenpolitik auf der koreanischen Halbinsel* (Opladen: Leske+Budrich, 2000); Sebastian Harnisch, "Nordkoreas nukleare Programme Entstehung, Fähigkeiten und die internationalen Bemühungen um ihre Eindämmung," *österreichische Militaerische Zeitschrift (2003) 2,* pp.149-162; Kay Möller/Hanns Günther Hilpert "Drogen Falschgeld, Menschenrechte: Sechs Parteien in der Sackgasse? Nach der Ausweitung der amerikanischen Nordkorea-Agenda," *SWP-Aktuell 59* (Berlin, Dezember 2005); Herbert Wulf, "Nordkoreas Griff zur Bombe — Möglichkeiten und Strategien zum Stopp des Nuklearprogramms unter europäischer Beteiligung," *SWP-Studie* (Berlin, Juni 2006); Erich Reiter, "Nach dem Irak nun Nordkorea? Die Krise um das nordkoreanische Atomwaffenprogramm" (Wien: Büro für Sicherheitspolitik des Bundesministeriums für Landesverteidigung, Juni 2003) 등 참조.

보를 거듭하고 있다. 북한 핵문제의 원만한 해결은 장차 한반도의 통일을 위해서, 또 동북아시아의 안정과 평화를 위해서도 커다란 의미를 갖는다. 그러한 해결을 위해서는 미국과 북한의 역할이 결정적으로 중요하다. 이러한 점에서 동서냉전이 끝나면서 양극에서 단극으로 변한 국제체제 내에서 미국의 대북정책을 설명하는 것과 그에 맞서 북한 정권의 가능한 대안을 살펴보는 것은 의미 있는 일이 될 것이다. 따라서 이 글에서는 다음의 두 가지 문제를 현실주의 시각에서 살펴보고자 한다.

첫째, 탈냉전기 미국 대북정책의 전개과정을 국제체제 내 미국의 단극적 지위로 설명할 수 있는가?
둘째, 그러한 단극의 국제체제 내에서 미국을 상대로 북한정권에게는 자신의 생존을 위하여 어떠한 대안이 있는가?

3. 연구방법론 및 참고문헌

이 책의 내용 및 구성을 위한 연구방법으로는 "2차 문헌의 분석방법(Schnell 외 2005, 251-257)"을, 자료의 조사를 위해서는 "내용분석의 방법(2005, 407-413)"을, 또한 자료의 분석을 위해서는 "해석학적 방법(2005, 98-106)"을 사용하였다. 이론적으로는 미국의 외교·안보정책과 북한의 핵정책을 설명하는 수단으로서 국제정치학의 주요이론의 하나인 현실주의적 시각[6]을 적용하였다.

하프텐도온(Helga Haftendorn)의 연구에 따르면, 외교정책의 결정과정에 대한 분석은 행위자(actor) 및 체제(system)차원에서 진행될 수 있다. 행위자 차원은 다시 세 가지 분석차원으로 구분되는데, 개인 행위자(정부수반, 정치가, 관료 등), 집단/국내 행위자(내각, 정부위원회, 정당, 행정부 등), 그리고

---

6) 이에 대해서는 다음 장에서 자세히 논의할 예정이다.

국제 행위자(국가, 국제기구, 다국적 기업 등)가 그것이다(Haftendorn 1990, 405). 본 연구에서는 국제 행위자 차원의 분석에 초점을 맞출 예정이다. 따라서 두 국가, 즉 미국과 북한이 핵협상에서 핵심적인 행위자가 된다. 냉전 이후 미국 중심의 단극적 국제체제에서 국제기구들은, 예를 들어, 비확산체제(NPT)나 국제원자력기구(IAEA) 등은 아주 미미한 역할을 수행할 뿐이다.

북한 핵문제는 미국뿐만 아니라, 물론 다른 국가들(한국, 일본, 중국, 러시아 등)과도 연관된 문제이다. 그러나 본 연구에서는 특히 북미관계에 초점을 맞추기로 한다. 북미관계의 진전이 핵문제의 해결을 위한 결정적인 요소이기 때문이다. 그 밖에 미중 및 한미관계도 간단히 살펴볼 것이다. 이러한 요소들은 미국의 대북정책 형성에 중요한 역할을 하고 있기 때문이다.

이 책에서 "북한의 핵문제"는 "북한의 핵(무기) 및 장거리 미사일 프로그램"을 지칭한다. 또한 "핵무기 프로그램"과 "핵 프로그램"은 구분하지 않고 같은 뜻으로 사용할 것이다. 그 까닭은 두 개념의 경계가 모호하여 명확하게 구분하여 사용하는 것이 쉽지 않기 때문이다. 클린턴 행정부가 과거 1차 북핵 위기 시 "핵무기 프로그램"에만 초점을 맞추었던 반면에, 부시 행정부는 북한의 모든 "핵 프로그램"의 포기를 요구하고 있다. 이에 대하여 북한은 핵의 평화적 이용 권리를 주장하며, 일정한 조건하에서 단지 "핵무기 프로그램"의 포기 가능성을 시사하고 있을 뿐이다. 그 밖에 이 책에서 "부시(Bush)"는 클린턴 이후 미국 대통령(2001~2008)을 지칭하고, 그의 아버지 부시 대통령(1989~1992)은 "부시(Bush Sen.)"로 표기하였다.

미국의 외교·안보정책에 대한 연구를 위하여 다음의 문서들을 분석하였다. 1994년의 제네바 합의서(Agreed Framework), 1999년의 페리(Perry) 및 아미티지(Armitage) 보고서, 1993년과 2002년의 핵태세 검토보고서(NPR), 2001년과 2006년의 4개년 국방전략 검토보고서(QDR), 2002년과 2006년의 국가안보전략(NSS), 6자회담에서의 2005년 9·19 공동선언문, 2007년 2·13 합의문 등이 그것이다. 또한 국제관계분야에서 유명하고 영향력이 있는 정기간행물 *International Security*, *Foreign Affairs*, *The Washington Quarterly*,

Survival, *The National Interest*, *Orbis*, *Internationale Politik*, *Zeitschrift für Internationale Beziehungen*, *Aus Politik und Zeitgeschichte* 등의 1990년대 초반부터 2007년 초반까지의 논문들을 분석하였다. 그 밖에 다양한 싱크탱크들 미국의 *Brookings Institution*, *Heritage Foundation*, *Center for Non-proliferation Studies(CNS)*, *Center for Defense Information (CDI)*, 독일의 *Stiftung Wissenschaft und Politik(SWP)* 등의 논문들과 국제정치학자들의 저서들을 2차 자료로서 이용하였다. 이 외에도 2003년 8월부터 시작된 6자회담의 연구를 위하여 여러 가지 신문들, 특히 *Washington Post*, *New York Times(NYT)*, *Frankfurter Allgemeine Zeitung(FAZ)* 등을 참고하였다.

4. 논의 구조

이 책의 내용은 냉전 이후 미국의 외교·안보정책과 북한의 핵정책에 관한 것이다. 이 책의 범위는 현실주의 이론에 따른 분석으로 한정된다. 이를 위하여 "연역 법칙적 설명(Deduktiv-Nomologisch Erklärung)" 방법을 적용하고자 한다. 이 방법은 "법칙 및 부대조건(즉 설명하는 것/Explanans)"과 "논리적 귀결(즉 설명되어지는 것/Explanandum)"로 구성되어 있다. 논리적 귀결은 법칙과 부대조건으로부터 논리적 연역을 통한 추론에 의해 얻어진다. 일반적으로 다음과 같이 설명할 수 있는데, 법칙의 진실성과 부대조건의 실제 존재함을 가정하면 논리적 귀결이 연역적으로 도출된다고 본다. 그래서 이를 "연역 법칙적 설명"이라고 한다(Schnell 외 2005, 57-58) (〈도표 서-1〉 참조).

여기서 법칙은 공리를 말하는데, 이는 모든 시간, 모든 장소에서 항상 유효함을 의미한다. 반면에 부대조건이나 논리적 귀결의 실제적 검증은 하나의 구체적 상황(구체적인 장소와 시간)과 관련된 것이다. 그러나 사회과학 연구에서 위와 같은 논리를 엄격하게 적용하는 것은 쉬운 일이 아니다. 사

〈도표 서-1〉 '연역 법칙적 설명' 의 구조와 구성요소[7)]

설명하는 것 (Explanans)	법칙/공리	경쟁이 존재하면, 외국인혐오가 발생한다.
	부대조건	X라는 사회에 경쟁이 존재한다.
설명되어지는 것 (Explanandum)	논리적 귀결/결론	X라는 사회에 외국인혐오가 발생한다.

회과학에서는 위에 언급한 의미의 법칙은 존재하지 않고, 이에 따라 위와 같은 엄격한 설명은 거의 불가능하다고 볼 수 있다. 따라서 사회적 행동을 설명할 수 있는 법칙을 찾는 것이 실증적 사회연구의 핵심과제라고 할 수 있다(Schnell 외 2005, 59-60).

그 밖에 합리적인 행동을 위하여 발생할 사건들에 대한 의미 있는 '예측' 은 위의 '설명' 에서와 같이 똑같은 논리적인 구조의 지배를 받고 있다. 위와 같은 논리구조를 통하여 어떤 사건의 예측에 도달하는 것은 가능한 일이다. 설명과 예측의 차이점은 다음과 같다.

> 설명에 있어서는 논리적 귀결(Explanandum)이 "연구과제"로 이미 주어져 있고, 이러한 상황에서 이를 설명하기 위한 가설(또는 법칙)을 세우거나 찾아내는 것이다. 또한 그러한 가설에 적합한 특정한 부대조건을 검증하는 것이다. 반면에 예측에 있어서는 법칙(또는 가설) 및 부대조건을 유효한 것으로 보고, 그러한 법칙 및 부대조건에 일치하는 논리적 귀결로서 예상되는 결과를 찾아내는 것이다(Schnell 외 2005, 65).

지금까지의 고찰을 통한 "연역 법칙적 설명"에 따를 경우, 이 책의 연구과제를 위해 다음과 같은 논의 구조를 설정할 수 있다. 첫 번째 과제 [탈냉

7) Schnell 외(2005), p.58.

〈도표 서-2〉 설명과 예측

	법칙/가설	부대조건	논리적 귀결/결론
설명	찾음	찾음	주어짐
예측	주어짐	주어짐	찾음

전기 미국의 대북정책 수행을 국제체제 내 미국의 단극적 지위로 설명할 수 있는가?]는 설명에 관한 것이다. 여기에서는 논리적 귀결은 이미 주어져 있다. 법칙 또는 가설[8] 및 부대조건을 찾아내는 것이 과제이다. 이를 통해서 첫 번제 과제에 답할 수 있게 된다. 그 논의 구조는 다음과 같다.

〈가설/법칙〉 한 국가가 국제체제 내 단극적 지위를 차지하면, 그 국가는 수정주의 국가들[9]에 대하여 패권정책을 추구한다.
〈부대조건〉 냉전 이후 미국은 국제체제 내 단극적 지위를 차지하였다.
〈결　　론〉 미국이 국제체제 내 단극적 지위를 차지하면, 미국은 북한에 대하여 패권정책을 추구할 것이다.

위 가설의 검증을 위해서는 먼저 부대조건의 성립여부를 조사해야 한다. 이를 위해 제2장에서는 미국이 냉전 이후 국제체제 내에서 어떻게 지배적 지위를 갖게 되었는지를 살펴볼 것이다. 그리고 제6장에서는 미국의 대북정책을 분석함으로써 위의 가설이 타당한지 검증하게 될 것이다. 또한 제4장과 제5장에서의 미국의 글로벌 및 지역적 외교·안보정책에 대한 종합적

8) 하나의 법칙이나 가설은 두 가지 사건이나 상황의 인과관계적인 결합(원인-결과-관계)을 전제로 한다. "인과관계 그 자체"는 관찰하거나 검증할 수 없고, 칸트에 따르면 하나의 선험적인 종합판단으로, 이는 경험에 근거하지 않는 가정을 말한다. 이러한 도움으로 인간은 사건들을 정돈하고 구조화한다(Schnell 외 2005, 58).

9) 제2장 참조.

인 분석은 미국의 대북정책을 이해하는 데 중요한 역할을 하게 된다. 이러한 과정을 통하여 첫 번째 질문에 대한 답을 찾게 될 것이다.

두 번째 과제 "그러한 단극의 국제체제 내에서 미국을 상대로 북한정권에게는 자신의 생존을 위하여 어떠한 대안이 있는가?"는 예측에 관한 것이다. 예측의 문제를 다루는 데 있어서는 법칙(또는 이론)과 부대조건이 이미 주어진 것으로 가정한다. 여기서는 위협균형이론(balance of threat theory)이 중요한 시사점을 제공해 주는데, 특히 〈균형화(balancing) 및 편승화(bandwagoning)의 테제〉가 중요한 역할을 하게 될 것이다.[10] 이를 위하여 다음의 논의 구조가 전제되어야 한다.

〈이론/법칙〉 국제체제 내에서 한 국가가 다른 국가를 위협할 경우, 위협을 받는 국가는 그 위협을 제거하기 위해 위협하는 국가에 대하여 균형화(대항세력구성)를 추구하거나 또는 편승하려고 노력할 것이다.

〈부대조건〉 냉전 이후 국제체제 내에서 미국이 북한을 위협하고 있다.

〈결　　론〉 미국이 북한을 위협한다면, 북한은 외부동맹이나 자체 군사력 강화를 통해 균형화를 시도하거나 또는 미국에 편승함으로써 위협을 제거하려 할 것이다.

위 법칙은 구조적 현실주의 이론에서, 보다 구체적으로 위협균형이론에서 도출되었다. 이 이론에 관해서는 제1장(현실주의적 시각)에서 자세히 다룰 것이다. 부대조건은 제6장(미국의 대북정책)에서 검증될 것이다. 이 부대조건이 맞는다면, 결론은 유효한 것이 된다. 이러한 과정을 통하여 북한정권의 대안에 대한 논의가 가능하게 될 것이다.(제7장 북한의 핵정책) 이러한 북한의 대안모색과 관련 제3장(다른 국가들의 외교안보전략)은 몇 가지 시사점을 제공할 것이다.

---

10) 이에 대한 논의는 제1장에서 다루게 될 것이다.

제1부에서는 먼저 현실주의의 기본원리를 알아보고(제1장), 이러한 현실주의의 시각에서 냉전이 끝난 후 미국이 어떻게 국제체제 내 지배적인(단극의) 위치에 올랐는지, 또 그러한 상황에서 미국이 자신의 국제적인 환경을 어떻게 인식하고 있는지 알아본다(제2장). 끝으로 다른 국가들은 그러한 국제체제 내에서 미국을 어떻게 보고 있는지, 또 미국에 대하여 어떠한 순응 및 저항전략들을 가지고 있는지 살펴보겠다(제3장). 이러한 양쪽의 시각에 대한 분석은 핵문제로 다투고 있는 미국과 북한의 갈등을 설명하는 데 도움이 될 것이다.

〈도표 서-3〉 이 책의 논의 구조

과제 1

국제체제 내 미국의 단극적 지위

영향?

미국의 대북정책 수행

과제 2

미국의 대북정책

위협?

북한정권

균형화 전략

편승화 전략

미국에게?

외부균형화 전략

누구와?

내부균형화 전략

무엇으로?

제 1 부

외교안보정책에의 이론적 접근과 현실주의

제1장

현실주의적 시각과 국제질서

Ⅰ. 머리말

1. 안보문제에 대한 논의: 제도주의 또는 현실주의?

동북아시아에서의, 보다 구체적으로 한반도에서의 안보문제와 관련하여 한국의 많은 연구자들은 이 지역에서의 안보보장을 위하여 가능한 한 제도적인 장치를 모색하기 위해 노력하고 있는 것으로 보인다.[1] 그리고 이러한

1) Chung-heup Park, *Zwei Seiten derselben Medaille – Die Lösung der Koreafrage im Transformationsprozess der Bedingungen ostasiatischer Friedenssicherung* (Dissertation: Freie Universität Berlin, 2001); Jae-sung Shim, *Les chances de l'adaptation du modele de securite europeenne a l'Asie du Nord-Est* (Dissertation: Univ. de Paris I/Pantheon-Sorbonne, 2003); Kab-woo Koo/Kun-young Park Young-jong Choi, "Promoting Peace on the Korean Peninsula and Multi- lateral Security Cooperation in East Asia," *Korea and International Politics,* Vol.21,

견해는 일견 아주 실용적으로 보인다. 왜냐하면 한국의 입장에서 볼 때, 미국을 포함하여 거대한 주변 강대국들과 동일한 선상에서 자신의 이익을 지켜 내거나 이들과 동등한 힘을 갖는 데에는 한계가 있기 때문이다. 예를 들어, 북한 핵문제를 해결하기 위한 6자회담에서 한국은 스스로 자신의 이해관계를 대변할 만한 역량이 그렇게 크지 않은 편이다. 따라서 한국의 입장에서는 자신의 안보 보장을 위해서 다자적인 제도를 도입하는 것이 적합해 보인다.

제도주의 시각에서는 국제적인 기구나 레짐(regime)이 국제정치의 질서 유지에 가장 중요한 역할을 하는 것으로 본다. 왜냐하면 비록 국가들이 자신들의 기본적인 이익들을 스스로 결정하기는 하지만, 그러한 국제제도(국제기구)가 국가들의 동기나 행동에 영향을 미치기 때문이다. 많은 제도주의자들은 국제기구들이 집단안보체제를 가능하게 한다고 믿는다. 또 이를 통해서 안보딜레마를 현저히 감소시킬 수 있다고 본다(Keohane 1989, 5-7). 이 외에도 제도주의자들은 제도들이 개별국가가 추구하는 목표들의 우선순위를 바꿀 수 있고, 이를 통하여 국가의 행동에 영향을 미칠 수 있다고 주장한다. 또한 제도들은 국제체제 내 독립변수이고, 국가들 사이의 전쟁을 억제할 수 있는 역량을 가지고 있다고 본다(Mearsheimer 1994/95, 7).

반면에 현실주의자들은 대부분 그러한 제도주의자들의 생각에 회의적이다. 현실주의 시각에서 보면, 국제기구(국제제도)는 국제정치에서 스스로 행위자가 될 수 없고, 국가들이 이용하고자 하는 하나의 수단일 뿐이다. 다시 말하면 국제기구들은 국가들 사이의 힘의 배분에 따른 반영일 뿐이다. 국가들이 하나의 국제기구를 설립하는 것, 또 그것을 이용하거나 이용하지 않는 것은 각 국가들의 이해관계와 각 국가들의 국제기구 내에서의 결정권

No.2(Summer 2005), pp.31-64; Kyung-young Chung, "Strategy for Institutionalization of Military Cooperation in Northeast Asia," *KNDU Review,* Vol.10, No.2(December 2005), pp.45-74; Yong-sup Han, "Implications of the European Success of Multilateral Security Cooperation for Peace in East Asia and Northeast Asia," *The Korean Journal of Security Affairs,* 11-1(June 2006), pp.83-101 등 참조.

에 달려 있다. 여기에서 합의제 원칙은 중요한 역할을 하게 된다. 각 회원국은 국제기구 내 결정을 방해할 수 있는 가능성을 갖게 되기 때문이다. 즉 자신의 거부권으로 국제기구의 결정을 막을 수 있는 것이다. 이러한 합의제 원칙과 거부권은 국제기구를 통하여 안보와 협조를 확보할 수 있다는 제도주의자들의 주장과 이미 상반되는 것이다. 왜냐하면 각 국가는, 특히 강대국들은 각각의 경우에 있어서 자신들의 이해관계에 따라 협조를 결정할 것이기 때문이다(Link 2001, 104-106).

국제제도들은 결국 강대국들의 계산에 기초하고 있으며, 국가들의 행동에 독립적인 영향력을 행사하지 않는다. 따라서 현실주의자들은 국제기구들이 평화를 위한 중요한 제도라고 생각하지 않는다. 이러한 국제제도에 대해서는 다양한 의견들이 존재하는데, 미국의 대표적인 현실주의 국제정치학자인 미어샤이머(John Mearsheimer)는 "제도(institution)"에 대해 다음과 같은 정의를 내리고 있다.

> 국제제도란 국가들이 상호 협조하고 경쟁해야 하는 방법들을 규정하는 규칙들의 조합이다. 이것은 국제사회가 받아들일 수 있는 또는 받아들일 수 없는 국가행위들을 규정하고 있다. 이러한 규정들은 국가들에 의해 교섭된다. (…) 이러한 규정들은 일반적으로 국제협정을 통하여 형식화되고, 보통 인원 및 예산과 함께 국제기구를 통하여 구체화된다. (…) 본질적으로 국가들이 이러한 규정에 따르도록 명령하는 것은 국제기구들이 아니다. 국제제도는 세계정부의 한 형태가 아니다(Mearsheimer 1993/94, 8-9).

미어샤이머는 제도들이 국가행위에 최소한의 영향력을 가질 뿐이라고 생각하며, 따라서 이러한 제도들이 탈냉전기 세계의 안정에 기여할 것이라는 것에 대해서도 회의적이다. 이와 같은 논거들을 뒷받침해 주듯이 제도주의 시각에는 결정적인 문제점이 존재한다. 그 문제점이란 강대국들의 이익을 관철시킬 수 없는 국제제도는 그 성립 자체부터가 거의 불가능하다는 점이다(Waltz 2000, 26-27).

특히 냉전 이후 단극의 국제체제 내에서 미국의 힘과 이해에 대한 고려

없이 동북아시아 내에 하나의 안보기구를 만든다는 것은 생각하기 힘든 일이다. 유럽의 "북대서양 조약기구(이하 NATO 또는 '나토'로 표기)"와 같이 종합적이고 잘 발전된 안보기구와 달리 아시아에는 단지 몇몇의 허약한 기구들만 존재할 뿐이다. 아시아 국가들이 일본의 재무장이나 중국의 등장을 우려하기 때문이다(Mearsheimer 1993/94, 6). 실제로 최근의 6자회담에서 보듯이 어떤 국가도 미국의 이해관계에 거슬리는 결정에 미국이 따르도록 강요할 수 없다. 예를 들어, 북한의 핵문제를 해결하기 위해 설립된 〈한반도 에너지개발 기구(KEDO)〉도, 미국이 이 기구에 대하여 더 이상 관심을 보이지 않자, 바로 그 의미를 상실하고 말았다. 이러한 제한된 국제제도의 역할에 대하여 월츠(Kenneth Waltz)는 "현실주의는 제도주의 이론의 모호성을 폭로하여 보여주고 있는데, 즉 국제제도들은 국제적인 이익이 아니라 최우선적으로 국내적인 이익에 봉사한다"고 묘사하고 있다(Waltz 2000, 21). 이러한 맥락에서 보면, 미국과 북한의 외교·안보정책과 관련한 동북아시아에서의 안보문제는 결국 현실주의의 시각에서 다루는 것이 보다 타당하다고 볼 수 있을 것이다.

2. 현실주의의 기준 및 특징

주요 국제정치이론들 가운데 하나인 현실주의는 폭넓은 분야에서 나름대로 경쟁력을 갖춘 다양한 이론들을 포함하고 있는 방대한 규모의 이론이라고 할 수 있다. 현실주의 연구자들은 국가들이 국제정치의 가장 중요한 행위자이며, 강대국들의 행위는 그들의 외부환경에 의하여 영향을 받고, 국가들은 "힘/권력(power, 독어 Macht)"을 추구한다는 등의 몇몇 일반적인 가정을 하고 있다. 이러한 가정을 공유하는 가운데 서로 다른 자신들만의 각각의 강조점에 따라 현실주의자들은 다시 몇 개의 그룹으로 나눠진다.

그러한 구분에는 다음 두 가지 질문이 중요한 역할을 하는데, 첫째는 "국가들은 왜 권력을 추구하는가?"이고, 둘째는 "국가들은 얼마나 많은 권력을 가지려 하는가?" 하는 물음이다. 이러한 질문들에 대한 서로 다른 견해에 따라 현실주의는 크게 "고전적 현실주의(classical realism) 또는 그냥 현실주의(realism)" 및 "구조적 현실주의(structural realism) 또는 신 현실주의(neorealism)"로 나눠진다. 고전적 현실주의는 국가의 권력추구 동기를 인간의 내재적인 충동과 같은 권력에 대한 본능 때문이라고 생각한다. 반면에 구조적 현실주의는 국가가 권력을 추구하는 까닭은 국제체제의 구조 때문이라는 것이다. 두 번째 질문에 대하여 고전적 현실주의는 국가는 자신이 가질 수 있는 권력은 모두 가지려 한다고 본다. 즉 국가는 자신의 상대적 권력을 극대화하고 '헤게모니'[2]를 갖는 것을 최고의 목표로 한다는 것이다. 국가가 이렇게 상대적인 권력의 극대화를 추구하는 이유는 국가가 어느 정도의 힘을 가져야 자신을 지키는 데 충분할 것인지 판단하기 어렵기 때문이다(Mearsheimer 2001b, 34-35). 반면에 구조적 현실주의는 국가가 그렇게 무한정의 권력을 원하지는 않는다고 본다. 다만 국가는 국제체제 내에서 새로운 강대국이 등장할 경우, 그에 대해 세력균형을 이룰 수 있을 정도의 권력만을 추구한다는 것이다(Mearsheimer 2001b, 17-22).

고전적 현실주의의 대표적 학자인 모겐소(Hans Morgenthau)는 1940년대 중반 자신의 저서에서 국가들 사이의 경쟁은 인간의 권력욕으로부터 발생한다고 가정한다. 그가 자신의 이론을 원래 고전적 현실주의라고 명명한 것은 아니다. 그는 "정치적 현실주의(political realism)"란 개념을 사용하였다. 그럼으로써 그는 인식론이나 예술분야에서의 현실주의나 또는 현실의 정치를 의미하는 현실주의와 구분하고자 하였다. 그 밖에도 이러한 정치학 이론으로서의 현실주의는 "인류학적 현실주의(anthropological realism)"라고도 하는데, 이는 인간의 본성에 대한 모겐소의 가정이 현실주의 이론에서 중요한 역할을 하기 때문이다. 이와 달리 1970년대 후반에 월츠는 구조적 현실주의를 정립하였다. 그는 인간의 본성을 무시하고 국제체제의 결과에

---

2) '헤게모니(hegemony)'란 원래 그리스어에서 유래한 단어로 어떤 한 체제 내에서 패권국(the hegemon)의 다른 국가들에 대한 지배력을 말한다(Gilpin 1981, 116).

집중하여, 국가는 자신의 생존과 안보를 목표로 한다고 가정하였다(Krell 2004, 146-47/153).

구조적 현실주의는 그 자체 내에서 위의 두 번째 질문 〈국가는 얼마나 많은 권력을 가지려 하는가?〉와 관련하여 서로 다른 견해를 가짐으로써 다시 "방어적 현실주의(defensive realism)"와 "공격적 현실주의(offensive realism)"로 나눠진다. 방어적 현실주의자들[3]은 본래의 구조적 현실주의자를 가리키는 다른 말로, 이들은 국가들이 일반적으로 군사적인 정복에는 관심이 많지 않다고 가정한다. 또한 이들은 강대국들이 맹목적인 힘의 극대화를 추구하는 것을 자제하고 '현상유지(status quo)'[4]를 중요시할 때에 보다 더 안전하다고 주장한다. 이 이론에 따르면 국가들은 결국 자신들의 안보를 극대화하려고 하는 것이지 자신들의 힘을 극대화하려고 하는 것이 아니라는 것이다.

이에 반해 공격적 현실주의자들[5]은 국가들이 힘을 추구하는 원인으로 "방어적 또는 구조적 현실주의"의 입장과 마찬가지로 체제의 구조를 그 이유로 든다. 하지만 얼마나 많은 힘을 원하는가와 관련해서는 "고전적 현실주의"의 주장처럼 상대적 권력을 극대화하기 위해 무한정의 힘을 가지려 한다고 본다. 이러한 점에서 볼 때 공격적 현실주의는 고전적 현실주의나 구조적 현실주의처럼 권력에 대한 나름대로 독자적인 시각을 갖고 있는 것이 아니라, 이 두 가지 이론의 요소들을 새로이 조합한 것이라 할 수 있다. 공격적 현실주의는 국제체제 내 무정부상태가 국가들로 하여금 자신들의 상대적인 힘을 극대화하도록 유도한다고 주장한다. 이는 수정주의 강대국이 등장하게 되면, 어떤 국가도 안전하다고 확신할 수 없기 때문이다. 그래

3) 여기에는 월츠를 중심으로 Snyder(1991), Glaser(1994/95) 등이 속한다.

4) '현상유지'는 "사건들의 현존하는 상태"를 의미하는 말로, 국제관계에서 관계들의 유력한 패턴을 언급한다(Evans/Newnham 1998, 517). 모겐소에 따르면, 현상유지 정책은 역사의 특정한 순간에 있어서 힘의 분배 상태를 유지하는 것을 목표로 한다(Morgenthau 1948, 46).

5) 이에는 미어샤이머(Mearsheimer 1994/95), 랩스(Labs 1997) 등이 속한다.

서 강대국들은 자신들의 안보를 위해 상대적인 권력을 확대하고자 끊임없이 노력한다는 것이다(Mearsheimer 2001b, 17-35; Walt 1997, 931-935).

II. 고전적 현실주의의 원리

1. 고전적 현실주의의 구성원리

국제관계이론에서 현실주의 학파의 창시자는 모겐소이다(Morgenthau 1946/1963). 그는 한 국가가 다른 국가를 공격할 경우, 공격한 국가는 국제사회의 공동대응에 의해 처벌받을 것이라고 가정하는 이상주의에 대한 비판에서 출발하여 국제정치학 내 하나의 합리적인 이론을 발전시키고자 노력하였다. 그의 시각에서 보면 국제정치는 하나의 세계 공동체라는 개념에 근거하는 것이 아니라, 중앙정부가 없는 국가체제에 기반하고 있다. 이 세계는 홉스(Thomas Hobbes)의 개념, 즉 "만인의 만인에 대한 투쟁"과 유사한 무정부적인 자연 상태에 놓여 있다. 〈힘/권력〉에 대한 이해는 국제정치학의 이해를 위한 열쇠이다. 왜냐하면 그 권력은 모든 정치적인 행위의 바탕이기 때문이다. 그러나 모겐소는 그 권력에 대한 구체적인 정의를 하지 않았다. 베버(Max Weber)에 따르면 권력이란 "사회관계 내에서 상대의 저항에도 불구하고 자신의 의지를 관철할 수 있는 기회 또는 그러한 기회의 기반"을 의미한다(Weber 1980, 28). 이와 관련하여 모겐소는 다음과 같이 기술하였다.

> 권력을 언급할 때, 이는 다른 인간들의 사고나 행동에 대한 인간들의 지배를 의미한다. 정치적 권력에 대한 이해를 통하여 우리는 공적인 권력소유자들 사이의, 또 이들과 국민들 사이의 변화무쌍한 권력관계를 이해하게 된다(Morgenthau

1963, 61).

> 권력에 대한 의지는 모든 다른 정치처럼 국제정치의 하나의 특성이기 때문에, 국제정치는 어쩔 수 없이 권력에 대한 정치이다. (…) 권력에 대한 투쟁은 시공을 초월하여 불변하는 특성이고 분명한 경험적 사실이다(Morgenthau 1963, 65).

모겐소에 의한 정치학의 기본요소로서 권력의 발견은, 권력이 국제정치학의 결정적 요소의 하나임을 분명하게 하였다. 현실주의자들의 개념에 따르면, 권력은 국제적인 협조에 의해서가 아니라 특히 군사적 및 경제적인 수단에 의하여 확보되고 확대되어질 수 있다(Lemke 2000, 21). '국제정치'의 개념은 필수적으로 권력관계에 의하여 설명된다. "국제정치는 권력에 대한 투쟁이다. 국제정치에서 마지막 목표로 삼고 싶어하는 것은 언제나 권력이다"라고 모겐소는 주장하고 있다(Morgenthau 1963, 69). 이로부터 모겐소는 한 국가 외교정책의 최우선 관심사는 자국의 생존을 위하여 권력을 확보하고 확충하는 것이라고 결론지었다(Jacobs 2003, 40-46).

〈정치적 현실주의의 여섯 가지 기본원칙〉에서 모겐소는 국제관계에 대한 자신의 정치적 견해를 보여주었다. 첫째, 정치적 현실주의는 일반적으로 정치란 인간의 본성에 근거한 객관적인 법칙들에 의하여 지배된다는 가정에서 출발한다. 이러한 법칙들은 변하지 않고 인간적인 선호와도 독립적으로 존재한다. 이 세계는 모순적인 이해관계와 갈등관계로 묘사된다. 이데올로기는 국제정치에 대한 이해를 방해하는 중요한 요소이다. 그것은 이데올로기가 정치적 이해와 행위의 정당화를 위해 이용되기 때문이다. 둘째, 국제정치는 권력을 추구하는 투쟁이다. 권력은 정치를 경제, 법, 윤리 등의 다른 범주와 구분짓는 결정적인 요소이다. 셋째, 모겐소는 권력을 단지 인간에 대한 인간의 지배로 정의하였다. 넷째, 국가행위는 도덕적/윤리적인 고려가 요구되지만, 이러한 기준들에 의하여 수행되지는 않는다. 국가행위는 그러한 도덕적 척도에 의해 측정될 수 없다. 개인들은 도덕에 의하여 영향을 받지만, 국가는 도덕적 행위자가 아니다. 다섯째, 그는 자기만족적인 윤리는 정치에 커다란 영향을 미치지 않는다고 다시 한번 강조하였다. 국가들이 때때로 자신들의 행위를 윤리적인 표현(예를 들어, 인권에 대한 지지)으로 묘사하려고 노력하지만, 그러한 것들은 단지 자신들의 정책을 정당화하는 것에 불과하다. 여섯째, 정치적 영역은 법적인, 도덕적인, 경제적인 영역들과는 다른 독립적인 범주이다(Burchill 2001, 79-81; Krell 2004, 153-155).

2. 현실주의의 기본가정

국제정치학에서 일반적으로 다음 사항들이 현실주의 이론의 기본가정으로 받아들여지고 있다(Mastanduno/Kapstein 1999, 7-8).

첫째, 국제체제의 가장 중요하고 독립적인 행위자는 국가("영토를 가진 단일 조직체")이다. 물론 오늘날 국제사회에서 국가만이 유일한 행위자인 것은 아니다. 그러나 현실주의자들은 국제정치란 개인, 집단, 다국적 기업 또는 국제기구의 행위를 연구하는 것보다는, 개별국가의 행위나 또는 국가들 사이의 상호작용을 분석함으로써 보다 잘 이해할 수 있다고 가정한다. 따라서 현실주의자들은 국제기구들의 역할에 대해서는 아주 회의적이다(Lemke 2000, 21). 이러한 시각에서 보면, 북한이나 이란의 핵문제를 논의하는 데 있어서 비확산체제(NPT)의 역할은 미미하다고 볼 수 있다.

둘째, 모든 국가행위는 합리적인 의사결정의 결과라고 본다. 즉 국가는 비용-효용분석 및 효용극대화의 원리에 따라 행동한다고 가정한다(Legro/Moravcsik 1999, 12-13). 따라서 국가들의 내부 정치시스템은 국제안보문제를 논의하는 데 있어서는 단지 제한된 역할을 할 뿐이다. 이 합리적 행동의 가정은 모든 국가들에게 유효하기 때문이다. 이러한 현실주의의 시각에서 보면 북한의 인권이나 정치제도의 문제는 핵문제를 논의하는 데 있어서 그렇게 중요한 역할을 하는 것은 아니라고 볼 수 있다.

셋째, 현실주의자들은 국가의 권력과 이익 사이의 밀접한 관계를 강조한다. 국가들은 자신들의 주목표로 권력과 안보를 추구하고, 이를 통해서 상호 대립적인 국제환경에서 자신들의 이익을 달성하고자 한다. 모든 국가들이 동시에 권력을 추구하고자 하기 때문에, 국제정치는 특히 권력에 대한 투쟁으로 볼 수 있고, 이러한 행위들은 결국 국제관계를 국제체제 내 세력균형(balance of power)으로 이끌게 된다. 또한 국가들은 일련의 이익들을 추구하기 때문에, 소위 국가이익(국익)을 어떻게 정의하는가 하는 것이 현실주의자들에게 주요 관심사가 된다. 따라서 국익은 대체로 권력의 범주에서 결정된다. 모겐소의 개념에 따르면, 국익의 결정은 다른 국가들의 이해관계에 대한 고려에서 발생한다고 본다(Jacobs 2003, 47).

넷째, 무정부적인 국제체제 내에서 국가들의 목표는 자신들의 생존이다. 따라서 권력을 확보하는 것이 외교정책의 목표가 된다. 이 가정이 의미하는 바는 국제적인 환경은 무정부상태로 묘사된다는 것이다(Allison/Zelikow 1999, 27-28). 현실주의자들은 국가 간 관계에는 선천적인 경쟁이 존재한다고 믿는다. 이러한 경쟁은 다른 국가들과 관련하여 자신의 위치나 권력관계를 살피게 만들고, 그러한 우려가 국가들의 행위를 조정하고 이끌게 된다. 결국 그와 같은 경쟁은 국제체제의 무정부상태의 결과로 볼 수 있다. 여기서 무정부상태는 두 가지 중요한 측면을 갖는다. 하나는 그러한 무정부상태에서 국가들이 서로를 신뢰하기는 어렵다는 점이다. 한 국가가 자신의 신뢰를 다른 국가에 의해 남용당했을 때, 그 국가는 그러한 위험을 만회할 기회가 없기 때문이다. 다른 하나는 모든 국가는 자신의 생존을 자신이 책임져야 한다는 점이다. 왜냐하면 국제사회에서 어떤 행위자도 그의 안보를 보장해 줄 수 없기 때문이다. 각 국가에 대하여 다른 모든 국가들은 잠재적인 위협이고, 또한 어떤 국제기구도 한 국가의 다른 국가에 대한 공격행위를 응징하기가 쉽지 않다(Mearsheimer 1990, 12).

일반적으로 현실주의자들은 갈등과 경쟁이 항구적으로 존재함을 강조한다. 그럼에도 불구하고 국가 간 협조도 가능하기는 한데, 여기에는 두 가지 요소가 중요하다. 하나는 협조를 고려하는 국가는 상호 발생하는 이익을 어떻게 나눌지 검토해야만 한다. 이에는 다시 두 가지 가능성이 존재하는

데, “절대적 이익(각자 자신의 이익의 극대화에만 관심이 있을 뿐, 협상에서 상대편의 이익이 얼마인지에는 관심이 적은 것을 말함)”과 “상대적 이익(각자는 자신의 이익뿐만 아니라 상대편의 이익에도 관심을 갖는 것으로, 이러한 계산을 통하여 협조여부를 결정하게 됨)”이 그것이다. 국가들이 절대적 이익보다 상대적 이익의 논리에 맞추어 전략을 추구할 경우 협조는 훨씬 더 어려워지게 된다. 다른 하나는 협조가 상호불신으로 방해받는 경우이다. 흔히 국가들은 걱정때문에 마지못해 협조에 나서는데, 여기서 걱정이란 상대편이 약속을 지키지 않을까, 또 상대적 이익을 추구하지 않을까 하는 것이다(Mearsheimer 1994/95, 12-13). 신 현실주의자들(neorealists)은 국제체제의 무정부상태인 조건에서 상대적인 이익이 절대적인 이익보다 중요하다고 주장한다(Waltz 1959, 198).

끝으로 다섯째는 국제질서의 안정성 여부는 반대세력을 추구하는 국가들의 행위와 동맹을 구성하는 국가들의 능력의 결과로서 도출된다는 것이다.

3. 고전적 현실주의의 장점

고전적 현실주의의 장점은 국제정치에서 현존하는 권력 및 군사력의 잠재성을 무시하지 않는다는 것이다. 물론 그것의 존재나 그것을 어떻게 극복할 수 있을 것인가 하는 점에서는 서로 다른 의견들이 존재한다. 현실주의자들은 일반적으로 갈등의 극복가능성에 대하여 훨씬 회의적이다. 1970년대 모겐소는 핵무기의 등장을 국제정치 역사상 하나의 혁명으로 묘사하였다. 왜냐하면 상대적으로 약한 국가들이 핵무기 보유를 통하여 국제체제 내에서 강대국들의 무력사용 가능성을 억제할 수 있게 되었기 때문이다(Krell 2004, 167). 또한 월츠도 핵무기가 국가들의 행위를 현저하게 변화시킬 것이라고 보았다. 그러나 그것이 국제체제의 무정부적인 구조까지 바꿀 수는 없을 것으로 보고 있다(Waltz 2000, 5).

현실주의의 또 다른 장점은 주관성을 배제하는 이데올로기 비판적인 관점이다. 국제정치에서 객관적인 법칙들은 중요하다. 크렐(Gert Krell)은 이를 현실주의이론에 있어서의 '객관주의'라고 명명했다(Krell 2004, 168). 현실주의의 이러한 두 가지 장점은 오늘날 국제체제에서 국가들의 행동, 특히 북한과 이란의 핵정책을 설명하는 데에 도움이 될 것이다.

III. 구조적 현실주의와 세력균형이론

1. 구조적 현실주의의 구성원리

현실주의의 기본가정들은 오늘날 국제관계이론의 형성에 여전히 중요한 역할을 하고 있다. 구조적 현실주의(신 현실주의) 이론도 고전적 현실주의의 영향을 크게 받고 있기 때문이다. 월츠는 여전히 신 현실주의 이론의 중요하고 영향력 있는 대표자이다. 그는 국제정치를 설명하기 위하여 분석대상을 '개인, 국가, 국제체제/국제체계(international system)'[6]의 세 가지 영역으로 구분하였다. 국제관계를 연구하는 많은 이론가들이 분석대상을 개인과 국가에 한정시키는 데 반하여, 그는 국제체제를 하나의 중요한 분석대상으로 선택하였다. 국제체제의 구조는 상위제재기관이 결여된 상태로 인식된다. 현실주의는 이러한 상태를 '무정부적'이라 표현한다. 월츠는 국제적인 무정부상태와 국제적인 갈등과의 상관관계를 연구하였다. 이를 위하여 그는 국제체제의 구조에 초점을 맞추었다. 그래서 '신 현실주의'를 흔히 '구조적 현실주의'라고 표현하기도 한다(Schoernig 2003, 64-66).

월츠는 신 현실주의의 기본개념을 자신의 대표저서(Waltz 1979)에서 발

6) 월츠이론의 한글번역에서 "international system"은 보통 "국제체제" 또는 "국제체계"로 번역이 되는데, 혼동을 피하기 위하여 이 책에서는 "국제체제"로 통일한다.

전시켰는데, 이러한 개념은 경제학이나 자연과학을 모델로 하고 있다. 하나의 체제(a system)는 하나의 구조(a structure)와 그 속에서 상호작용하는 단위들(interacting units)로 구성되어 있다(1979, 79). 환원주의 이론가들이 국제체제의 구조를 국가 간 상호작용들의 결과로 본 반면에, 월츠는 그 구조를 행위자들 및 그들의 상호작용들로부터 독립적인 것으로 보았다. 환원주의 이론에서는 국제적인 갈등의 원인들이 개인이나 국가차원에 있다고 믿고 있다(1979, 2장). 월츠에 있어서 '체제(system)'는 고도의 추상적인 개념이다. 따라서 사람들은 그 체제를 볼 수 없다. 또한 그것은 스스로 작동하지 않는다. 그러나 그러한 체제는 국가들의 행위에 영향을 미치는 하나의 구조를 만들어 낸다. 월츠의 정의에 따르면 정치적 구조들은 다음 세 가지 요소들, 1)배열의 원리(ordering principles), 2)단위들의 특성(the character of the units), 3)능력의 분포(the distribution of capabilities)에 의하여 결정된다(Waltz 1979, 88-99).

하나의 체제에서 행위자들의 구성을 위해서는 기본적으로 두 가지 배열의 원리가 있다 — 위계적 질서와 무정부적 질서. 국내정치 체제들은 중앙집권적이고, 또 합법적이며 독점적인 강압의 사용이 가능한 상위제재기관을 통하여 위계적인 질서를 갖는다.

이와 반대로 국제체제들은 탈집중적이고 무정부적이다. 두 번째 단위들의 특성과 관련하여 국제체제에서 행위자들의 특성들은 다음과 같이 설명될 수 있다. 국가들은 서로 나란히 배열되어 있고, 가지고 있는 기능들에서 차이를 보이지 않으며, 그리고 서로 다른 능력을 가지고 있다. 따라서 국가들은 최우선적으로 자신들의 안보를 보살펴야 하고, 이와 관련하여 외부의 도움을 신뢰해서는 안 된다. 그래서 신 현실주의자들에 의한 그러한 체제를 "자조체제(self-help system)"라고도 한다.

국제체제의 구조의 특성을 나타내는 세 번째 요소는 국제체제 내 개별적인 국가들 사이의 권력관계이다. 국제체제 내 권력배분의 형태에 따라 단극화(예를 들어, 동서냉전종식 이후 오늘날), 양극화(예를 들어, 동서냉전 기간) 및 다극화의 세 가지 모델을 생각할 수 있다(Krell 2004, 162-163; Schoernig

2003, 68-70). 이러한 국제체제에 대한 이해는 다음에 나오는 제2장에서 미국의 단극적 지위를 설명하는 데 도움이 될 것이다.

2. 고전적/구조적 현실주의의 공통점 및 차이점

현실주의와 신 현실주의의 기본가정에서 중요한 연속성은 국가들이 국제관계의 주요 행위자이고, 이들은 합리적인 행위자로서 자기 자신의 이익을 추구하며, 이들 사이의 관계는 무정부적이다. 여기에서 국가들은 동일한 종류로서 서로 똑같은 기능을 하는 행위자로 간주된다. 따라서 이러한 현실주의의 시각에서 보면 각 국가의 국내 정치체제는 큰 의미를 갖지 않는다. 결론적으로 국제관계에서 한 국가의 내부 정치체제가 민주주의, 군주제 또는 독재주의인지는 중요한 역할을 하지 않는다(Schoernig 2003, 66-68).

위와 같은 공통점이 있는 반면에, 고전적 현실주의의 몇 가지 가정은 신 현실주의자들에 의하여 거부되거나 수정되었다. 특히 모겐소의 이기주의적인 인간상은 합리적인 인간상에 의하여 대체되었다. 현실주의에서는 행위자의 행동이 인간중심적인 기본가정(권력욕)에 의하여 결정된다고 보는 반면, 신 현실주의에서는 행위자의 행동은 하나의 체제적인 기본가정(구조적인 무정부상태)에 의해 결정된다고 본다. 또한 현실주의자들은 행위자들의 제로섬 게임[7]상황에서 절대적 이익으로서 권력의 극대화를 추구한다고 보는 반면, 신 현실주의자들은 상대적 이익에 관심을 가지고 있다고 본다. 이 밖에 신 현실주의자에게 국가의 최우선 이익은 더 이상 권력에 있지 않고, 안보에 있다. 이들에게 권력은 자체로서 목적이 아니라, 단지 목적을 위한 수단일 뿐이다. 이 외에도 구조적 현실주의의 새로운 요소는 신 현실

7) '제로섬(zero-sum) 게임'이란 어떤 변화가 있은 후에도 그 전체의 가치가 항상 일정하게 같은 경우를 말한다. 예를 들어, 2명의 참여자가 있는 게임에서 어느 한쪽의 일정한 이익은 곧 다른 상대편의 그만큼의 손실을 의미하게 된다. 이러한 개념의 사회과학적 적용은 완전히 적대적인 갈등관계의 설명에 유용하다(Fuch 외 1978, 538).

주의자들이 단지 국제체제에 관심을 두고, 국가들의 내부 상황은 크게 고려하지 않는다는 점이다(Gu 2000, 47-54; Meyers 1997, 379-380).

3. 세력균형이론

레비(Jack Levy)에 따르면 오로지 하나의 세력균형이론이 있는 것이 아니라, 다양한 세력균형이론들이 존재한다. 하지만 월츠 이외의 다른 이론들은 아직 가설의 형태를 크게 벗어나지 못하고 있다. 이 세력균형이론의 다양한 시도들도 모두 현실주의의 기본가정을 공유하고 있다(국제체제가 무정부적이고, 핵심 행위자는 영토 국가들이고, 그들의 목적은 권력이나 안보의 극대화이며, 그들은 자신의 목표들을 합리적으로 추구한다). 이러한 맥락에서 보면 구조적 현실주의가 분석영역으로서 체제(system)를 중시한다는 점 이외에는, 고전적 현실주의와 구조적 현실주의 사이의 차이점이 그렇게 큰 것은 아니라고 볼 수 있다. 각각의 연구자들은 이러한 기본가정에 단지 추가적인 가정을 보충하거나 핵심개념을 재정의하곤 하는데, 그에 따라 주장하는 바가 서로 조금씩 달라지거나 경우에 따라서는 서로 모순된 명제를 만들어 내기도 한다. 예를 들어, 고전적 세력균형론자인 모겐소는 다극화된 국제체제를 양극화 체제보다 훨씬 안정된 것으로 보는데, 반면에 월츠는 이와 정반대의 가정을 하고 있다(Levy 2004, 30-31).

대부분의 세력균형 이론가들은 국가들은 특정한 목표들, 예를 들어, 독립성의 유지, 헤게모니의 방지, 평화보다도 일반적인 현상유지의 중요성 등의 목표를 가지고 있다. 이러한 상황에서 전쟁은 국가가 자신의 이익을 관철하기 위한 하나의 사용가능한 수단이다. 따라서 어떤 특정한 세력균형 이론이 평화를 지향한다는 주장이 적합하다고 하더라도, 일반적인 세력균형 체제들 또는 전략들이 반드시 평화를 지향한다는 주장은 유효하지 않을 수도 있다(Levy 2004, 31).

모든 국가들의 최우선 목표는 영토적 통합 및 자치권을 확보한 생존이라고 볼 수 있다. 또한 국가들은 그 생존에 필요한 안보목표를 가지고 있다. 이에 따르면 국제체제 내에서 한 국가가 권력을 독점하는 헤게모니의 회피가 가장 중요한 목표가 된다. 고대 그리스의 역사학자 폴리비오스(Polybius)는 이에 대해 묘사하기를, “우리는 결코 한 국가의 권력이 탁월한 지위에 도달하도록 방치해서는 안 된다. 그렇게 되면 어떤 국가도 이미 자신에게 주어진 권리조차도 이야기할 수 없게 된다.” 이와 비슷하게 스위스의 국제법학자 바텔(Vattel)도 “세력균형은 (…) 어떤 국가도 절대적인 권력을 가지고 남들을 지배할 수 없는 상황이다”고 언급하였다(Levy 2004, 32).

국제체제 내에서 모든 국가는 다른 국가들에 맞서 자신의 국익을 관철하고자 하기 때문에, 때때로 전쟁으로까지 이어질 수도 있는 국가 간 갈등을 피할 수 없다. 그렇기 때문에 전쟁은 언제든지 일어날 수 있다(Waltz 1979, 102). 독일의 저명한 전쟁이론가 클라우제비츠(Carl von Clausewitz)는 전쟁이란 “우리의 의지를 상대방(적)에게 강요하기 위한 폭력적인 행동”이라고 정의하였다(Clausewitz 2002, 27). 여기에서 문제가 되는 것은 그러한 폭력의 사용으로부터 발생하는 위험이다. 몇몇 국가들이 항상 군사적인 공격을 준비하고 있기 때문에, 다른 모든 국가들은 그러한 침입에 스스로 대비해야만 한다. 일반적으로 무정부적인 국제체제에서 국가들은 자신들의 안보를 강화하기 위하여 하나의 동맹을 필요로 한다. 그러한 동맹의 구성과 관련하여 두 가지 유명한 이론이 있는데, 월츠의 “세력균형이론”과 월트(Stephen Walt)의 “위협균형이론”이 그것이다.

1) 세력균형(balance of power)[8)]

세력균형은 국제관계를 다루는 현실주의 이론의 초석이다. 이에 따르면 체제의 차원에서 세력균형이 이루어질 때, 국가들은 비로소 자신들의 안보와 안정을 확보할 수 있다. 현대사에서 소위 “균형을 이루는 것(balancing,

---

8) ‘세력균형’이란 국제관계에서 어떤 국가도 다른 국가들을 지배할 수 있는 우월한 지위에 있지 않은 상태를 의미한다(Bull 1977, 101).

이후 '균형화'로 표기)"은 강대국들이 국제체제 내에서 자신들의 안보를 위하여 추구하는 핵심전략이다. 전통적인 세력균형이론에서는 다음의 네 가지 조건들을 가정한다. 첫째, 국제체제는 무정부상태로 개별 국가들의 안보를 보장해 줄 상위제재기관이 존재하지 않는다. 둘째, 국가들은 독립되고 일원화된 단위체로서 생존을 추구한다. 셋째, 권력투쟁은 국제정치의 냉엄한 현실이다. 넷째, 어떤 국가가 국제체제 내 지배적인 위치를 추구하면, 그 밖의 다른 국가들은 내적(자체 군사력 강화)이나 외적인(동맹구성) 수단으로 또는 두 가지 모두의 방법으로 그에 대응하려고 한다.

또한 월츠는 그의 이론에서 '균형화'와 반대되는 개념으로 소위 "강자에의 편승(bandwagoning, 이후 '편승화'로 표기)"이란 개념을 사용하였다. '편승화'는 국가들이 강대국에 기대려는 것을 의미한다. 반면에 '균형화'는 국가들이 가능한 한 약소국들과 동맹을 맺으려는 것을 의미한다(Waltz 1979, 126-127).

2) 위협균형(balance of threat)

세력균형이론은 국가들이 국제체제 내 지배적인 국가를 상대로 다른 국가들과 동맹을 구성할 것이라고 예상한 반면, 월트의 위협균형이론은 국가들이 국제체제 내에서 "중대한 위협"을 가하는 국가와 직접 동맹을 구성하려 한다고 예측한다(Walt 1997, 933). 물론 월트도 균형화 행위를 국제관계에 있어서 일반적인 경향이라고 보지만, 그 균형화 행위의 동기에 대해서는 세력균형이론과 전혀 다르게 인식하였다. 즉 균형화 행위는 상대국가의 힘 또는 권력 그 자체에 대한 대응이 아니라, 상대국가의 위협 또는 공격적인 의도에 대한 대응이라는 것이다. 여기서 〈위협〉이란 상대국가의 능력과 의도에서 발생하는 것이고, 〈능력〉이란 총체적 힘(예를 들어, 영토, 인구, 경제적 자원), 지리적 근접성, 공격능력에서 기인한다고 보았다. 또 〈의도〉란 그 능력을 사용하고자 하여 감지된 의지를 말한다(Walt 1985, 8-13).

월트의 주장은 다음과 같다.

> 만일 균형화(balancing)가 지배적인 추세라면, 위협을 가하는 국가들은 다른 국가들을 자신들에게 저항하는 전선에 서도록 자극할 것이다. 남들을 지배하고자 하는 이들은 광범위한 반대진영의 주의를 끌 것이기 때문에, 현상유지 국가들은 위협에 대하여 상대적으로 낙관적인 견해를 가질 수 있다. 균형화를 추구하는 세계에서 신뢰는 그다지 중요하지 않다. 왜냐하면 어떤 국가의 동맹들은, 다른 누군가가 그들 자신들을 위하여 저항해 줄 것이라는 기대 때문이 아니라, 그들 자신의 이익을 위하여 위협을 가하는 국가들에게 저항할 것이기 때문이다(Walt 1987, 27).

3) 균형화(balancing) 및 편승화(bandwagoning)

스티븐 월트는 국가들의 동맹구성에 대한 종합적인 연구를 수행하면서 케네스 월츠의 개념들을 자신의 위협균형이론을 위하여 다음과 같이 새로이 정의하였다. '균형화'는 가장 중요한 위협의 원천에 대항하는 동맹의 구성을 의미하고, '편승화'는 가장 중요한 위협을 가하는 국가와 동맹을 구성하는 것을 의미한다(Walt 1985, 4). 이러한 생각은 쉬웰러(Randall Schweller)에 의하여 아래와 같이 잘 묘사되었다.

> 외부의 중요한 위협과 대항할 때, 국가들은 균형화 또는 편승화 전략을 취할 수 있다. 균형화는 다른 국가들과 함께 유력한 위협에 대항하는 동맹을 구성하는 것이고, 편승화는 위험의 원천에 같이 편입하는 것을 의미한다(Schweller 1994, 80).

이러한 국가행위의 바탕은 전통적인 세력균형이론에 있다. 이 시각에 따르면 국가들이 균형화를 시도하는 데에는 두 가지 중요한 이유가 있다. 첫째는 잠재적인 지배국가가 더 강해지기 전에 재갈을 물리는 데 실패한다면, 다른 국가들은 생존의 위험을 감수해야 하기 때문이다. 두 번째 이유는 어떤 국가가 약소국들과 동맹을 체결할 경우, 그 국가는 동맹국들에 대하여 보다 많은 영향력을 행사할 수 있기 때문이다. 그렇지 않을 경우, 즉 강대국들과 동맹을 체결할 경우 그 국가는 동맹국들에 대하여 단지 아주 작은 영향력을 행사할 수 있을 뿐이고, 또 상대국의 의도에 따라 쉽게 영향을 받게 된다. 그래서 국가들은 일반적으로 자신보다 약소국들과의 균형화를 선호하게 되는 것이다. 비록 역사가 이러한 가설을 증명해 주고 있긴 하지만, 국가들은 강대국들과 동맹을 더 선호한다는 주장이 자주 제기되고 있다. 바로 이러한 점에서 편승화의 아이디어가 가능해진다(Walt 1985, 5-6). 그 밖에 쉬웰러에 따르면 '균형화'는 "외부세력이나 외부동맹에 의한 정치/군사적 지배나 영토의 점령을 방어하거나 억제하기 위하여 내부의 동원이나 동맹의 형성을 통한 군사력의 창조나 총합"을 의미한다(Schweller 1994, 80). 그의 생각에 따르면 국가들이 자국의 영토 또는 중요한 이익이 강탈당할 위험에 놓이게 될 때, 균형화를 시도한다는 것이다.

반면에 편승화는 약소국들이 자발적으로 지배국가에 편입하려고 하는 것이고, 이와 함께 그 지배국가에 대항하는 동맹의 구성은 포기하는 것을 의미한다. 이 편승화의 배후에는 두 가지 동기가 있는데, 먼저 편승화는 친선정책의 한 형태로 볼 수 있다. 편승화를 추구하는 국가는 위협을 가하는 국가와 동일한 편에 가담함으로써 침입을 방지하는 기대를 갖는다. 둘째, 편승화를 추구하는 국가는 지배국가의 진영에 함께함으로써 승리의 과실을 나누어 가질 수 있는 기회에 대한 기대를 갖는다. 이러한 편승화에 대한 두 가지 동기는 기본적으로 전혀 다른 성질의 것이다. 첫 번째 동기는 방어적인 이유로 잠재적인 위협으로부터 자신의 독립을 지키는 것이고, 두 번째 동기는 공격적인 이유로 영토를 획득하고자 하는 것이다(Walt 1985, 6-8). 이 외에도 약소국의 편승화에 대하여 월트는 "만일 약소국이 더 이상 외부지원의 가능성이 없다고 판단할 경우, 일종의 마지막 수단으로 위협을 가하는 강대국에 대하여 긴밀한 협력을 통한 화해를 선택할 수 있다"고 언급하였다(Walt 1985, 17).

결론적으로 국가들은 자신의 안보를 위하여 가장 위협을 가하는 새로운 강대국에 "대항하여" 동맹을 구성하거나 또는 그 새로운 강대국과 "함께 하는" 동맹을 구성하려고 한다. 하나는 균형화이고 다른 하나는 편승화이다. 균형화는 약한 편과 동일 선상에 서는 것이고, 편승화는 강한 편에 붙는 것이다. 월트에 따르면 균형화 행위가 편승화 행위보다 보편적이라고 할 수 있는데, 왜냐하면 편승화를 선택한 국가들은 패권국가의 휘하에 들어감으로써 자신의 자주권을 제한 당할 수 있기 때문이다. 또한 패권국가의 의도가 언제 어떻게 변할지 신뢰하기 어렵다는 문제점도 존재한다(Walt 1985, 15-17).

4) 월트(Walt)에 대한 비판

쉬웰러는 균형화 행위가 편승화 행위보다 더 일반적이라는 월트의 명제는 틀린 것이라고 비판하였다. 쉬웰러는 그러한 두 가지 행동양식이 서로 대립되는 것이 아니라고 보았다. 편승화를 위한 동기는 균형화의 그것과는 근본적으로 다르다고 본다. 그는 그러한 사실을 다음과 같이 표현하였다.

> 균형화가 안보를 위해 이루어지고 항상 비용을 수반하는 반면, 편승화는 일반적으로 이익에 대한 기대에서 이루어진다. 실제로 심지어 강대국들조차도 약탈적인 강대국에 맞서 지불해야 하는 균형화 비용을 피하기 위하여 편승화를 선택하기도 한다(Schweller 1994, 106).

이러한 지적은 예를 들어, 왜 일본이 동서냉전이 끝난 이후에도 미국과의 안보조약을 계속 유지하는지, 왜 과거 소련의 위성국가들이 나토(NATO)에 가입하려고 하는지, 또는 왜 한국이 북한에 대하여 압도적인 경제적 우위에도 불구하고 미국과의 동맹을 계속해서 유지하려 하는지 등에 대하여 중요한 시사점을 제공하고 있다.

Ⅳ. 국제질서의 개념과 정의

1. 일탈의 개념

국제체제에서 일탈의 개념, 즉 현존하는 국제질서를 벗어나는 국가들의 행위에 대한 개념은 국제정치에 있어서 고립의 개념과 관련이 있다. 현실주의의 시각에서는 국제체제에서 행위자의 고립을 중요한 문제로 보지 않는다. 왜냐하면 행위자들이 오직 자기 자신의 이익에만 몰두하기 때문이다. 독일 쾰른대학교 예거(Thomas Jäger) 교수는 "국제적 고립"에 대해 다음과 같이 설명하고 있다.

> 현존하는 세계질서의 구속에 얽매이지 않으려는 행위자들과의 관계의 한 형태이다. 그들은 권력정치적인 이유에서 자신의 위치를 불충분한 것으로 바라보고[예를 들어, (예전의)[9] 이라크, 이란], 자신들의 지배질서나 사회질서를 걱정하고[예를 들어, 북한], 또는 국제질서의 지배적인 강대국들에 대하여 이데올로기/권력정치적인 적대관계에[예를 들어, (예전의)[10] 리비아] 서기도 한다(Jäger 1996, 28).

> 고립된 국가들은 국제체제 내 그들의 특수한 위치 때문에 일반적으로 현존하는 국제질서의 준수에 관심이 없다. 정반대로 국제적인 정치질서 구조를 바꾸는 것에, 또 자신들의 이익을 효과적으로 관철할 수 있는 상황에 도달하는데 관심을 가지고 있다(Jäger 1996, 30).

이렇게 국제적으로 고립된 국가들에 대하여 양극화 체제에서는 '천민국가(pariah states)'라 명명했던 반면, 단극화된 체제에서는 소위 '일탈국가(deviant states)'라고 한다. 국제체제에서 이들 국가들은 자신들의 정치체

---

9) 저자의 보충.
10) 저자의 보충.

제, 이데올로기적 견해, 지도체제 또는 일반적인 행위 때문에 외교적인 고립이나 국제적으로 광범위한 비난을 감수해야 한다. 고립된 국가들이 일반적으로 국제사회에서 받아들여지는 국제법, 외교규범, 행동양식 등에 저항한다고 세계 사람들이 인식하게 되면, 이들 국가들의 정당성은 훼손된다. 이를 위한 고전적 사례로서 1948년에서 1994년에 이르기까지의 남아프리카공화국을 들 수 있다. 그러나 그러한 천민국가의 지위는 흔히 지배국가의 이해관계와 가치에 따라 주관적으로 부여된다. 예를 들어, 카스트로(Fidel Castro)의 쿠바는 1959년 사회주의 혁명 이래 미국에게는 하나의 천민국가이다(Evans/Newnham 1998, 417-418).

이러한 의미에서 소위 불량국가들 및 사회주의 국가인 중국의 성장은 미국에게는 하나의 도전으로 보일 수 있다. 그러나 유럽인들은 이와 관련하여 미국인들과 다르게 인식하고 있다. 예거에 따르면,

> 유럽에서는 특히 규칙위반과 관련하여 (…) ― 미국 스스로 국제질서를 무시하고 있다고 보고 ― 미국과 다르게 인식하고 있다. 이란의 혹시 가능한 대량살상무기의 획득에 대하여, 마찬가지로 북한, 파키스탄, 이스라엘 등의 대량살상무기 획득에 대해서도 유럽의 국가들은 미국이 이들 국가에 대하여 군사적 행동도 불사하겠다고 호들갑을 떠는 것과는 달리, 그렇게 위험하다고 느끼지 않고 있다. 유럽의 정부들은 공동의 위협인식을 가지고 있지 않고, 그러한 위협인식에 대한 미국과의 차이는 영국을 예외로 하면 더욱더 크다(Jäger 2005a, 18).

이러한 맥락에서 보면 중국의 급속한 성장 및 북한의 핵문제는 중동의 문제와 함께 미국 외교정책의 우선순위에서 가장 상위에 있다고 볼 수 있다.

2. 국제질서의 정의

국제질서(international order)란 무엇인가? 이에 대한 답을 구하기 위해서는 먼저 국제질서와 국제체제(international system)에 대한 차이를 살펴보는

것이 유용하다. 하나의 체제(system)는 "지배의 형태에 따라 일상의 상호작용에 의하여 통합된 다양한 실체들의 총합"을 일컫는다(Mundall/Swoboda 1969, 343). 이러한 정의에 따라 길핀(Robert Gilpin)은 국제체제는 세 가지 중요한 측면을 갖는다고 보았다.

> 첫째, 다양한 실체들(diverse entities)이 존재하는데, 그것들은 과정들, 구조들, 행위자들, 또는 행위자들의 특성들이다. 둘째, 그 체제는 일상의 상호작용(regular interaction)에 의하여 특징지어지는데, 이는 드문 접촉에서부터 국가들 사이의 심화된 의존에 이르기까지 지속적으로 변화시킬 수 있다. 셋째, 체제의 비공식적인 규칙에서부터 공식적인 제도를 포괄하는, 또 행동을 규제하는 지배의 형태(form of control)가 존재한다(Gilpin 1981, 26).

이 외에도 위트(Martin Wight)와 불(Hedley Bull)에 따르면 국제체제란 "서로 많은 상호작용을 갖는 주권국가들의 그룹으로, 각 회원국들의 행위는 상호 영향을 미치게 된다. 결국 하나의 체제는 확실한 상호의존의 상황묘사와 다를 게 없다"(Krause 2005, 37).

반면에 불(Bull)은 국제질서란 "국가사회 또는 국제사회의 기본적인 또는 주요한 목표들을 지탱하는 행위의 패턴"이라고 정의하였다(Bull 1977, 7). 이와 관련하여 길핀은 다음과 같이 언급하였다.

> 제국주의 시대 국제체제(오늘날 흔히 국제질서라고 칭하는)의 지배는 제국주의적 구조에 의하여 결정되었다. 각 제국은 하나의 독특한 문명과 종교를 표현하고자 하는 경향이 있었기 때문에, 일반적으로 제국들은 대부분 가치기준이나 이해관계를 갖지 않았다. 그들은 그들의 관계를 지배할 규정이나 제도를 발전시키지 않았다(Gilpin 1981, 111).

크레이그(Gorden Craig)와 조지(Alexander Geroge)는 국제질서를 논하기 위해서는 다음의 세 가지 요소가 주어져야 한다고 생각한다(Krause 2005, 37).

> (1) 목표와 전망에 대한 참여국가들 사이의 공동의 협약

(2) 목표들을 달성하는 체제구조의 존재
(3) 수용된 규정들(규범, 관습, 제도)의 존재 및 효력

그 밖에도 예거는 국제질서에 대하여 아래와 같이 언급하였다.

> 국가들은 결코 공동의 권위하에 놓여 있지 않다. (…) 비록 국제체제에서 제재를 할 수 있는 정당하게 위임된 규정들이 존재하지는 않지만, 국가들은 같은 방식으로 행동한다. (…) 국가들은 내부적으로는 아주 다르게 조직되어 있지만, 외부세계에 대해서는 비슷하게 행동한다. (…) 국가들의 행동반경은 그들의 국제체제 내의 위치에 따라 달라진다. 기본적으로 강대국들은 약소국들에 비하여 외교행위에서 보다 많은 선택권들을 향유하게 된다. 오로지 주변적이라고 받아들여지는 지역에서만 약소국들은 강대국들의 압력에서 벗어날 수 있다. 이러한 가능성은 질서구조와 일치되도록 변화한다(Jäger 2005a, 11).

국제관계에서 중요한 점의 하나는 국제질서의 형성문제이다. 즉 어떻게 국제질서가 창조되는가, 어떻게 국제질서가 깨지는가, 그리고 어떻게 국제질서가 다시 만들어지는가 하는 것이다. 하나의 국제체제에서 중요한 합의들이 이루어지면, 국제질서가 만들어지게 된다. 그 합의들이 깨지거나 무질서에 빠지면, 그 국제질서는 중단된다. 그러한 합의들이 다시 이루어지면, 국제질서는 다시 창조된다(Ikenberry 2001, 22-23).

국제질서의 형성에 영향을 미치는 요인들에 대한 논의는 다양하다. 하나의 그룹은 국제질서의 형성에 있어서 권력/힘(power)의 중요성을 강조하고, 또 다른 그룹은 제도(institution)의 중요성을 강조한다. 권력의 중요성을 강조하는 그룹은 현실주의자이고, 제도의 중요성을 강조하는 그룹은 제도주의자이다. 하나의 전쟁이 끝난 후 국제질서의 성격과 안정성은 그 전쟁에서 승리한 국가의 역량에 달려 있다. 그 국가는 제도적인 메커니즘을 개발하고 구속력이 있는 합의를 만들어 낼 수 있다. 현실주의적인 전통은 어떻게 국제질서가 만들어지는지에 대하여 분명한 답을 가지고 있다. 그들은 국제질서는 국가들의 권력에 의하여 만들어지고 유지된다고 주장한다. 국

제질서의 변화는 결국 국제체제 내 권력구성의 변화에서 발생된다는 것이다. 그러나 이러한 현실주의 시각 내에도 국제질서의 형성과 관련하여 월츠의 세력균형이론과 길핀의 헤게모니이론의 두 가지 관점이 있다. 그 밖에도 제도주의 시각의 헌법적 질서가 존재한다(Ikenberry 2001, 10-11). 다음에서는 이러한 세 가지 국제질서에 대해 살펴보겠다.

3. 세력균형 질서 및 패권적 질서(hegemonic order)

세력균형이론은 국제질서를 국제체제의 무정부상태하 국가들 사이의 권력집중이나 또는 위협에 대한 균형화 및 적응과정의 결과로 본다. 월츠에 따르면 '세력균형 질서'는 국제체제의 무정부(anarchy) 상태에서 기인한다. 그러한 무정부 상태의 세계에서는 균형화 동기가 발생하는데, 이는 국가들이 자신들의 상대적인 권력위치와 관련하여 대단히 민감하게 반응하기 때문이다. 국제체제 내 강대국이 등장하면, 다른 2차적 국가들은 국내적 또는 국제적으로 반대세력을 구성하여 자신을 지키려고 시도한다. 권력집중에 대항하기 위하여 임시적인 국가들의 연합으로 동맹이 등장한다. 권력관계가 변화하면, 그러한 연합도 또한 변화하게 된다. 결국 국제질서는 국가들의 균형화 행위에 그 기반을 두게 된다(Ikenberry 2001, 11/23-26).

길핀에 따르면 국제질서는 하나의 패권국가에 의하여 생성되고 유지된다. 그 패권국은 국가들 사이의 관계를 형성하는 데 자신의 권력을 사용한다. 국제질서는 역사의 한 특정한 시점에서 국제체제 내 국가들 사이의 권력배분의 반영이다. 그러한 권력배분의 변화는 국제체제 내에서 분열과 갈등을 일으킬 뿐만 아니라, 전쟁이나 경우에 따라서는 권력관계의 새로운 배분을 보여주는 국제질서의 재조정으로 이끈다. 전쟁에서 승리하여 새로이 떠오르는 지배적인 국가나 또는 그러한 국가들의 그룹은 전쟁 이후에 새로운 질서의 성격을 결정하게 된다(Ikenberry 2001, 11-12). 길핀은 국제질서에 대해 다음과 같이 언급하고 있다.

> (…) 강대국 지배력의 정당성은 다음 세 가지 요소에 따라 논의될 수 있다. 첫째, 그것은 마지막 패권전쟁에서의 승리와 자신의 의지를 다른 국가들에게 강제할 수 있는 능력에 기반하고 있다; 국제적 현상유지를 규정하고 도입된 질서의 헌법을 제공하는 조약들은 이러한 현실을 반영하는 권위를 갖는다. (…) (Gilpin 1981, 34)

'패권적 질서' 도 역시 국가들 사이의 권력배분에 기반을 두고 있으나, 그것은 세력균형 질서와는 전혀 다른 논리에 따라 작동한다. 국가들 사이의 권력관계는 위계제도(hierarchy)의 원리에 의해 결정된다. 그러한 위계적 국제질서에서는 국가들이 상위와 하위 위치로 수직적으로 통합된다. 위계제도는 규정, 법규, 공식적 제도의 효력이나 권력의 강압적 사용에 의하여 만들어지고 유지된다. 패권적 질서의 극단적 형태는 제국주의라고 볼 수 있다. 그러한 상황에서는 약소국들은 완전한 주권을 가질 수 없고, 결국 패권국의 강압적 지위에 의하여 통제된다. 비록 그 질서 내에서 2차적 국가들 및 약소국들이 형식적으로 주권을 가지고, 또 그 지배의 범위와 메커니즘이 느슨하거나 덜 공식적이라고 하더라도, 패권적 질서는 기본적으로 위계적이다(Ikenberry 2001, 26-29).

길핀에 따르면 국제정치는 지배적인 국가가 다른 국가들을 압박하는 질서의 결과이다. 패권국은 자신의 우월적인 지위를 이용하여 자신의 이익에 유리한 질서를 만들어낸다. 따라서 국제체제 내 규정이나 법규들은 패권국의 권력역량에 의하여 도입되고 유지된다(Gilpin 1981, 42-43). 미어샤이머는 패권국에 대해 다음과 같이 설명하고 있다.

> 하나의 패권국은 체제 내에서 모든 다른 국가들을 지배할 수 있는 역량을 가진 국가이다. 어떤 국가도 그 패권국에 진지하게 도전할 만한 군사적 역량을 가지고 있지 않다. 따라서 패권국은 그 체제 내에서 유일한 강대국이다. (…) 예를 들어, 미국은 오늘날 지구에서 가장 강력한 국가이다. 그러나 미국이 서반구에서 하는 것처럼 유럽과 동북아시아를 지배하지는 못한다(Mearsheimer 2001a, 40-41).

요약하면 세력균형 질서와 패권적 질서는 국제체제 내 권력배분의 결과이다. 세력균형 질서는 압도적인 권력집중에 대한 예측 가능한 전형적인 대응이다. 이러한 대응은 기본적으로 국가들의 이해관계에 의하여 촉발된다. 그러한 국가들은 자신들의 지위를 유지하고, 또 통제할 수 없는 패권국에 의해 자신들이 지배당하는 것을 방지하고자 하는 이해관계를 가지고 있다. 국제체제 내 권력배분 형태가 바뀌면 균형화 노력 또는 동맹이 생겨나게 된다. 패권적 질서는 권력집중에 의하여 생성되고 유지되는데, 그 안에서는 약소국이나 2차적 국가들에 대한 강압의 강도와 관련하여 차이가 존재한다. 세력균형 질서가 집중된 권력에 대한 검증과 균형에 기반을 둔 반면에, 패권적 질서는 통제되지 않은 권력에 기반을 두고 있다(Ikenberry 2001, 28-29).

신 현실주의 이론들은 하나의 전쟁이 끝난 후 국제질서의 형성과정을 설명하는 데 유용하다. 그러나 동서냉전 이래 서구 전후질서의 지속적인 안정성은 이러한 이론들에 대한 하나의 도전이 되고 있다. 세력균형이론에 따르면 미국에 대하여 2차적 국가들(일본, 독일 등)에 의한 전략적 균형화나 지역적 동맹이 발생해야 하거나, 또는 최소한 안보기구들(나토, 미일동맹 등)이 약화되어야 한다(Ikenberry 2001, 246-251). 월츠는 동서냉전이 끝나면 나토는 약화되고 궁극적으로 해체될 것이라고 보았다(Waltz 1993, 76). 그러나 이러한 현상들은 아직 일어나지 않고 있다.

패권이론에 따를 경우에도 미국의 막강한 권력은 아시아나 유럽의 국가들로 하여금 균형화 행동을 촉발했어야 하거나, 또는 최소한 미국과의 안보결속은 약화되었어야 한다. 소련연방의 붕괴와 양극화의 종료로 국제적인 권력분배에 갑작스런 변화가 일어났다. 그런데 신 현실주의자들의 예상과는 반대로 미국과 서구 국가들 사이의 우호적인 관계가 지속되고 있다(Ikenberry 2001, 12-13). 게다가 나토는 90년대 말 오히려 더 확장되었고, 또한 앞으로 중앙아시아 지역까지 확장될 기미를 보이고 있다(Stelzenmüller 2004, 5-6). 이 외에도 미일 안보동맹은 1997년과 2006년의 합의로 더욱 강화되고 있다(Ekert 2006).

4. 헌법적 질서(constitutional order)

세력균형 질서와 패권적 질서 이 외에도 또 다른 형태의 국제질서가 있는데 바로 헌법적 질서이다. 이 개념은 제도주의적 시각에서 연원한다. 이 제도주의는 구조적 현실주의의 반대현상으로 생겨났다. 이 두 이론은 합리적 행위자가 국제체제 내의 불확실성을 어떻게 극복하는가에 대한 서로 다른 방향제시에서 그 차이점이 존재한다. 국제체제 내 무정부상태에서 국가들이 자신의 생존을 보장받기 위해서는 스스로 자구책을 갖거나 국가 간 협력에 의한 두 가지 옵션만을 갖는다. 신 현실주의가 국가들이 주로 자구책에 의존할 것이고 따라서 국제적인 무정부상태를 극복하는 것은 불가능하다고 보는 데 반하여, 제도주의는 이러한 무정부상태를 국제적 협력(예를 들어, 국제기구들)을 통해 극복될 수도 있다는 입장을 갖는다(Kim 2002, 3-58; Gu 2000, 73).

헌법적 질서는 법적/정치적 제도에 의존적이다. 이러한 질서에서는 권한이 분산되고 권력의 사용이 제한되면, 권력은 온순한 것이 된다. 비록 헌법적 질서가 성문헌법에 기초하고 있기는 하지만 헌법적 문서들의 존재에 의해 동일시되거나 보장되는 것은 아니다. 오히려 헌법적 질서는 국가 간 합의되고 제도화된, 또 권력의 사용을 감시하고 제한할 수 있는 규정/법률에 의해 보장된다(Ikenberry 2001, 29-30).

하나의 헌법적 질서는 세 가지 중요한 요소들을 갖는다. 첫째, 국제질서의 원리나 규정들에 대해 국가들이 참여하여 공동의 합의를 하는 것이 필요하다. 둘째, 권력사용에 대하여 권위를 가지고 제한과 구속을 할 수 있는 규정과 제도들이 도입되어야 한다. 권력사용의 제한은 제도적 수단과 절차에 의해 보장되어야 한다. 결론적으로 지도적 위치의 국가는 자신의 권력을 제도적/정치적 절차하에서 사용해야 한다. 셋째, 헌법적 질서 아래 규정과 제도는 정치시스템 내에서 쉽게 바뀌어서는 안 된다. 헌법적 분쟁은 드물다. 제도나 규정이 한번 결정되면 정치는 이러한 합법적이고 제도화된 틀 내에서 이루어져야 한다(Ikenberry 2001, 31-32).

이러한 헌법적 질서에 대한 논의는 냉전 이후 국제체제 내 미국의 단극적 지위에 대한 논의 관련 시사점을 제공한다. 미국이 세력균형 또는 패권적 질서의 논리로 자신의 단극적 지위를 지속적으로 유지할 것이라고 보기는 어렵기 때문이다. 만일 미국이 그러한 전략을 추구한다면 단극적 지위를 유지하는 것은 어려울 것이다. 그 이유는 미국 단독적으로 세력균형이나 패권적 질서의 논리를 가지고 국제문제를 해결하기 위해서는 국제제도를 유지하는 헌법적 질서의 경우보다 많은 비용이 들 것이기 때문이다. 물론 이 경우에 국제제도를 만들고 유지하는 데 드는 비용이 국제문제를 미국 혼자 해결하기 위한 비용보다 적다고 가정한 것이다.

지금까지의 논의들을 이켄베리는 다음의 표와 같이 정리하고 있다(Ikenberry 2001, 280).

〈도표 1-1〉 국제질서의 유형

	세력균형 질서	패권적 질서	헌법적 질서
조직원리	무정부주의	위계주의	법에 의한 지배
집중된 권력에 대한 제약	대항동맹	없음	제도
안정의 원천	권력의 균형	권력의 우위	권력회귀에 대한 제한

제2장

국제질서 속의 미국의 안보전략

Ⅰ. 미국의 단극적 지위

1. 단극체제의 기준

일반적으로 국제체제의 속성이 양극(bipolar)이냐 다극(multipolar)이냐 또는 단극(unipolar)이냐 하는 극성을 결정하는 데에는 여러 가지 요소들이 영향을 미친다. 일군의 연구자들은 경제적 역량(보통 국민총생산/GDP)을 통하여 이를 결정하려 한다. 이에 따르면 미국을 압도적인 축으로 일본과 독일(또는 유럽연합을 포함)을 작은 축으로 보았을 때, 오늘날의 국제체제는 삼각구조로 규정할 수 있을 것이다. 실제로 2005년 미국의 국민총생산을 100(약 10,996조 원)으로 보았을 때, 일본은 45(4,994조 원), 독일은 18(1,962조 원)이다. 유럽연합에 속하는 OECD 국가 전체를 합할 경우 9,493조 원으로 미국의 약 86%에 육박한다.[1)]

또 다른 연구자들은 극성의 기준으로 각 나라의 군사역량을 중요시한다. 물론 이러한 기준 내에서도 어느 정도의 군사역량을 국제체제 내 하나의 극점으로 볼 것인가에 대해서는 서로 다른 의견들이 존재한다. 예를 들어, 미어샤이머는 하나의 극점(pole)을 이루는 국가에 대해 "국제체제 또는 지역체제 내에서 한 국가가 하나의 극점으로서 자격을 갖추기 위해서는 그 체제 내에서 주도적인 국가의 도전을 자기 스스로의 힘으로 방어할 수 있어야 한다."고 정의한다(Mearsheimer 1990, 7). 이 정의에 따르면 현재의 국제체제는 양극이라고 할 수 있다. 러시아는 여전히 미국의 공격을 스스로의 힘으로 방어할 수 있기 때문이다. 그 밖에 중국이 하나의 극점으로서의 자격을 갖추었다고 말할 수 있을 것이다. 이렇게 군사력을 극점의 기준으로 보는 연구자들 가운데 또 다른 일군은 군사력의 척도로 핵의 보유여부를 기준으로 본다. 이렇게 핵보유국을 기준으로 가정할 때도 다시 두 가지 경우로 나누어 볼 수 있다. 핵폭탄의 단순한 보유만으로 초강대국의 지위를 인정하는 경우와 소위 1차 핵 공격 후 2차 핵 보복능력을 갖춘 경우를 말한다. 첫 번째의 경우로 보면 현재의 국제체제는 다극화이고, 두 번째 경우를 가정할 때는 현 구조는 여전히 양극화로 볼 수 있다(Schweller 1999, 37-38).

또 다른 학파는 이러한 극점의 기준으로 이데올로기를 강조한다. 이 학파의 연구에 따르면 1918년에서 1945년까지는 파시즘, 민주주의, 공산주의의 3극 구조, 1945년부터 1960년까지는 공산주의, 서구적 가치, 중립그룹의 3극 체제라고 할 수 있다. 이러한 관점을 오늘날의 세계에 적용하면 단극화, 양극화 또는 다극화로 묘사될 수 있을 것이다. 후쿠야마의 테제에 따라 자유민주주의의 승리로 역사의 종말을 가정할 때(Fukuyama 1989), 세계는 단극으로 볼 수 있다. 이와 달리 마부바니스(Kishore Mahbubanis)의 명제, 즉 "서구와 비서구의 대립(the Western against the Rest)"에 따르면

---

1) 비교를 간단히 하기 위해 1$를 1,000원으로 환산함. 참고로 한국의 국민총생산은 638조 원으로 미국의 6% 정도이다.
OECD통계참조, http://www.oecd.org/dataoecd/48/4/33727936.pdf (검색일: 2006년 10월 12일).

세계는 양극이다. 헌팅턴의 문명의 충돌에서 본 세계는 서구, 불교, 유교, 일본교, 슬라브 정통교, 남미, 힌두교, 이슬람 등이 각축을 벌이는 다극화의 모습이다(Huntington 1996).

토마스 예거에 따르면 국제질서의 현 구조는 군사력 분야에서는 미국의 단극화, 경제력 분야에서는 미국과 유럽연합의 양극화의 모습이다(Jäger 2005b, 14). 이 밖에도 현재의 국제체제를 설명하는 말로 "지역적인 다극화 가운데 단극화(unipolarity with regional multipolarity)", "단극다극화(uni multipolarity, 하나의 초강대국과 몇몇의 강대국들)"가 있는데, 이러한 용어들이 의미하는 바는 미국이 국제문제를 처리해 가는 데 있어서 몇몇 강대국들의 도움을 필요로 하다는 뜻이다(Huntington 1999, 36-37). 이와 함께 국제체제를 설명하는 용어로 "다극-다극화(multi multipolarity)" 등이 있다(Schweller 1999, 37-39).

2. 국제체제 내 미국의 단극적 지위

일반적으로 권력의 중요한 기반으로 인정되는 다양한 요소들의 조합을 체제의 구조를 결정하는 한 방법으로 볼 수 있다. 체제의 구조를 연구하는 학자들은 국력의 여러 가지 차원들과 관련한 위상에 따라 국제체제 내 국가들의 순위가 결정되어야 한다고 본다. 이 경우 일반적으로 다음의 세 가지 요소, 즉 인구와 영토, 경제력, 군사력을 국력의 중요한 요소로 볼 수 있다. 이러한 기준을 적용할 경우, 현 국제체제는 단극으로 볼 수 있다. 왜냐하면 일본과 독일이 경제적 차원에서, 러시아와 중국이 군사력과 물리적 기반(인구와 영토)에서 상당한 위치를 차지하고 있기는 하지만 미국은 위의 세 가지 차원에서 모두 압도적인 위치에 있기 때문이다. 많은 연구자들이 대체로 이러한 시각에 동의하고 있다(Krauthammer 1990/91, 24; Layne 1993, 5; Jäger 2005a, 12; Walt 2005, 31-32).

로버트 파페(Robert Pape)는 단극성을 "한 국제체제 내 오로지 하나의 초강대국만 존재하고, 그 어떤 국가도 그에 맞설 충분한 힘을 갖지 못한 상태"로 정의한다. 국제체제 내에서 이러한 단극의 지위를 획득한 미국은 세계의 다른 어떤 국가보다 안전하고, 대부분의 국제분쟁을 해결할 힘이 있고, 심지어 약소국가들의 내부 및 외부행동을 통제하고 조정할 수 있는 수단들을 가지고 있다고 본다(Pape 2005, 11). 이와 달리 현 국제질서를 미국이 완전한 헤게모니를 갖는 패권체제(hegemonic system)로 보는 것은 무리라는 주장도 있다. 오늘날 미국의 힘의 우세는 글자 그대로 우위(preponderance)일뿐이지 아직 지배(dominance)의 수준은 아니라는 것이다. 그래서 이들은 미국이 현재의 불안정한 힘의 우위상태를 도전이 불가능한 패권체제로 전환하려 한다고 주장한다(장달중/임수호 2004).

3. 단극체제에 대한 논의

1) 단극체제의 성격

소련의 붕괴 이후 국제질서는 양극화에서 단극화로 변화하였다. 많은 국제정치학자들, 특히 신 현실주의자들은 오늘날의 단극질서를 불안정하거나 위험한 상태로 보고 있다. 케네스 월츠는 양극화가 단극 또는 다극화보다 안정적으로 본다. 왜냐하면 단극체제 내 초강대국에로의 권력집중은 다른 국가들을 위협하게 되어, 다른 국가들이 다시 양극화로 가기 위해 세력균형을 이루려 노력하기 때문이다. 이와는 반대로 모겐소는 미국과 소련이 경쟁하였던 냉전시대 양극화의 관계를 특히 위험한 것으로 보았다(Walt 1998, 30-31). 월츠에 따르면 이러한 단극화의 시간은 잠시일 뿐이고, 미국은 여타 국가들의 이러한 세력균형화 시도를 막을 수 없기 때문에 결국 양극화 시대가 곧 온다고 본다(Waltz 2000, 39). 이러한 관점에서 보면 단극화 기간의 지속적 유지는 신 현실주의의 기본명제와 모순된다고 할 수 있다.

물론 단극화의 질서가 불안정하다는 이러한 논의와는 정반대로 단극화가 안정적이라고 주장하는 학자들도 있다. 폴포오스(Wohlforth)는 다음의 세 가지 명제로 이를 설명한다.

첫째, 현 국제체제는 단극인데, 이는 지배국가의 국력이 막강하여 아무도 이에 대해 균형화를 시도할 수 없는 구조이기 때문에 국제체제가 안정적이라는 것이다.

둘째, 단극체제는 평화롭다고 볼 수 있는데, 이는 단극의 지배국가가 막강한 힘을 이용하여 강대국 사이의 전쟁을 방지할 뿐만 아니라 강대국들이 추구하고자 하는 지위나 안보에 대한 경쟁을 사전에 차단할 수 있음을 의미한다. 왜냐하면 지배국가의 우세한 국력은 글로벌 차원에서 경쟁자의 등장을 막을 수 있고, 지역 차원에서 강대국들의 균형화 시도를 사전에 단념케 할 수 있기 때문이다.

셋째, 단극화는 지속될 수 있다고 보는 것인데, 그 이유는 미국과 다른 국가들 사이의 커다란 국력 차이, 미국의 유라시아에서 멀리 떨어진 지정학적 위치, 그에 따른 다른 강대국들의 미국에 대항하는 동맹구성의 어려움 때문이다(Wohlforth 1999, 9-28).

2) 균형화가 일어나지 않는 이유

"냉전이 끝난 후 왜 다른 강대국들이 미국에 대하여 균형화를 시도하지 않는가?" 하는 질문은 현실주의자들, 특히 구조적 현실주의자들을 곤혹스럽게 하는 문제이다. 이를 설명하기 위해서 로버트 파페는 다음 세 가지 현실주의자들의 주장을 예로 들고 있다(Pape 2005, 18-20). 첫째, 여타 국가들은 항상 초강대국에 대해 균형화를 시도하고 있다고 본다. 다만 그 과정이 불규칙하고 느리다는 것이다. 월츠에 따르면 강대국들이 아무리 온순하고 절제된 행동을 하더라도 약소국가들은 두려움을 갖게 되고 그에 대해 균형화를 이루려고 한다는 것이다. 그 밖에도 이러한 균형화 행동에는 위험이 따르게 마련이다. 왜냐하면 강대국들이 자신들에게 대항하는 약소국들을 친절하게 대하지 않기 때문이다. 약소국들도 이러한 사실을 잘 알고 있다. 그래서 그들은 자신이 직접 대항하기보다는 다른 국가들이 대신 그 역할을 해주도록 책임을 전가(Buck-passing)[2)]하려는 전략을 추구한다. 바로 이러한 점이 냉전 이후 미국에 대한 균형화 행동이 느리게 일어나거나 아직 일어나지 않는 이유이다.

미국에 대한 균형화 시도가 일어나지 않고 있는 것에 대한 두 번째 대답은 미국의 선량한 의도에서 그 해답을 찾는 것이다. 스티븐 월트(Stephen Walt)는 일반적으로 국가들이 단순히 거대한 힘을 가진 국가가 아니라, 오히려 자신이 위협을 느끼는 국가에 대해서 균형화를 시도한다고 주장한다. 그에 따르면 국가들은 보통 좋은 또는 나쁜 의도를 가질 수 있는데, 오로지 공격적인 의도를 가진 국가만이 다른 상대 국가들로 하여금 균형화 시도를 유발한다는 것이다. 미국은 역사상 지금까지의 다른 강대국들에 비하여 상대적으로 아주 온건한 외교정책을 수행하여 왔다는 것이다. 다시 말해 미국은 다른 나라를 정복하거나 제국을 건설하려고 하지 않았다는 것이다. 그래서 미국의 거대한 힘에 따른 잠재적인 위협의 가능성에도 불구하고 대부분 미국에 대해서 균형화 노력을 시도하지 않는다는 것이다. 그것은 일반적으로 미국의 비공격적인 의도에 그 까닭이 있다는 것이 그의 주장이다.

세 번째 대답은 미국의 세계전략(grand strategy)[3]에 관한 것이다. 미어샤이머(Mearsheimer)는 미국은 지난 20세기 이래 '역외균형(offshore balancing) 전략'을 취해 왔다고 주장한다. 그것은 미국이 세계의 주요지역을 직접 지배하려는 것이 아니라, 그러한 주요지역에 대한 다른 강대국들의 지배를 방지하는 데 초점을 맞춰왔다는 것이다. 이 역외균형전략은 두 가지 중요한 목적을 가지고 있는데, 하나는 전쟁에 대한 미국의 개입가능성을 최소화한

---

2) 전가(Buck-passing)는 위협을 느끼는 국가가 위협을 가하는 국가에게 직접 균형화(balancing)를 시도하는 대신에 취할 수 있는 대안으로, 그 위협을 하는 국가를 자신이 직접 억제하거나 대항하는 대신 다른 국가로 하여금 그러한 역할을 맡도록 하고 자신은 옆으로 빠지려는 전략이다(Mearsheimer 2001b, 157-158).

3) 분쟁이나 갈등에서 전략(strategy)이란 정치적 또는 군사적 목표를 달성하기 위한 행위자의 군사행동계획을 의미한다. 이런 맥락에서 세계전략(grand strategy)이란 정치, 경제, 군사 등의 목표를 달성하기 위해 동원할 수 있는 행위자의 자원의 총체성을 말한다(Arreguin-Toft 2005, 29). 또 다른 해석으로 grand strategy를 〈대전략〉으로 번역하고 "국제체제에서 국가의 궁극적인 목표를 달성하기 위해 군사적, 정치적, 경제적 수단을 통합하는 방법"이라고 본다(류재갑 2005, 35).

다는 것이고, 또 다른 하나는 국제체제 내에서 미국의 상대적 힘을 극대화한다는 것이다. 이러한 세계전략은 강대국들(유럽연합, 러시아, 일본, 중국)에게 미국이 위협적인 국가가 아니라는 점을 효과적으로 설득하여 보여 주었고, 이에 따라 미국에 대한 균형화 시도가 일어나지 않았다는 것이다. 최소한 9·11 테러 이후 부시 독트린이 선언되기 이전까지는 미국이 그러한 동기를 제공하지 않았다고 볼 수 있다.

3) 반대시각

물론 이와는 다른 시각도 존재한다. 크리스토퍼 레인(Christopher Layne)에 따르면 지금까지의 미국의 세계전략은 '우위전략(strategy of preponderance)' 이었다는 것이다. 이 전략의 중요한 요소들은 미국의 가치, 정치, 경제, 그리고 군사력에 기반을 둔 세계질서를 형성하고 유지하는 것, 또 유럽이나 아시아에서 경쟁상대의 출현을 억제함으로써 국제체제에 대한 미국의 지배력을 극대화하는 것, 그리고 중대한 안보이익의 바탕으로서 미국의 경제적 독립을 유지하는 것 등이다. 레인은 소련이 붕괴하여 국제체제가 크게 변화하였음에도 불구하고 미국의 세계전략은 그에 상응하게 변화하지 않았다고 주장한다. 동맹이나 이해관계 등의 문제와 관련하여 냉전 당시 취했던 우위전략을 미국은 지금도 그대로 유지하고 있다는 것이다. 이러한 전략은 너무 큰 비용과 위험요소를 안을 수 있기 때문에 미국으로서는 새로운 대안이 필요하다는 것이 그의 주장이다. 그 새로운 대안으로서 그는 역외균형전략을 말하고 있다(Layne 1997, 86-88). 이는 바로 위에 언급한 미어샤이머의 주장과는 정반대이다.

II. 다른 국가들에 대한 미국의 시각

1. 세력균형이론 대 위협균형이론

소련의 붕괴와 국제체제 내 양극화의 종료는 국제적인 힘의 균형에 갑작스런 변동을 가져왔으며, 이를 통하여 국제정치에 몇 가지 변화가 일어났다. 먼저 독일이 통일되었고, 동유럽의 국가들이 서구의 동맹에 편입되고 있으며, 러시아는 서구세계에 대해 동조하는 자세를 취하고 있다. 이에 대하여 미국은 일련의 안보 및 경제제도(예를 들어, NATO, NAFTA, APEC, WTO 등)를 새로 만들거나 기존제도의 확장을 통하여 대응하고 있다. 그러한 가운데 미국과 다른 산업국가들은 상호 협조적인 관계를 더욱 확대하고 있다. 이에 따라 현실주의 이론의 예상과는 달리 점점 커져 가는 미국과의 힘의 격차에도 불구하고 다른 강대국들은 미국에 대하여 균형을 이루려는 시도나 또는 미국으로부터 일정 부분 거리를 두려는 시도를 하지 않고 있다 (Ikenberry 2001, 216-217).

냉전 이후 미국의 행동양식을 설명하고 예측하는 데 유용한 두 가지 현실주의 이론이 있다. 케네스 월츠(Kenneth Waltz)의 세력균형이론(balance of power theory)과 스티븐 월트(Stephen Walt)의 위협균형이론(balance of threat theory)이 그것이다. 세력균형이론은 순수한 체제적(system) 이론이고, 위협균형이론은 이러한 체제적 요소와 고전적 현실주의이론에서 말하는 개체단위의 변수들을 결합한 것이다. 마스탄두노는 위협균형이론이 탈냉전 시대 미국의 안보정책을 설명하는 데 더 유용하다고 주장한다(Mastanduno 1999, 138-181).

1) 세력균형이론의 관점에서

앞에서 살펴본 바와 같이 세력균형이론은 단극화에 대하여 분명한 암시를 하고 있다. 국제체제 내 국가들은 패권국의 지배력에 도전하기 위하여 균형화를 모색한다는 것이다. 패권국의 막강한 지배력은 또 다른 새로운 세계적 강대국의 출현이나 강대국 간의 연대를 자극하게 된다. 여기서 문제는 그러한 출현이나 연대가 일어나느냐 또는 일어나지 않느냐에 있는 것이 아니라, 그것이 언제 일어나느냐에 있다. 세력균형론자들은(Layne, Waltz 등) 대체로 10년이나 20년 이후에는 국제체제가 다극화로 바뀔 것으로 전망하고 있다. 이러한 신 현실주의자들은 다극화된 세계가 양극화 세계보다 위험하다고 보기 때문에 강대국 사이의 평화와 협력에 대하여 대체로 비관적인 시각을 가지고 있다(Layne 1993, 78).

이러한 함의에도 불구하고 세력균형론자들은 현재의 국제체제에 대해 반어적인 시각을 가지고 있다. 한편으로 지배적 국가는 완전한 자유를 누리고 국제분쟁의 해결에 있어서 커다란 재량권을 가지고 있다는 점에서 다른 국가들이 부러워하는 위치에 있다는 것이다. 이는 냉전시대 양극화의 상황과는 완전히 다른 것이다. 하지만 다른 한편으로 아무리 지배적 국가라 하더라도 이러한 매력적인 상태를 계속 유지시키기에는 너무 무력하다는 것이다. 이 지배적 국가가 할 수 있는 일이란 고작 새로운 강력한 국가들이 출현하는 것을 기다리는 것뿐이다. 지배국가는 그 단극화의 순간을 계속 붙들고 싶겠지만, 그 상태는 오래 지속되지 않는다는 것이다. 그 밖에도 세력균형이론은 단극화를 지속하기 위한 노력은 헛된 일이고 오히려 역효과를 가져올 수 있다고 본다. 따라서 지배국가를 위한 현명한 전략이란 다극화의 불가피성을 받아들이고 단극화의 기간을 잘 활용하는 것이다(Mastanduno 1999, 140-142).

이러한 맥락에서 월츠는 미국에 대항할 만한 강대국으로 일본, 독일, 중국, 유럽연합, 러시아 등에 주목하였다(Waltz 1993, 50-76). 미어샤이머는 가능한 지역패권국으로 특히 독일과 중국을 꼽았다. 그는 미국이 유럽에서 핵우산을 철수할 경우, 독일이 핵무장을 하게 될 것이라고 예상하고 있다. 또한 인구의 규모나 경제성장의 잠재력에서 일본보다는 중국이 미국의 경쟁상대가 될 것으로 예측했다(Mearsheimer 2001a, 50-56). 크리스토퍼 레인(C. Layne)은 헤게모니를 지속하려는 미국의 노력은 무의미한 것이라 보았다. 예를 들어, 독일과 일본이 강대국으로 부상하는 것을 방지하려는 시도는 무익한 것으로 보는데, 왜냐하면 미국의 그러한 정책과는 무관하게 국제체제의 구조가 그들을 강대국이 되도록 몰아세우기 때문이다(Layne 1993, 46-47). 바로 여기에 세력균형이론과 위협균형이론의 차이가 존재한다.

요약하면 세력균형이론의 논리는 냉전 이후 미국의 안보정책과 관련하여 다음의 세 가지 점을 분명히 추론해 내었다. 첫째, 미국은 냉전시대 양극화 구조의 제약에서 벗어나 아무런 제약 없이 국제문제에서 자유로이 행동한다. 둘째, 다른 주요 강대국들이 미국에 대한 의존상태로부터 벗어나면서 미국에 대한 균형화를 시도한다. 셋째, 미국은 다극화의 불가피성을 받아들인다.

실제로 베를린의 장벽이 무너진 이후 미국이 세계를 상대로 수행한 군사작전을 보면 첫 번째 지적에 대한 증거는 충분하다. 다음의 예를 보면 충분히 수긍할 수 있다. 미국의 파나마 침공과 노리에가 정부의 제거, 1차 이라크전쟁에서의 철저한 파괴, 소말리아 정복, 아이티정부 전복, 보스니아 침공, 유고슬라비아 공격, 아프가니스탄 탈레반정부 전복, 이라크 사담 후세인 제거 등이 그것이다(Carpenter/Bandow 2004, 73).

그러나 두 번째, 세 번째 지적에 대한 증거를 찾는 일은 그렇게 쉽지 않다. 오히려 몇 가지 현상들은 세력균형이론의 예측과 정반대의 모습을 보이고 있다. 독일은 북대서양 조약기구인 나토(NATO)의 지속과 미군의 독일주둔을 그들의 국가안보전략의 핵심으로 여기고 있고, 일본은 냉전이 끝났음에도 불구하고 미일 안보동맹을 오히려 더 강화하고 있다. 구조적 현실주의자들은 독일과 일본이 지역의 강대국들로부터 제기된 안보딜레마에서 벗어나기 위하여 핵무장의 동기를 갖게 될 것이라고 예상했으나, 이 두 나라는 핵무기의 개발이나 보유에 대한 관심을 최소한 외관상으로는 보이지 않고 있다. 아마도 그 이유로는 핵무장을 하게 될 경우 부담해야 할 정치적, 외교적 부담이 너무나 클 뿐 아니라 자국 여론의 반대도 만만치 않을 것이기 때문이다. 예를 들어, 독일의 핵보유는 지금까지 자신에게 유리하게 전개되어 온 유럽통합을 파괴하게 될 것이다. 일본의 핵무장은 중국을 자극하게 될 것이고, 경우에 따라 미국에게도 부담이 될 것이며, 이러한 점들은 지금까지 일본이 누리고 있는 경제적인 풍요로움을 손상하게 될 것이다(Goldgeier/McFaul 1992, 480-481).

중국이나 러시아는 여러 분야에서 미국과 부딪히고 있으나 아직 구체적으로 균형화 동맹을 시도하고 있지는 않다. 그 밖에 유럽이나 아시아의 많은 국가들의 주요 안보관심사는 어떻게 미국에 대한 안보의존에서 벗어나느냐에 있는 것이 아니라, 어떻게 하면 미국이 자신을 배제하는 것을 막느냐에 신경을 쓰고 있다(Mastanduno 1999, 143-145). 이러한 맥락에서 보면 냉전 이후 미국을 포함한 여러 국가들의 행동을 설명하는 데 세력균형이론은 제한된 설명력을 갖는다고 볼 수 있다.[4)]

2) 위협균형이론의 관점에서

위협균형이론은 지배국가의 외교정책은 일정 부분 다른 국가들의 외교정책, 즉 자신에게 균형화를 시도하는가 또는 시도하지 않는가에 달려 있다고 본다. 오늘날 단극의 국제체제하에서 미국의 외교적 행동은 다른 강대국들의 외교정책에 막대한 영향을 미치고 있다. 예를 들어, 절제된 미국의 행동은 다른 강대국들의 균형화 시도를 사전에 방지하는 효과가 있다. 이러한 논리에 따르면 단극에서 경쟁을 통해 다극으로 넘어가는 것이 반드시 필연적인 것만은 아니라고도 볼 수 있다. 물론 단극화가 영구히 지속되리라고 보는 연구자는 드물다. 그러나 위협균형론자들은 앞에서 살펴본 세력균형이론이 예상하는 것보다는 훨씬 오랫동안 단극의 체제가 지속될 수 있다고 본다. 단극화의 세계를 가능한 한 오래 붙들고 싶은 미국에게 이러한 가능성은 아주 중요한 의미를 갖는다. 왜냐하면 그러한 단극화의 세계에서 미국은 안보위협을 최소화할 수 있을 뿐 아니라 자신의 외교정책의 자율성을

4) 김태현은 세력균형이론의 관점에서 2003년 이라크전쟁 등 미국의 일방적인 외교정책이 세계적으로 반미감정을 자극하고 여타 강대국들의 균형화 노력을 촉진하여, 그에 따라 미국의 영향력이 점차 감소되면서 국제체제 내 세력균형이 다시 이루어질 것이라고 전망한다(김태현 2003).

극대화할 수 있기 때문이다. 그렇기 때문에 현실주의 이론에 따르면 모든 강대국들은 자신의 의사와는 무관하게 (제국주의적인 의도를 갖든, 갖지 않든) 모두 홀로 초강대국이 되기를 원한다고 볼 수 있다(Walt 1985; Mastanduno 1999, 146-147).

위협균형이론에 따르면 미국은 그러한 단극화의 시간을 연장하기 위해 노력하고 있다고 볼 수 있다. 왜냐하면 이 이론에 따를 경우 단극화의 붕괴를 예방할 수 있기 때문이다. 균형화 시도는 위협에 대한 반작용이므로, 미국이 다른 국가들에게 위협이 될 만한 요소들을 자신의 정책에서 사전에 제거한다면 다른 국가들의 균형화 시도를 무력화시킬 수 있을 것이다. 물론 미국이 국제체제 내에서 자신의 독점적 지위를 지속적으로 유지하는 일은 그리 간단한 일은 아니다. 그러나 위협균형이론의 논리에 따르면 그것이 어느 정도 가능할 수도 있다. 예를 들어, 단극체제하의 지배국가가 국제적인 안건과 관련하여 다자적인 접근을 취하는 것이다. 이러한 다자적인 의사결정방식은 경우에 따라 덜 효율적일 수도 있고, 또 일방적인 결정에 대한 유혹이 있을 수도 있다. 그러나 이와 같은 다자적인 논의과정을 거치면 그 결정에 대하여 보다 설득력을 가질 수 있고, 또 다른 국가들에게 동기를 부여하여 쉽게 협조를 구할 수 있다(Mastanduno 1999, 147-148).

또한 위협균형이론에 따르면 지배국가가 자신에게 도전하는 국가들에 대해 어떻게 반응할지를 미리 예상해 볼 수 있다. 여기서 도전국가의 행동양식은 그가 지배국가의 의도를 어떻게 인지하느냐에 따라 영향을 받는다고 할 수 있다. 마찬가지로 지배국가의 행동양식도 그 잠재적 도전국가의 외교정책의도를 어떻게 이해하느냐에 따라 영향을 받는다. 이러한 논의를 위해서는 고전적 현실주의에서 연구된 '현상유지(status quo) 국가'와 '수정주의(revisionist) 국가'의 구분이 유용하다. 현상유지 국가는 현존하는 국제질서와 힘의 배분을 인정하고 추종한다. 반면에 수정주의 국가는 기존의 질서를 무시하고 그에 대한 변화를 추구하는데, 이들 국가는 국제체제 내 기존의 이익분배 구조와 질서에 불만을 느끼기 때문이다(Wohlforth 1994/95, 120-121; Schweller 1994, 105).

따라서 이들 국가들에 대한 지배국가의 외교정책의 성격은 이들 국가의 성향이 현상유지적이냐, 현상타파적이냐 또는 중립적이냐에 달려 있다. 현상유지 국가에 대해서 지배국가는 "조절 또는 개입정책"을 추구한다. 이러한 정책의 목적은 순응국가들이 현재 세계질서하에서 안전하다는 확신을 심어주고, 따라서 그들 국가가 자신들의 군사력을 확장하거나 또는 현존질서에 도전해야 할 필요성을 느끼지 않도록 설득하는 것이다. 지배국가는 이들 국가가 위협으로 느낄 만한 외교정책은 피하면서, 다른 한편으로 또 다른 위협으로부터 이들의 안전을 보장하기 위해 억제력을 제공하기도 한다.

수정주의 국가는 지배국가의 주요 이해관계에 도전적인 입장을 취하기 때문에 이들 국가에 대해서는 "봉쇄 또는 대결정책"을 구사한다. 이 경우 지배국가는 이들 국가를 봉쇄하기 위해 외교적, 군사적 동맹을 구성하거나, 경우에 따라서는 정권을 교체하기 위해 군사적 공격을 감행하기도 한다. 그 밖에 기존질서에 순응도 거부도 아닌 유보적 입장을 보이며, 아직 그 속내를 정확히 알 수 없는 잠재적인 도전자가 될 수 있는 중립적인 국가들이 있다. 이들 국가에 대해서 지배국가는 이들이 현 국제질서에 동참하기를 희망하며 "개입 또는 통합정책"을 수행한다. 만일 지배국가가 이들에 대하여 대결정책을 취할 경우, 이들은 수정주의 국가군으로 넘어가 버릴 수도 있기 때문이다(Mastanduno 1999, 148-149).

이러한 위협균형이론의 논리에 따르면 냉전종식 후 미국의 안보정책은 다음의 세 가지로 특징지을 수 있다. 우선 미국 세계정책의 핵심은 단극화 기간을 연장하기 위한 노력이다. 다음으로 미국은 현상유지 국가에게는 조절/개입정책을, 수정주의 국가에게는 봉쇄/대결정책을, 중립적 국가에게는 개입/통합정책을 구사한다. 마지막으로 미국은 자신의 외교정책수행에 다자적인 요소를 강조한다는 것이다. 오늘날 미국은 국제체제 내에서 아무도 자신에게 쉽게 도전할 수 없는 부러운 위치에 자리하고 있다. 도전할 의사가 있는 국가들은 그 역량이 모자라고, 그나마 도전역량이 갖추어진 국가들[5]은 아직 도전할 의사가 없어 보인다(Joffe 1995, 99/109/116). 현상유지 국가들에는 독일, 일본을 비롯하여 서구의 국가들이 속하고, 중립적 국가들

〈도표 2-1〉 1999~2004년간 유엔총회에서 미국의 제안에 대한 찬성률[6)]

순위	국가	평균 찬성률
1	이스라엘	92.2%
5	영국	63.6%
7	프랑스	59.7%
8	호주	58.8%
10	캐나다	56.7%
12	**독일**	55.2%
41	**일본**	50.2%
47	한국	47.0%
62	**러시아**	33.4%
153	이란	19.5%
166	수단	18.3%
173	**중국**	17.2%
174	리비아	17.0%
175	파키스탄	16.8%
181	시리아	13.8%
183	쿠바	13.5%
189	**북한**	5.7%
190	이라크	5.6%

5) 예를 들어, "러시아, 중국, 프랑스, 영국 등 강대국들이 왜 미국의 힘을 위협으로 인식하지 않는가?"에 대한 이유로 상호 핵 억제력과 지역균형의 논리(regional balance of power)를 들고 있다. 지역균형의 논리란 월트의 주장대로 멀리 떨어진 국가의 군비확충보다 인접국가의 그것을 훨씬 위협적으로 느끼고 반응한다는 것이다. 즉 미국의 지리적 위치가 다른 강대국으로 하여금 덜 위협을 느끼도록 한다는 주장이다(장달중/임수호 2004, 18-19).

6) (Gardiner/Schaefer 2005, 69)에서 재작성.

에는 대표적으로 중국과 러시아가 꼽힐 수 있을 것이며, 수정주의 국가들에는 소위 말하는 불량국가들, 이란, 북한 등이 해당될 것이다. 아래 유엔총회에서 미국의 제안에 대한 찬성률에 대한 통계자료는 정확하게 일치하지는 않지만 이와 같은 국가구분의 타당성을 어느 정도 뒷받침해 준다고 볼 수 있다(〈도표 2-1〉 참조).

냉전 이후 미국은 현재 자국중심의 질서에 비교적 긍정적인 입장을 보이고 있는 일본과 독일, 현상유지와 수정주의의 중간 정도에 위치하고 있는 러시아와 중국, 그리고 분명하게 반대 입장을 보이고 있는 소위 불량국가들과 마주하고 있다. 이와 같은 구분을 토대로 아래에서는 미국이 이들 국가들을 어떻게 보고 있는지 좀 더 자세히 살펴보도록 하겠다.

2. 미국 중심의 질서에 대한 현상유지 국가

1) 독일과 유럽연합(EU)

냉전 이후 독일의 안보정책은 나토의 지속, 그에 따른 미군의 주둔과 미국의 핵우산에 그 핵심을 두고 있다. 이러한 가정은 독일이 유럽연합의 공동방위정책에 충실히 참여하며, 자신만의 방위정책을 별도로 추구하고 있지 않다는 점에 기초하고 있다.

소련의 붕괴 이후 유럽연합은 점차로 자신의 안보정책에 있어서 가능한 한 미국에 대한 의존도를 감소시키려 노력하여왔다. 1991년 말 15개 유럽국가들의 정상들이 마스트리히트에 모여 EU의 헌장에 합의하였는데, 여기에서 향후 유럽방위정책을 위한 EU의 두 번째 기둥으로 "공동 외교·안보정책(Gemeinsame Außen- und Sicherheitspolitik)"[7]을 결의하였다. 이를 위해 EU 회원국들은 안보분야에서 보다 많은 자율성을 확보하고자 노력하고

---

7) 유럽연합을 구성하는 첫 번째 기둥은 "유럽공동체(Europäische Gemeinschaft)"이고, 세 번째 기둥은 "형사처분관련 경찰과 사법부의 공동작업(Polizeiliche und justizielle Zusammenarbeit in Strafsachen)"이다(Diedrichs/Wessels 2002, 169).

있는데, 일례로 "유럽안보방위정책(ESDP: European Security and Defence Policy)"의 개발 등이 그 좋은 예이다(Jopp 2002, 160). 하지만 이러한 시도들은 기존의 미국 중심의 나토체제와 긴장을 유발하고 있으며, 미국은 이러한 유럽연합의 노력들에 대하여 대체로 모호한 입장을 취하고 있다. 그러나 유럽안보방위정책(ESDP)이 기존의 나토의 역할을 대체하기에는 아직 시기상조로 보인다.[8)]

만약에 EU가 지금보다 훨씬 더 통합되고 발전하여 하나의 국가가 될 수 있다면, 이 세계는 양극화를 이룰 수 있을 것이다. 그 완전한 통합을 위해서는 유럽연합이 단일화된 외교·안보정책의 수행이 가능하고, 이를 뒷받침하기 위한 공동의 군수산업체를 구성하는 것이 가능해야 할 것이다. 그렇게 되기 위해서는 유럽연합이 하나의 단일한 정치적/제도적 기구를 구성해야 하는데, 그것은 각 회원국들의 자주권을 손상할 수 있기 때문에 그렇게 간단한 일이 아니다(Wolhforth 1999, 31).

부시 행정부가 이라크전쟁을 통해 국제적인 안보상황이 나아졌다고 평가하고 있지만, 세계의 많은 나라들은 정반대의 평가를 내리고 있다. 1999년 코소보전쟁과 2003년 이라크전쟁을 통해 유럽의 많은 국가들은 현재 어떤 국가나 또는 국가동맹도 국제관계에서 미국의 독주를 견제할 수 없게 되었다고 우려를 표명하고 있다. 그럼에도 불구하고 2003년 미국의 이라크 침공 시 유럽연합은 통일된 목소리를 내지 못했다. 그래서 미국은 유럽연합이 완전한 통합을 이루기 위해서는 아직도 오랜 시간을 필요로 할 것이라고 보고 있다.

2) 일본

냉전이 끝난 후 일본의 외교정책을 살펴보면 현실주의 이론의 예측이 맞지 않다는 증거를 발견할 수 있다. 벌써 20여 년 전부터 현실주의자들은 일본이 다시 재무장을 하거나 최소한 그의 경제력에 상응하는 힘을 갖출

---

8) 유럽연합과 나토와의 관계를 연구한 것들로서(Heise/Schmidt 2005; Chang 2006) 참조.

것이라고 예상해 왔으나, 아직 그것은 현실화되지 않고 있다. 지금까지 일본에 대한 현실주의자들의 설명의 하나는 월츠의 소위 "강대국 해석(great-power explanation)"이다. 그는 경제대국은 자신들의 의사와는 무관하게 결국 강대국이 되고 말 것이라고 주장한다. 그래서 그는 일본이 부유하고 선진 기술을 보유하고 있기 때문에, 조만간 다시 정상적인 강대국의 지위를 추구할 것이라고 예상하고 있다(Waltz 1993, 65-66). 또 다른 설명은 리처드 베츠의 소위 "우산 해석(umbrella explanation)"인데, 그는 자신의 가설에서 주일미군이 일본에서 철수할 경우, 즉 미국의 안보우산이 일본에서 걷히면 일본은 정상적인 강대국으로 재무장할 것이라고 주장한다(Betts 1993/94, 55-56).

그러나 데이비드 강(David Kang)은 위의 설명들은 세계 두 번째 경제대국이 왜 미국에게 균형화 시도나 도전을 안 하는지 또는 자신의 안보를 스스로 책임지려고 안 했는지를 설명하지 못하고 있다고 비판한다. 그는 우산해석 가설은 최소한 다음의 두 가지 이유에서 설득력이 없다고 본다. 첫째, 일본이 미국의 안보보장을 왜 신뢰하는지를 설명하지 못한다는 것이다. 위협은 상대의 역량에서 오는 것이지, 상대의 의도에서 오는 것이 아니기 때문에 일본은 미국의 막강한 국력을 견제했어야 한다는 것이다. 둘째, 일본이 과거에 미국의 안보공약 의지를 왜 의심하지 않았는지 설명하지 못한다는 것이다. 왜냐하면 과거의 역사를 보면 일본이 미국의 의지를 의심할 만한 요소가 충분했기 때문이다. 예를 들어, 1970년대 중반 베트남의 포기나 한국에서의 감군, 또 대만에 대한 인정의 철회 등을 보면 미국은 언제든지 일본에서 손을 뗄 수 있다고 보기 때문이다(Kang 2003, 73-76).

그러면서 그는 일본 외교정책에 대한 새로운 설명으로 "위계적 해석(hierarchic explanation)"을 제시한다. 그의 가설에 따르면 일본은 자신의 충분한 역량에도 불구하고 현상유지적인 2류 국가라는 것이다. 왜냐하면 일본은 동아시아에서의 중국의 중심적 지위를 인정하고, 그래서 중국이나 미국에 도전할 의사가 없기 때문에, 따라서 특별히 무장을 할 필요가 없다는 설명이다. 또한 일본은 미국과 중국 간의 대만문제에 참여하지 않겠다는 점을 이미 분명히 밝힌 바 있다. 이러한 정책의 이면에는 경제적인 이유가 숨어 있기도 하다. 일본은 최근 중국의 제일 큰 교역 상대자이고, 중국은 일본의 두 번째 큰 교역상대자이다(Kang 2003, 77-79).

1990년대 중반까지 일본의 경제력은 몇몇 분야에서 미국의 우세한 지위에 커다란 도전이 되었다. 미국의 안보는 부분적으로 일본의 기술에 의존했었으며, 일본의 눈부신 경제성장은 상대적으로 미국기업들의 부진을 초래하여 미국의 번영을 위협하기도 하였다. 미국이 일정 부분 일본의 자금과 상품에 의존해야 했었기 때문이다(Huntington 1993, 76-80). 그럼에도 불구하고 미국과 일본은 1997년 자신들의 안보동맹을 상호 재인증하였다. 이 협정에서 미국은 일본을 계속하여 방어하고, 경우에 따라서는 일본방어를 위해 핵무기의 사용까지도 보장하였다. 동시에 일본은 계속하여 부분적인 군사강국으로 남기로 한 것이다.

지금까지 러시아나 중국의 일본에 대한 위협을 억제해 온 미국의 대일정책은 일본이 정상적인 군사강대국으로 성장하는 것을 막아왔다. 그동안 미국은 일본이 국제사회에서 예를 들어, 경제나 환경 분야에서 또는 동남아시아나 아프리카에서 평화유지군으로 활동하는 등 많은 일을 할 수 있다고 격려해왔다. 동시에 그러한 활동을 위해 일본의 중무장은 필요하지 않다고 설득해 온 것이다(Mastanduno 1999, 152-153). 결론적으로 미국은 일본을 경쟁자로 보기보다는 하나의 파트너로 인식하고 있는 것 같다. 왜냐하면 미국은 2006년 5월 일본과의 협상에서 기존의 안보동맹을 보다 강화하는 결정을 하였기 때문이다. 동시에 미국은 제한된 범위 내에서 일본의 재무장을 지원하고 나섰다.

3. 미국 중심의 질서에 중립적인 국가

1) 러시아

1993년 이래 러시아는 개입정책을 통해 발칸과 페르시아만 지역으로 자신의 영향력 확대를 모색하고 있다. 미국은 러시아의 이런 시도가 과거 냉전시대의 확장 이데올로기와는 다른 것으로 보고 있다. 러시아의 이런 시도들이 약간의 긴장을 불러일으키기는 하지만, 러시아는 대체로 서구국가들에게 협조적인 모습을 보이고 있다. 미국은 1999년에 폴란드, 헝가리, 체코를 그리고 계속해서 2004년 3월에는 불가리아, 루마니아, 에스토니아, 라트비아, 리투아니아, 슬로바키아, 슬로베니아를 NATO에 통합시킴으로써 회원국 숫자를 16개국에서 26개국으로 늘렸다.

사실 이러한 미국의 행동은 위협균형이론의 논리에는 맞지 않는 것이다. 왜냐하면 나토의 동쪽으로 확장은 당연히 러시아에게는 위협을 줄 수 있기 때문이다. 그래서 NATO는 2002년 5월 아이슬란드의 수도 레이캬비크에서 대책회의를 열었고, 이후 로마에서 NATO-러시아 정상회담을 열어 "나토-러시아 위원회"를 만들었고, 모스크바가 나토의 결정에 어느 정도 영향력을 행사할 수 있도록 허용하는 대신, 러시아의 나토확장에 대한 비판을 완화하도록 합의하였다(Haftendorn 2004).

NATO의 확장을 위한 미국의 노력은 단순히 러시아의 팽창을 저지하기 위한 것만이 아니라, 독일의 독립적인 동방정책과 혹시 있을지 모를 독일과 러시아의 충돌을 미연에 방지하기 위한 것이다. 실제로 독일은 통일 이후 유럽통합정책을 통하여 자신의 영향력을 계속 동쪽으로 확대하고 있다. 이외에도 나토의 확장은 이 지역에서 미군의 주둔을 정당화해 주고, 이를 바탕으로 미국은 유럽 국가들의 외교·군사정책을 통제하고 러시아를 견제하고 있다고 볼 수 있다(Mastanduno 1999, 154-155; Waltz 2000, 19-22; Ikenberry 2001, 235-239).

2) 중국

현 국제질서와 관련하여 중국은 한편으로 국제체제 내 경제협력의 문제에 대해서는 순응적 또는 현상유지적 태도를, 다른 한편으로 영토문제와 관련해서는 수정주의적 또는 도전적 태도를 보이고 있다. 오늘날 중국의 중요한 국익은 가급적 주변 국가들과의 분쟁을 줄이고 경제적 협력을 통하여 지속적인 성장을 달성하는 것이다. 이러한 점이 바로 현상유지 정책의 동기라고 볼 수 있다. 반면에 북경은 과거 영토의 회복, 즉 대만문제나 조어도(釣魚島, 댜오위다오 Diaoyu; 일본은 Senkaku라고 부름) 섬 문제 등에 대해서는 수정주의적 시각을 감추지 않고 있다(Carpenter/Bandow 2004, 153-155).

현실주의 이론의 예상과는 달리 중국의 강대국화와 관련하여 동북아시아 또는 동남아시아 국가들의 균형화 시도가 아직 일어나지 않고 있다. 물론 이러한 현상의 이유로 이 지역에서의 미국의 정치, 경제, 문화적 위상이 큰 역할을 하고 있음은 분명하다. 중국의 경제성장과 군대의 현대화가 지속적으로 가능할 것인지 여부는 이와 관련한 미국의 의지와 대응이 중요한 변수라는 데는 이론의 여지가 없을 것이다(Kang 2003, 70). 중국이 성장을 지속하여 초강대국의 지위에 도달했을 때, 그리하여 미국과의 대결국면에 이르렀을 때, 이에 대한 다른 아시아 국가들의 반응을 예상하는 일은 쉽지 않다. 이러한 국면에서 미국이 아시아 국가들의 지원을 기대하는 것은 어려운 일이다. 왜냐하면 대부분의 국가들이 중국을 제치고 미국을 지원하는 것을 꺼릴 것이기 때문이다. 이는 냉전시대와는 달리 중국과의 경제적 관계가 훨씬 중요하게 되었기 때문이다. 심지어 긴밀한 동맹관계인 일본이나 한국도 지난 1996년 대만분쟁이나, 2001년 미정찰기 불시착 사건 때에 미중문제에 관여하는 것을 전혀 원치 않았다(Carpenter/Bandow 2004, 152-156).

이렇듯 아시아 국가들이 중국에 대한 균형화 시도를 원치 않는데, 미국이 이들 국가들과 중국봉쇄정책을 고집한다면 나중에 문제가 될 수도 있다. 만일 미국이 이 지역에서 철수하더라도, 세력균형론자들의 예상대로 이 지역이 불안정하고 위험하게 되지는 않을 것이다. 데이비드 강은 이 지역의 다른 국가들이 중국에 대해 균형화를 시도하기보다는 중국의 중심적 지위를 인정하고 받아들이려 할 것이라고 보고 있다. 이러한 맥락에서 보면 미국이 계속해서 이 지역에서의 평화와 안정을 독점적으로 지배하려 하는 것은 분명히 문제의 소지가 있다. 물론 미국은 이 지역에서 여전히 엄청난 힘을 가지고 있다. 그러나 그 힘은 과거 냉전시대와 비교해서는 많이 약화된 모습이라고 볼 수 있다. 왜냐하면 동북아시아의 일본, 중국, 한국, 그리고 동남아시아의 인도네시아, 말레이시아, 필리핀, 싱가포르, 태국, 베트남 등 이 지역의 대부분 국가들이 예전에 비해 국력이 크게 신장되어 비교적 안정된 상황을 유지하고 있기 때문이다. 미국이 이 지역에서 정치안보상 중요한 역할을 하고 있다는 것에는 이론의 여지가 없으나, 그렇다고 미국이 이 지역에서 철수한다고 해서 이 지역이 큰 피해를 입을 것이라는 주장은 분명히 한계가 있다. 그것은 중국이 버티고 있기 때문이다(Kang 2003, 58-60, 71-72).

동북아시아에서의 세력판도는 결국 중국의 성장가능성에 달려 있는데, 중국의 성장과 관련해서는 두 가지 시나리오가 가능할 것이다. 먼저 중국이 이 지역의 패권국이 되는 것에 실패할 경우이다. 이 경우 미국은 이 지역에서 철수하려 할 것이고 그 자리는 일본이 무장하여 대치할 것이다. 그러면 지역구도는 다극화가 되면서 균형을 이룰 것이다. 그러나 그 균형을 위한 경쟁은 현재보다 훨씬 더 치열해질 수 있다. 반대로 중국이 패권국으로 등장하는 경우, 중국의 인구나 경제규모 등을 고려할 때 아마도 이 시나리오가 가능성이 더 커 보이는데, 이 경우 미국은 중국이 세계적 강대국으로 등장하는 것을 저지하려고 할 것이다(Mearsheimer 2001a, 47/53-56). 이를 위하여 미국에게 꼭 필요한 것은 이 지역에 자국의 군대를 주둔시키는 것이고, 따라서 동북아시아에서의 미군 주둔은 미국에게 있어서 아주 중요한 국익이다. 이러한 미국의 국익은 이 지역에서 북한 핵 문제의 해결과 관련해서도 중요한 영향을 미치고 있는 것으로 보인다.

4. 미국 중심의 질서에 대항하는 수정주의 국가

1) 불량국가(rogue states)

불량국가(깡패국가)라는 말은 미국에 의해 만들어진 개념이다. 이 개념의 전신으로 이미 1970년대부터 비정상국가(crazy states), 천민국가(pariah states), 테러국가(terrorist states), 무법국가(outlaw governments) 등의 단어들이 존재했었다. 그러다가 90년대 들어 불량국가라는 말이 만들어졌다. 이러한 개념들은 대체로 대량살상무기의 추구 및 국제사회에 대한 통합부족이라는 두 가지 기준에 근거하고 있다. 이후 이 개념은 불량국가 독트린(rogue state doctrine), 근심국가(states of concern), 또는 문제국가(problem states) 등으로 불리기도 하였다(Schmittchen 2006; Novak 2005).

이러한 개념들은 냉전종식 이후 미국의 외교정책에서 중요한 구실을 하고 있는데, 불량국가들(예전의 이라크, 이란, 북한, 시리아, 쿠바, 수단 등)은 비이성적으로 행동하기 때문에 억제가 어렵다고 가정한다. 이러한 가정의 근거는 이들 국가의 지도자들은 미국과의 대결에 있어서 합리적으로 보이는 양보를 선택하기보다는 미국의 대량보복공격을 무릅쓰고라도 미국을 핵으로 공격할 수 있다고 보는 것이다. 다른 말로 표현하면, 보통 일반적인 국가들이 국제분쟁에서 버티는 것보다 훨씬 더 큰 위험을 감수하려고 한다는 것이다(Powell 2003, 102-103). 그러나 이 논제에 대한 구체적인 증거는 아직까지 존재하지 않는다.

이 불량국가 개념은 국제법에서 찾아볼 수 있는 것이 아니다. 또한 이 개념은 제멋대로 임의적으로 적용되고 있는데, 한 국가는 단순히 미국의 지정에 의해 불량국가가 될 수 있다. 그래서 불량국가의 의미가 국제적으로 꼭 범죄국가라는 뜻은 결코 아니며, 오히려 미국이 세워놓은 질서에 편입을 거부하는 국가를 지칭한다고 볼 수 있다. 따라서 이 개념은 유럽연합을 위시하여 전 세계로부터 확실한 지지를 받고 있는 것은 아니다(Wallace 2002, 151; Chomsky 2000).

실제로 이 개념의 적용은 아주 임의적인데, 예를 들어, 쿠바는 대량살상무기나 장거리 미사일을 보유하고 있지 않지만, 미국과 맞서고 있기 때문에 불량국가로 지칭되고 있다. 그러나 파키스탄의 경우, 이미 핵무기와 미사일을 보유하고 있을 뿐 아니라 국제원자력기구(IAEA)가 핵 문제에 커다란 우려를 표시하고 있고, 또 최근에는 파키스탄의 핵 과학자 칸(Abdul Qadeer Khan) 박사가 이란의 핵 프로그램 개발을 지원한다는 의혹을 사고 있지만, 미국은 9·11 테러 이후 자신이 선포한 "테러와의 전쟁"에 파키스탄의 도움이 필요하자 앞에 열거한 여러 가지 문제점들에도 불구하고 파키스탄을 불량국가로 지정하지 않고 있다(Kamp 2004, 51-54; Brinkley/Weisman 2005).

미국은 불량국가들 가운데에서도 특히 대량살상무기와 장거리 미사일을 개발하려는 국가들이 자신의 안보를 위협한다고 보고 있다. 백악관은 2002년 국가안보전략에서 이들 불량국가의 특징을 아래 다섯 가지 기준으로 묘사하고 있다(White House 2002, 14).

- 자국민을 혹사시키고 권력자의 사익을 위해 국가자원을 남용
- 국제법을 무시하고 주변 국가들을 위협하며, 이미 가입한 국제조약 위반
- 침략적 목표 달성을 위해 첨단군사기술 및 대량살상무기 개발 노력
- 국제 테러리즘 지원
- 기본적 인권 거부와 미국 및 미국적 가치 증오

또 부시 행정부는 2006년 2차 국가안보전략에서 이란이 비확산협약(NPT)의 안전협정을 위반하고 있으며, 핵 프로그램의 평화적 이용에 대한 확인요구를 거부하고 있다고 비판하고 있다. 이와 마찬가지로 북한도 국제협약의 의무를 위반하여 소규모 핵 무기고를 보유하고, 불법 핵 프로그램을 개발하여 계속해서 해당지역을 불안정하게 만들며, 또 국제사회에 도전하고 있다고 주장한다.

또한 미국은 이란과 북한의 행동과 관련하여 커다란 우려를 표시하고 있는데, 이란은 테러리즘을 지원하고 있고 이스라엘을 위협하고 있으며, 근동지역의 평화를 방해하고 이라크의 민주주의를 분열시키고 자국민의 자유에 대한 열망을 거부하고 있다고 본다. 북한은 달러화를 위조하고 불법마약류를 취급하고 있으며, 또 남한과 주변 국가를 위협할 뿐만 아니라 자국민을 혹사시키고 있다고 본다. 그 밖에도 미국은 이들 국가들에 의한 핵관련 물질의 확산을 경계하고 있다. 이를 저지하기 위해 "확산방지구상(PSI)"과 "지구적 위협감소 기구(GTRI)"를 만들어 활동하고 있다(White House 2006, 19-21).

미국의 이라크 점령 이후에도 이들 국가의 핵 프로그램은 미국의 비확산

정책에 심각한 도전이 되고 있다. 북한의 핵무장은 한국과 일본, 대만의 핵보유를 자극할 수 있고 이 지역의 안정을 해칠 수 있다는 이유에서이다. 또 이란의 핵무장은 주변지역인 이집트, 사우디아라비아, 시리아 등의 핵보유동기를 자극할 수 있다는 이유에서 우려의 대상이 되고 있다. 그래서 부시 행정부는 그러한 비확산에 대한 도전문제를 해결하기 위하여 봉쇄정책을 통한 평양과 테헤란의 정권교체(regime change)를 지속적으로 시도하고 있다. 냉전 당시 미국이 봉쇄정책을 통하여 소련의 정권을 붕괴시킨 것처럼 이러한 체제변화 시도는 기나긴 외교적 노력보다 비용이 덜 들며, 새로이 등장할 이들 핵보유국과의 불안정한 동거보다 덜 위험하기 때문이다.

이러한 정권교체 정책을 위해서 미국은 외교적 노력, 경제적 제재 또는 군사적 행동 등을 취할 수 있다. 그러나 여기에는 미국이 이들 정권을 실제로 붕괴시킬 수 있느냐 하는 문제점이 있다. 예를 들어, 미국은 쿠바에서 이러한 목적을 달성하고자 지난 40년 가까이 노력해 왔으나 아직까지도 성공하지 못하고 있기 때문이다(Haass 2005, 66-71; Allison 2006, 19-20).

냉전 이후 미국은 소위 불량국가들을 수정주의적으로 보고, 이들에 대해서 봉쇄 및 적대시정책을 추구하고 있다. 이전 부시 행정부의 이라크전쟁, 클린턴 행정부의 이란과 이라크에 대한 이중봉쇄정책 등은 불량국가에 대한 미국의 대결정책을 잘 보여주었다(Lake 1994, 48-52). 이러한 적대시정책의 경향은 9·11 테러사건 이후 "테러와의 전쟁"을 모토로 더욱더 격렬해졌는데, 부시 행정부의 2001년 아프가니스탄전쟁, 2003년 이라크전쟁, 또 북한의 핵 문제에 대한 강경한 자세에서 이를 잘 보여주고 있다.

제3장

다른 국가들의 외교·안보전략

I. 머리말

이 장에서는 미국 이외의 다른 국가들이 미국을 어떻게 보는지 살펴보고자 한다. 먼저 왜 이들 국가들이 오늘날 미국의 역할에 대하여 우려를 표명하는지 알아보겠다. 그 다음 이들 국가들이 어떻게 저항이나 순응전략을 통해 초강대국인 미국의 지배에 대항할 수 있는지 조명해본다. 이들 국가들은 이들이 미국에 대하여 취하는 행동에 따라 다음과 같이 세 가지 그룹으로 나누어 볼 수 있다.

첫 번째 그룹의 국가들은 일부 제한된 범위 내에서만 미국의 정책에 저항한다(현상유지 국가). 이들 국가들은 다른 분야에서는 일반적으로 워싱턴과 좋은 관계를 유지하기를 원한다. 설사 이들 국가들과 미국 사이의 마찰이 있더라도 이는 이들의 관계를 심하게 훼손시키지 않는다. 왜냐하면 이들 양측은 일반적으로 공동의 이해관계를 가지고 있기 때문이다. 다만 국제적인 교섭에서 보다 나은 위치를 확보하려는 경쟁이 있을 뿐이다. 이러한 국가들의 예로 한국과 일본을 들 수 있는데, 이 두 국가는 대부분 사안에서 미국과 입장을 같이 하지만 북한의 핵시설에 대한 미국의 공습에는 동의하지 않는다.

두 번째 그룹에 해당하는 국가들은 미국의 세계지배에 대한 우려에서 미국에 대하여 저항정책을 선택할 수 있다(중립적 국가). 이들의 우려는 자신들의 미래 이익이 미국에 의하여 손상될 수도 있다고 보는 데서 기인한다. 이것은 통제되지 않은 힘에 대한 일반적인 우려이다. 이 그룹에는 러시아, 중국 등이 포함되는데, 이들은 미국의 예방전쟁의 의도에 공개적으로 반발하고 있다.

세 번째 그룹에 해당하는 국가들은 미국에 대하여 기본적으로 적대적인 인식을 가지고 있다(수정주의 국가). 이들의 이해관계는 미국이 추구하는 바와 상치된다. 그래서 이들은 미국을 거부하고 공공연하게 저항정책을 수행하려고 시도한다. 여기에는 클린턴 행정부에 의해 만들어진 소위 불량국가(rogue state) 또는 부시 대통령이 명명한 "악의 축(axes of evil)" 국가들이 해당한다. 이들 국가들의 외교정책 목표는 분명하게 미국의 이익과 상충된다. 이와 관련 중요한 원인 중의 하나는 이들 국가들 가운데 일부가 대량살상무기를 개발하려고 한다는 점이다(Walt 2005, 109-113).[1]

1) 그러나 소위 불량국가의 핵무기 개발과 미국의 이들에 대한 봉쇄정책 사이에 어느 것이 독립변수이고 종속변수인지 잘라 말하기는 어렵다.

II. 미국의 역할에 대한 우려 이유

1. 미국의 우월적 지위 남용

냉전의 종식은 국제정치에 있어서 많은 중요한 특징들을 바꾸어 놓았다. 그러나 그것이 국제체제의 기본 특성을 바꾸어 놓은 것은 아니다. 이는 세계정부가 존재하지 않는 한, 세계는 여전히 무정부상태에 머물러 있다는 것이고, 또한 모든 국가는 자신의 안보를 스스로 지켜야 한다는 의미이다. 따라서 국가들은 한 국가가 다른 국가들에 비하여 강력하게 되는 것을 우려의 눈으로 보게 된다. 이러한 의미에서 유일한 초강대국으로서의 미국의 위치는 다른 국가들에게 위협적으로 비칠 수 있다. 미국이 자신의 우월적 지위를 지속적으로 유지하려고 할 때, 월트에 따르면 다음과 같은 문제점들이 발생하게 된다(Walt 2005, 71-77).

첫째, 미국은 과거에 특별히 나쁘거나 공격적이지 않은 국가를 포함한 여타 국가들에게 피해를 입히는 데 자신의 힘을 사용하였다. 그러한 피해를 당한 국가들은 이 사실을 잘 기억하고 있다. 둘째, 국가들은 국제관계에서 일반적으로 이익갈등은 피할 수 없는 것이라는 것을 잘 알고 있기 때문에 미국의 힘을 두려워하게 마련이다. 왜냐하면 각 국가는 서로 다른 양의 자원을 가지고 있으며, 자신만의 독특한 지리적 환경과 역사를 가지고 있기 때문이다. 셋째, 어떤 국가도 다른 국가가 미래에 어떻게 행동할지 알 수 없다. 설령 지금까지 미국이 국제사회에서 항상 바르게 행동한 것이 사실이라고 하더라도, 향후 미국이 어떻게 행동할지 정확하게 아는 국가는 없다. 넷째, 미국의 정책은 비록 미국이 의도하지 않았더라도 다른 국가에게 커다란 손해를 입힐 수 있다. 따라서 의도만으로 모든 것이 해결되는 것은 아니다. 월트는 이와 관련하여 다음과 같은 좋은 예를 제시하고 있다.

만일 미국이 북한에 대하여 예방전쟁을 시작하거나 핵시설에 대한 부분타격을 시도한다면, 이러한 행동은 한국과 어쩌면 일본까지도 막대한 피해를 입히는 한반도 전체의 전쟁을 유발하게 될 것이다. 그러한 결과는 결코 우리가 (미국이) 의도하는 바가 아니고, 단지 비극적인 부작용이다(Walt 2005, 76).

결론적으로 외교정책은 어떤 의도와는 무관하게 예상치 못한 결과를 가져올 수도 있다. 그래서 러시아, 중국, 제3세계의 많은 국가들은 물론, 심지어 나토를 통해 미국과 동맹관계를 유지하고 있는 유럽국가들 가운데서도 일부는 미국의 일방적인 외교정책이나 우월적인 지위에 대해 우려를 갖고 있는 것이다(Rodman 2000, 33-41).

2. 이라크전쟁과 비판적 평가

1999년 NATO의 코소보 공격은 수많은 무고한 시민들의 죽음을 초래하였으나, 보스니아와 코소보 주민들은 지속되고 있는 시민전쟁을 끝내고 무자비한 독재정권을 제거하기 위하여 그러한 공격을 불가피한 것으로 보았다. 그러나 2003년 미국의 이라크 공격은 전혀 다른 평가를 받았다.

미국인들은 이라크가 대량살상무기 획득을 추구하고 테러조직인 '알 카에다'와 협력관계에 있다고 믿었기에 사담 후세인을 제거하는 이라크 공격을 정당하다고 보았다. 그러나 이라크인들의 반발로 그 전쟁이 장기화되자 부시 행정부의 이라크 정책은 미국의 언론과 의회로부터 어려움을 겪게 되었다(Rudolf 2003). 또한 세계의 많은 국가들도 부시 행정부가 이라크에서 대량살상무기를 발견하지 못하고 이라크 주민들의 생활을 신속하게 향상시키지 못하자 이라크 침공을 부당한 것으로 평가하였다. 독일의 전문가들은 특히 다음의 두 가지 명제로 미국의 이라크전쟁을 비판하였다.

이라크나 또는 다른 어떤 곳에서의 심각한 인권침해를 방지하고 민주주의를 달성하고자 하는 목적으로 군사력을 사용하는 것은, 어떤 국가가 비록 독재정권 아래 놓여 있다 하더라도 수많은 기반시설을 파괴하고 무고한 시민의 목숨을 앗아갈 위험이 높을 경우, 정당화될 수 없다(Hauchler 외 2003, 13).

UN 안전보장이사회에 속하는 두 국가(미국, 영국)의 UN으로부터 위임받지 못한 전쟁결정은 유엔헌장과 평화를 지향하는 UN의 목적을 위반하는 것일 뿐만 아니라, 그 정당성과 행위능력을 약화시키는 것이다(Hauchler외 2003, 15).

3. 패권주의적인 일방적 외교정책

부시 행정부 이전에는 미국의 우월적 지위에 대한 다른 국가들의 우려가 그렇게 크지 않았다. 미국에 대한 긍정적인 입장의 이러한 극적인 반전은 부시 행정부의 일방적이고 패권주의적인 외교정책과 밀접한 연관을 갖는다. 부시 행정부는 많은 국제협약을 거부했을 뿐만 아니라, 그러한 협약에 대하여 아주 이기적인 방식으로 대응했다. 1997년 클린턴 대통령이 서명한 환경관련 교토의정서를 미 상원이 거부한 것처럼, 2002년 부시 대통령도 이를 거부하였다. 그리고 미 행정부는 지구온난화 방지 관련 대안을 내놓는 것을 오랫동안 거부했는데, 그 이유는 교토의정서가 미국의 경제적 이익과 일치하지 않았기 때문이었다. 다른 국가들은 세계에서 가장 많은 온실가스를 배출하는 미국의 이러한 행위를 받아들이기 어렵다(Walt 2005, 96-97). 1인당 이산화타소 배출량을 조사한 한 연구결과에 따르면, 미국인 1인당 연간 약 20톤의 이산화탄소를 배출하는데, 이는 러시아, 독일, 일본의 2배에 달하고, 중국과 비교하면 10배에 달하는 양이다(Fues 2003, 194-200).

이 외에도 부시 행정부는 클린턴 대통령이 2000년 말에 서명한 '국제형사/범죄재판소'의 설립에 대한 추인을 거부하였다. 미국 시민이, 예를 들어, 국제 군사작전에 참가한 미군이 고발되어 유죄판결을 받을 수 있기 때문이다. 2002년 5월 부시 행정부는 이를 공식적으로 부인하고, 다른 국가들에게도 외교적인 방법을 동원하여 탈퇴를 강요하였다. 또한 미국 제약회사의 이익과 자신들의 생물학 무기프로그램을 보존하기 위하여 생물무기협정을 위한 검증강화 방안을 거부하였다. 그 밖에도 1972년에 체결한 '탄도탄요격미사일조약(ABM Treaty)'을 폐기하고, 다자주의에 대한 거부의사를 분명히 하였다. 이러한 부시 행정부의 일방적인 행위는 '고문방지협정(Anti-Torture-Convention)', 대인지뢰금지 오타와 협정과 함께 수많은 국가들에 대한 경제제재(2003년 현재 약 78개국)에서도 그대로 나타났다. 또한 미 상원도 1999년 10월 '포괄적 핵실험금지조약(CTBT)'의 비준을 거부하였다(Messner외 2003, 248-249).

로버트 페퍼에 따르면, 부시 행정부의 군사정책(예를 들어, 선제공격 독트린)에 대한 국제사회의 광범위한 거부감의 원인은 그것의 정치적 의미나 상대적인 미국의 힘의 변화에 있는 것이 아니라는 것이다. 문제는 미국이 그동안 오랫동안 쌓아왔던 선의의 의도에 대한 좋은 명성을 해치는데 그 심각성이 있다는 것이다. 미국은 이미 아주 강력한 힘을 보유하고 있기 때문에 군사작전과 관련한 조그만 입장의 변화도 다른 강대국들의 안보우려를 자극하게 된다. 다른 국가들의 가장 큰 걱정은 미 정책의 목표에 있는 것이 아니라 그 수단들에 있는데, 특히 군사작전을 일방적으로 밀어붙이려는 부시 행정부의 의도를 우려하는 것이다. 왜냐하면 그러한 행위는 그동안 오랫동안 유지해 온 국제규범을 해치기 때문이다(Pape 2005, 24-25).

III. 순응전략과 저항전략

1. 저항과 순응

미국은 현재 역사상 어떤 강대국보다도 막강한 힘을 보유하고 있다. 그럼에도 불구하고 세계의 나머지 국가들도 미국의 이익추구를 저지할 수 있는 여러 가지 가능성을 가지고 있다. 그러한 가능성들은 접근 방법에 따라 크게 저항전략과 순응전략의 두 가지로 나누어 볼 수 있다. 스티븐 월트

(S. Walt)에 따르면 저항전략에는 균형화(balancing), 주저(balking), 결합(binding), 협박(blackmail) 또는 탈정당화(delegitimation)가 있고, 순응전략에는 편승화(bandwagoning), 지역균형화(regional balancing) 또는 유대(bonding) 등이 있다. 이 밖에도 리처드 베츠(R. Betts)에 따르면 협력(cooperating), 흠잡음(carping), 겁쟁이(cowering), 또는 합작(collaborating) 등이 있다(〈도표 3-1〉 참조).

일군의 국가들은 미 군사력의 임의적인 사용에 대하여 우려를 표명하고 있다. 일반적으로 국가들은 자신들의 생존을 보장받기 위해서 공공연하게 미국의 헤게모니에 저항한다. 나머지 국가들은 보통 친미적이거나 중립적이다. 그러나 이들 국가들도 미국의 힘이 점차 확산되는 것에 대해 우려를 가지고 있다.

저항만이 미국의 의도를 저지하는 유일한 방법은 아니다. 강대국이나 소강국은 때때로 미국이라는 거인에게 순응하려는 듯이 보인다. 냉전이 끝나면서 구소련의 동맹이거나 위성국가들도 나토의 회원국이 되고자 노력하고 있다. 지난 수십 년간의 소원했던 관계를 청산하고 미국과 인도는 새로운 우방관계를 모색하고 있다. 미국과 파키스탄의 관계는 9·11 테러사건 이후 우호적으로 변하였다(Schreer 2005). 미국과 러시아의 입장이 항상 일치하는 것은 아니지만, 냉전 당시의 극단적인 적대관계를 되돌아보면 두 국가의 관계는 눈에 띄게 좋아진 것을 알 수 있다.

중국과 미국은 대만문제를 둘러싸고는 여전히 다른 입장을 보이고 있지만, 두 국가는 상호 우호적인 경제관계를 지속적으로 발전시키고 있으며 직접적인 대립구도를 피하고 있다(Walt 2005, 180-182). 대만문제에 대하여 미국 정부는 모호한 입장을 보이고 있는데, 중국 정부의 "하나의 중국정책(One China Policy)" 또는 대만정부의 독립정책, 그 어느 것도 지지하지 않는다는 입장을 취하고 있다(Tkacik Jr. 2005).

다음에서는 각각의 전략을 구체적으로 살펴보고 이들 전략들이 현상유지 국가, 중립적 국가, 수정주의 국가들에 의해서 어떻게 적용되고 있는지 분석한다.

〈도표 3-1〉 세계 국가들의 대미전략(I)

	저항전략	순응전략
현상유지 국가	- 주저(Balking) - 결합(Binding)	- 유대(Bonding)/협력(Cooperating)
중립적 국가	- 균형화(Balancing, Collaborating) - 탈정당화(Delegitimation, Carping)	- 지역균형화(Regional Balancing)
수정주의 국가	- 협박(Blackmail, no Cowering)	- 편승화(Bandwagoning)

IV. 현상유지 국가

1. 저항전략으로서의 주저(balking)

국제정치에서 방해전략은 상대국가의 희망이나 요구에도 불구하고 그와의 협력을 거부하는 의도적인 결정이다. 미국에 대하여 동맹구성이나 자신만의 힘으로 균형화를 취하려는 국가는 일반적으로 미국에 대한 자신의 위치를 향상시키려 노력한다. 이와는 달리 주저전략을 추구하는 국가들은 자신의 지위를 향상시키려 애쓰는 것이 아니라, 미국이 원하는 행동이 자신의 이해관계와 일치하지 않기 때문에 그것을 회피하는 것이다.

이러한 주저전략에는 다양한 형태가 존재한다. 첫 번째로 가장 단순한 형태는 미국의 요구를 거부하는 것이다. 그러면서 미국이 그것을 자신에게 강요하는 데 필요한 의지나 역량이 부족하기를 희망한다. 이와 관련한 한 가지 좋은 예로 터키의 결정을 들 수 있다. 2003년 이라크 공격 시 미국은 터키에 미군 기지를 요구하였으나, 터키는 이를 거절하였다.

주저전략의 두 번째 형태는 어떠한 행동요구에 일단 동의를 하지만, 그

요구를 최대한 천천히 실행에 옮기는 것이다. 소위 말하는 준법투쟁 같은 것이다. 예를 들어, 이스라엘 정부가 가자 점령지구에서 철수하겠다고 선언한 후, 그 실행은 차일피일 미루는 것이다. 마찬가지로 팔레스타인 지도부가 자살폭탄테러를 중단시키겠다고 약속하고도 그 실행은 흐지부지하는 것이다.

세 번째 형태는 무임승차인데, 어떤 국가가 미국의 정책을 지원하겠다고 해놓고 실제 비용의 분담은 원치 않는 것이다. 대부분의 국가들이 테러로부터의 위험을 줄이고 환경을 보존하고자 하지만, 그에 대한 지출은 꺼리는 것을 예로 들 수 있을 것이다(Walt 2005, 142-143).

이러한 주저전략의 이유는 국내 언론들이 미국과의 협력에 반대하거나(터키의 경우), 또는 실제로 미국과 이해관계가 충돌하기 때문이다. 미국은 러시아에게 이란의 핵발전소 프로젝트에 대한 지원을 중단할 것을 종용했으나, 러시아는 자금이 필요하기 때문에 미국의 거듭된 요구를 완곡히 거절하였다. 왜냐하면 이란은 러시아에게 군사물자수출에 있어서 중국과 인도에 이어 세 번째로 큰 고객이기 때문이다(Deutsch 2004-05, 76; Brooks/Wohlforth 2005, 88).

1994년 미국이 북한 핵시설에 대한 외과수술적 폭격을 계획했을 때, 한국은 그러한 공격이 한반도 전역에 이르는 전쟁으로 확대될 것을 우려하여 주저하였다. 또한 2003년 이라크전쟁과 관련해서도 한국은 비슷한 행동을 보였다. 미국이 이라크전쟁을 위해 5,000명의 전투군 파병을 요청했을 때 한국 정부는 비전투부대를 보냈으며, 이 또한 주저하였다(Carpenter/Bandow 2004, 4).

국가들이 주저전략을 사용할 수 있는 또 다른 이유는 요구하는 국가는 자신의 목적을 달성하기 위하여 커다란 노력을 기울여야 하기 때문이다. 다른 국가들이 주저할 때, 미국은 자신의 목적을 달성하기 위하여 막대한 정치적 자산을 필요로 한다. 주저전략은 미국 중심의 현 세계체제에서 유효한 전략수단이다. 왜냐하면 미국이 아무리 초강대국이라 하더라도 모든 국가를 자신의 뜻대로 따르도록 강요할 수는 없기 때문이다(Walt 2005,

143). 이러한 맥락에서 보면, 북한과 미국 간의 1994년의 제네바 협약이나 2005년의 공동선언의 실행과 관련하여 (설사 미국도 이를 잘 이행하지 않았다 하더라도) 북한의 주저전략은 아주 효과적인 전략이었다고 볼 수 있다.

2. 저항전략으로서의 결합(binding)

많은 국가들이 미국을 국제기구에 끌어들임으로써 미국의 정책에 영향을 미칠 수 있기를 희망한다. 국제기구를 이용하여 가능한 한 미 군사력의 사용을 억제시키고, 이를 통해 미 군사력의 남용으로부터 자신들의 안보를 지키고자 하는 것이다. 이 결합전략의 논리는 국제기구가 국제적인 협력을 이끌어 내는 데 커다란 역할을 할 것이라는 기대에 기초하고 있다. 그러나 이러한 기대와는 반대로 국제기구는 강대국들의 군사력 사용을 정당화하는 역할을 하기도 한다. 그럼에도 불구하고 약소국들은 강대국들이 그들의 힘을 국제적인 합의하에 사용할 경우(예를 들어, 유엔 상임이사국의 결정에 따라), 이를 상대적으로 덜 우려하게 된다(Walt 2005, 144-145).

2003년 초 미국이 이라크 공격을 발표했을 때, 프랑스, 영국과 러시아는 유엔 상임이사국 기구를 통하여 이를 저지하고자 했다. 대부분의 다른 국가들이 이라크에 대한 봉쇄전략을 선호한 반면, 미국은 예방공격을 원했다. 다른 국가들이 UN이라는 국제기구를 통해 미국의 이라크 공격을 막으려 했지만 결국 실패했다는 점에서 이 사례는 결합전략이 그렇게 효과적인 것은 아니라는 것을 보여준다. 특히 국가안보의 문제가 걸려 있을 경우에 국제기구는 더욱더 작동하지 않는다. 미국정부의 1999년 세르비아 공습과 2003년 이라크 공격은 유엔 안보리 상임이사국의 결정이 군사력 사용의 전제조건이 아니라는 것을 분명히 보여주었다(Jäger 2005b, 19).

국제기구가 국제문제에 대해 많은 권한을 가지고 있다고 할 수 있지만, 미국의 군사력을 통제할 것이라고 보기는 곤란하다. 위의 경우처럼 미국이 사안에 따라 자신의 이해관계를 이유로 국제기구의 결정을 무시하기 때문이다. 공식적인 기구는 특히 주요한 안보문제에 있어서 미국을 통제하기에는 효과적인 수단이 아니다. 그러나 안보문제 이외의 범주에서는 상당히 효과적이다. 왜냐하면 경제문제 관련 미국의 지배력은 그렇게 결정적이지 않기 때문이다. 그래서 미국은 1990년대에 지역적/세계적인 경제기구(NAFTA, APEC, WTO 등)를 만들고자 노력하였다. 미국은 국제기구들에 가입함으로써 자신의 자율권을 약간 제한받기는 하지만, 그러한 국제기구들을 다른 국가들을 자신의 정책에 편입시키는 수단으로 사용하였다. 또한 다른 국가들도 이러한 기구들을 미국시장에 진입하는 수단으로 삼거나, 미 정책의 수립이나 실행에 영향력을 행사하는 수단으로 사용하였다(Ikenberry 2001, 233-234).

국제법에 대한 미국의 입장은 국제기구에 대한 입장과 유사하다. 미국은 국제법에 대하여 모호한 입장을 보이고 있다. 이러한 모호함은 지난 수십년간 더욱 커졌다. 미국은 한편으로 새로운 국제법을 만들고 발전시키는데 중요한 역할을 수행하였고, 또 이들 법규에 대한 의무를 강조하였다. 그러나 다른 한편으로는 그러한 법률에 대한 서명을 거부하거나(미 상원에서의 승인거부) 또는 자주 특수한 단서조항을 주장함으로써 법률이 집행되는 것을 제한하였다(Walt 2005, 147-148).

이러한 모호한 행동은 "미국 예외주의(American Exceptionalism)"라는 미국의 정치문화에서 왔다고 볼 수 있다. 이 예외주의는 미국이 국제사회에서 특별한 운명을 가지고 있다는 신념에 기인한다. 그 운명이란 정치적 공동체로서의 새로운 형태—법치주의, 대의제, 표현/종교/행동의 자유에 기초한—라는 뜻이다(Patrick 2002, 7-8). 이러한 정치문화는 또한 "미국 제일주의(America first)"를 강요하게 된다(Schweigler 1998, 395-400).

오늘날의 단극체제에서 미국을 국제기구에 편입시키고자 하는 다른 국가들의 능력은 제한적일 수밖에 없다. 왜냐하면 미국이 예전처럼 많은 동맹국들을 필요로 하지는 않기 때문이다. 냉전시대 미국은 소련을 고립시키고자 했기 때문에 동맹국들의 지원이 필요했고 스스로 여러 국제기구에 참여하려고 노력했다. 그러나 1990년대 초반부터는 이러한 입장이 바뀌어 미국은 자신의 이익을 지키기 위하여 행동의 제약을 없애는 것이 더 중요하게 되었다. 미국은 공식적 국제기구에 대한 얽매임을 피하면서, 자신의 자율성을 제약하는 것을 못마땅해 하였다. 약소국들은 강대국들을 국제기구에 통합하려 하지만, 강대국들은 국제기구를 자신의 힘을 극대화하고 자신의 이익을 달성하는 데 이용하고자 한다. 국제기구는 강대국들을 어느 특정한 방향으로 가도록 강제할 수 없다(Waltz 2000, 21-22). 강대국들이 더 이상 국제기구에 통합되기를 원치 않는다면, 결합전략은 더 이상 가능하지 않다(Walt 2005, 149-152).

3. 순응전략으로서의 긴밀한 유대(bonding)

긴밀한 유대는 하나의 순응전략으로, 누군가와 강력한 유대관계를 형성하는 것을 뜻한다. 국제사회에서 미국의 보호를 얻기 위하여 일부 국가의 정상들은 미국의 지도자들과 아주 긴밀한 개인적인 파트너십을 맺기 원한다. 이러한 관계를 통하여 미국 외교정책의 결정과정에 참여할 수 있기를 희망하는 것이다. 여기에 적합한 예가 미국과 영국의 관계이다. 처칠 전 영국 수상은 2차 대전 당시 미국과 긴밀한 동맹관계를 맺기 위하여 노력하였다. 맥밀런 수상도 아이젠하워 대통령, 또 케네디 대통령과의 긴밀한 관계를 추구했다. 대처 수상의 개인적인 영향력은 레이건 행정부와 뒤를 이은 부시 행정부에서 바람직한 결과를 가져왔다. 토니 블레어 총리는 비평가들에 의하여 부시 대통령의 푸들(poodle)로 불리기도 했다(Walt 2005, 191-192).

그러나 블레어 총리의 미 외교정책에 대한 영향력을 측정한다는 것은 쉬운 일이 아니다. 이런 점에서 보면 긴밀한 유대가 그렇게 의미 있는 전략이라고 보기는 어렵다. 또한 이 전략은 미국의 정책결정에 대한 영향력을 행사하기 위해 확실한 지렛대를 갖는 것이 아니다. 워싱턴과 긴밀한 관계를 유지하려는 정부는 자신의 국내정치에서 대가를 치러야 하고, 심지어는 성난 유권자들로부터 자신의 권력을 내놓아야 하는 경우도 있게 된다. 스페인의 아즈나(Jose Maria Aznar) 전 총리의 경우가 이에 해당한다(Maihold 2004). 아즈나 총리는 부시 대통령과의 친분을 통해 이라크전쟁에 대해 약간의 영향력을 행사할 수 있었지만, 그러한 결정은 2003년 마드리드 폭탄 테러를 당하여 선거전에서 자신의 입지를 약화시키고 결국은 2004년 4월의 선거에서 자리를 내놓게 되었다(Walt 2005, 193-194).

이 밖에도 영국이나 몇몇 동맹국들처럼 미국에 편승하여 외교적, 경제적 이익을 기대하는 일부 국가들은 미국과 같은 편에 서기를 원한다. 여기에는 럼스펠드가 새로운 유럽이라고 지칭한 러시아로부터 독립하여 미국의 보호를 원하는 동구 국가들이 포함된다. 이에 따라 어떤 국가도 미국과 맞서려 하지 않기 때문에 미국의 우월적 지위는 더 커질 수 있게 된다. 이러한 국가들의 행동을 협력(Cooperating)으로 표현하기도 한다(Betts 2005, 24).

V. 중립적 국가

1. 저항전략으로서의 균형화(balancing)

전통적인 세력균형이론은 물질적 역량(material capability) ― 예를 들어, 인구, 경제력, 군사력, 자연자원 등 ― 을 안보문제의 핵심으로 본다. 일반적으로 국가들은 물질적으로 가장 강력한 국가에 대하여 균형을 취하고자 한다. 이를 냉전 이후 시기에 적용하면 다음 사항들을 추론할 수 있다. 현존하는 미국의 동맹국들은 해체되어야 하고, 다른 국가들은 미국에 대해 균형을 이루기 위해 반대세력의 형성을 위해 내부자원을 동원하거나 외부적으로 동맹을 구성하려 할 것이다.

일반적으로 국가들은 자신의 영향력을 확대하려는 국가에 대하여 "내부균형화 전략(재무장이나 재무장을 위한 경제성장 촉진)"이나 또는 "외부균형화 전략(반대세력 형성을 위한 동맹구축)"을 취하게 된다. 다극화된 국제체제에서는 이 두 가지 형태가 가능하다. 그러나 양극화 체제에서는 내부 균형화 전략이 중요하다. 양극화 체제에서는 제3의 국가가 세력균형에 영향을 미치기 어렵기 때문이다. 단극 체제에서는 내부 균형화 전략을 수행하기는 쉽지 않다. 초강대국을 상대로 어느 한 국가 단독으로 반대세력을 형성하기 어렵기 때문이다. 이러한 경우에는 "유연한 균형화"가 현실적인 전략이 된다(Pape 2005, 15-18). 따라서 균형화 전략에는 "외부, 내부, 유연한 균형화 전략"의 세 가지 방안이 존재한다(Walt 2005, 120-140).

1) 외부 균형화

현실주의 이론에 따르면, 냉전이 끝난 후 미국에 대하여 바로 반대세력이 형성되어야 한다. 그러나 몇 가지 유사한 징후를 제외하고는 현실주의 이론의 기대와는 달리 국제체제 내 미국에 대한 강력한 반대세력이 형성될 조짐은 보이지 않고 있다. 냉전의 종식과 2000년대 초반 부시 행정부의 등장은 미국과 미국의 유럽동맹국들 사이에 커다란 긴장을 불러왔다. 미국의 힘에 대한 유럽동맹국들의 우려는 일시적이지만 미국에 대항하고자 하는 다자간 협력을 불러왔다. 유럽연합은 자신들의 군사역량강화를 통하여 미국에 대한 안보상의 의존도를 낮추려 노력하고 있으며, 제도개선을 통해 외교문제들에 대하여 동일한 목소리를 내려고 애쓰고 있다. 대서양을 사이에 둔 이들 관계는 유럽 국가들이 얼마나 강력해지느냐에 달려 있음이 확실하다(Reiter 2005, 57-65). 그러나 2003년 이라크전쟁을 둘러싸고 유럽 국가들이 서로 다른 목소리를 낸 데서 알 수 있듯이 그것은 그렇게 간단한 문제는 아니었다.

중국과 러시아는 2001년 7월 우호협력조약을 체결하였고, 2004년 12월에는 양국 간의 긴장을 해소하고 상호 간에 안보불안을 없애기 위하여 합동군사훈련을 실시하였다. 이 우호협력조약은 상대편으로 특정 국가를 지정하지는 않았지만, 그것이 미국을 겨냥하여 만들어진 것이라는 것은 쉽게 짐작할 수 있다. 그러나 이를 통해 미국에게 대항하려는 것은 그렇게 간단한 일이 아니다. 다만 이러한 전략을 통하여 미국을 어느 정도 견제할 뿐이다. 예를 들어, 냉전 시대 미국은 소련을 견제하기 위하여 중국과 밀접한 관계를 맺고자 노력하였다(Huntington 1996, 325-331). 또한 러시아의 푸틴 대통령은 세계가 다극화되기 위해서는 인도도 하나의 강대국으로 자리 잡는 것이 바람직하다고 언급하였다. 2000년에 러시아는 인도와 전략적 제휴를 위한 조약을 체결하였다. 그러나 러시아, 중국, 인도가 전략적 삼각관계를 맺는 것은 쉬운 일이 아니다. 왜냐하면 이 세 나라 모두 자신들 사이의 관계보다도 미국과의 관계가 훨씬 더 중요하기 때문이다(Lieber/Alexander 2005, 109-139; Brooks/Wohlforth 2005, 83-84).

리처드 베츠에 따르면, 미국에 저항하는 하나의 가능한 동맹은 러시아와 중국 간 동맹이다. 이들 국가들과 미국은 일반적으로 긴장관계에 놓여 있으며, 다만 테러와의 전쟁을 공동으로 수행하면서 조금 나아졌다고 할 수 있다. 그러나 장기적으로는 미국이 NATO를 발칸반도나 중앙아시아까지 확대하려는 문제 또는 대만문제를 둘러싸고는 미러 또는 미중 간 언제든지 갈등이 일어날 수 있다. 이러한 점들이 상호불신이 있음에도 불구하고 러시아와 중국이 미국을 상대로 일정한 협력을 가능하게 하는 요인이다. 이러한 행위를 합작(Collaborating)이라고도 한다(Betts 2005, 26).

이와는 별도로 미국은 NATO 회원국, 일본, 한국, 대만, 그리고 다수의 ASEAN[2] 국가들과 동맹관계를 맺고 있는데, 이들 관계는 손상되지 않고 있다. 따라서 미국에 대한 외부 균형화의 추세는 아직 미미하다고 볼 수 있다. 월트에 따르면 그 이유는 미국의 지리적 위치, 미국 힘의 온순한 성격 때문이라고 본다. 그래서 대부분의 국가들이 미국을 위협적으로 느끼거나 특별히 공격적이라고 보지 않는다는 것이다. 현재 상황에서 어떤 특정 국가가 미국에 대한 외부 균형화에 도달하는 것은 어려운 일이다(Lieber/Alexander 2005, 115-119).

---

2) '아세안' 또는 '동남아국가연합'으로 표기되며, Association of South-East Asian Nations의 약자이다(Möller 2000a, 155-158).

2) 유연한 균형화

일반적인 균형화 전략이 지배적인 국가에 대해 전반적인 세력균형을 추구하거나 그에 상응하는 동맹을 구축하려고 시도하는 것이라면, 유연한 균형화 전략은 전체적인 힘의 관계를 바꾸려는 것은 아니다. 이 전략은 현재 힘의 분포를 수용하고, 그러한 상황 속에서 보다 나은 결과를 추구하려는 것이다. 미국 중심의 단극화 세계에서 월트는 이 유연한 균형화 전략을 다음과 같이 정의하였다.

> 유연한 균형화는 미국의 선호에 반대하는 결과를 얻기 위하여 국가가 의도적으로 협력하는 외교적 행위이다—이러한 결과는 동맹을 구성하는 국가들이 상호 어느 정도의 지원을 제공하지 않는다면 얻을 수 없는 것이다(Walt 2005, 126).

파페(R. Pape)는 유연한 균형화를 다음과 같이 설명한다.

> 그것은 미국의 군사적 우세에 직접 도전하는 것이 아니고 미국의 공격적이고 일방적인 군사정책을 지연시키거나 완화시키기 위한 비군사적 수단을 사용하는 행위이다. 국제기구, 경제체제(statecraft), 외교적 수단을 이용하는 유연한 균형화 전략은 미국의 이라크전쟁에 반대하는 데 사용되었다(Pape 2005, 10).

유연한 균형화 행위는 다음의 조건들 아래에서 가능하다. 첫째, 패권국의 지위나 군사적 행동이 다른 국가들을 불안정하게 하는데, 그것이 아직 강대국들의 주권에 심각한 도전이 될 정도는 아닌 상황이다. 둘째, 패권국은 경제 및 안보분야에서 쉽게 대체될 수 없는 중요한 수단들을 가지고 있다. 셋째, 패권국은 어떤 행동을 실행에 옮기는 것이 간단치 않은 상황이다. 왜냐하면 다른 국가들의 균형화 노력이 비밀스럽게 진행되거나, 또는 다른 국가들이 자신의 지위에 직접적으로 군사적인 도전을 하지 않기 때문이다(Paul 2005, 59).

유연한 균형화 전략은 다양한 목표를 가질 수 있다. 첫째, 국가들은 미국의 압력에 대한 저항을 확대함으로써 균형화를 이룰 수 있다. 미국의 힘으로부터 직접적인 위협을 받는 일부 국가들은 비밀정보를 교환하고 있다. 이라크는 세르비아에 코소보전쟁 전에 미국의 공습계획을 알려주었다. 중국은 이라크에 공습대비 능력을 향상시키는 기술을 이전했었다. 북한은 이란에 농축우라늄 관련 물질을 팔았었다고 전해진다. 비공식 행위자들(예를 들어, 테러조직)은 자신의 목적을 위해서 공동작업을 한다. 이 밖에 로버트 파페는 이란의 핵발전소 건설에 대한 러시아의 지원이나 한국의 북한에 대한 경제지원도 이러한 전략에 포함된다고 주장한다. 물론 이에 대한 다른 주장도 존재하는데, 리이버와 알렉산더는 그러한 행위는 유연한 균형화에 적당하지 않다는 것이다. 러시아와 한국의 행위는 미국에 대하여 균형화를 취하고자 하는 것이 아니라, 자신들의 경제적 이익이나 지역적 이해관계를 고려한 행위일 뿐이라는 것이다(Lieber/Alexander 2005, 129-130).

둘째, 국가들은 다른 국가들과 연합하여 국제적 안건에서 자신의 교섭지위를 향상시킬 수 있다. 예를 들어, 세계무역기구(WTO)에서 중국, 인도, 남아프리카공화국에 의해 만들어진 21개 개발도상국들의 연합은 협상에서 힘을 발휘할 수 있게 해준다. 그들은 선진국들의 농업에 대한 보조금 지원을 대폭 삭감할 것을 요구하였다.

셋째, 유연한 균형화는 또한 상징적인 행동으로 나타나기도 한다. 러시아, 중국, 인도의 전략적 파트너십은 이러한 목적에 딱 들어맞는 예이다. 마찬가지로 2000년 이후 중앙아시아 지역에 대한 미군 주둔의 증가에 대항하여 러시아와 이란이 자신들의 전략적 파트너십 관계를 비밀스럽게 확대한 것도 같은 맥락이다(Brooks/Wohlforth 2005, 75). 그 밖에도 유럽연합과 중국이 전략적 파트너십을 확대하는 것도 유연한 균형화의 중요한 징표이다. 유럽연합은 천안문 사태 이후 단행했던 중국에 대한 무기수출 금지조치를 미국의 강한 반발에도 불구하고 철회하였다.

넷째, 유연한 균형화는 미국과의 관계에서 점차 커지는 불확실성과 관련하여 잘못된 선택을 막기 위한 방법의 하나이다. 유럽연합의 통일된 방위전략은 미국과의 관계에서 교섭력을 향상시킬 수 있다. 바로 이런 점 때문에 미국의 정책당국자들은 EU가 공동으로 군사력 증강노력을 하는 것에 대하여 모호한 입장을 보이고 있다.

이 밖에도 유연한 균형화에 대한 또 다른 설명들이 있다. 분석가들은 미국의 외교정책을 복잡하게 만드는 일련의 행위들도 유연한 균형화로 본다. 국가들은 자신들의 경제적 이익이나 지역의 안보를 위하여 미국의 외교정책 수행을 방해하거나 제한하는 행위를 할 수 있다. 이런 국가들은 전반적으로 미국의 의도에 협조적인 태도를 보이나, 미국의 특정한 정책에 대해서는 국내정치적인 이유로 동의하지 않을 수 있다(Brooks/Wohlforth 2005, 70-81). 구체적으로 북한에 대한 강경한 미국의 경제제재에 반대하는 한국의 정책(김대중, 노무현 정부)을 예로 들 수 있을 것이다.

3) 내부 균형화

내부 균형화를 위해서는 세 가지 전략이 가능한데, 재래식 무기를 강화하는 것, 테러, 대량살상무기의 개발이 그것이다. 중국이 대만사태와 관련 미 해군의 개입을 막기 위해 재래식 역량을 강화하는 것이 대표적인 예라 할 수 있다. 또한 재래식 무기강화에서는 약소국가들은 비대칭전력 때문에 자신의 전력효과는 극대화하고 상대의 그것은 최소화하는 전략이나 전술을 찾아내는 것이 중요하다. 마오쩌둥의 게릴라 전략이 좋은 예이다. 게릴라 부대는 일반적으로 자신의 힘이 더 커질 때까지 정규군과 직접적인 교전을 회피한다(Münkler 2002, 187-189). 게릴라 전략은 두 가지 기본적인 요소를 필요로 한다. 산악, 늪지대, 울창한 숲이나 정글 같은 물리적인 보호지역 또는 가난한 지역이나 통제가 잘 되지 않는 국경지역이 첫 번째 요소이고, 정보나 필요한 것들을 구할 수 있도록 그 지역 주민들로부터의 지지가 두 번째 요소이다. 마오쩌둥은 게릴라 전략을 다음과 같이 정의하였다.

> 게릴라 전투에서는 동쪽을 공격하는 것처럼 하면서 서쪽을 공격하는(성동격서), 적의 강한 곳을 피하고 취약한 지점을 공격하는 전술을 선택한다.(…) 또 가볍게 타격을 가하고 빠른 작전을 구사한다. 게릴라 부대가 강력한 적을 만나

> 게 될 경우 상대가 전진하면 후퇴하고, 상대가 주둔하면 교란시키고, 지쳐 있으면 타격을 가하고, 적이 퇴각하면 추격한다. 게릴라 전략에서는 적의 배후, 측면, 취약부분이 결정적인 포인트이며, 적을 교란하고 타격을 가하고 분산시키고 탈진시켜 격퇴해야 한다(Arreguin-Toft 2005, 33).

2001년 아프가니스탄전쟁 중 또는 전쟁 이후에, 그리고 2003년 이라크전쟁은 이러한 전략의 중요성을 잘 보여주었다.

내부 균형화 전략의 또 다른 방법의 하나인 테러와 관련해서는 다양한 논의들이 존재하는데, 월트는 이를 다음과 같이 정의하였다.

> 테러란 약자가 강자 무력의 우세함을 피하기 위하여 강자 사회의 취약한 부분을 겨냥하여 사용하는 한 가지 전략이다.(…) 미국에 적대적인 세력은 미군사력을 공격하기 위하여 자살폭탄 같은 전술을 사용할 수도 있고, 미군과의 정상적인 교전보다 무고한 시민을 공격함으로써 미국의 방어전략에 혼란을 야기하고자 한다(Walt 2005, 137).

미 외교부는 테러를 "정치적인 동기에서 의도적으로 일반대중에게 영향을 미치기 위하여 정식 국가단체가 아닌 비밀조직원 등이 무고한 시민에게 폭력을 사용하는 행위"라고 정의하고 있다(Hoffman 2002, 47). FBI와 펜타곤은 "특정한 정치적, 종교적 또는 이데올로기적인 목적에서 어떤 정부를 놀라게 하거나 곤경에 빠뜨릴 의도로 개인이나 재산에 불법적인 폭력을 사용하는 행위"라고 정의한다(Hoffman 2002, 48).

테러리즘은 다른 비대칭전략들과 마찬가지로 강력한 상대를 직접 정식으로 공격하려는 것이 아니다. 그것은 자신만만한 강한 상대에 대해 희생을 무릅쓰고 공격함으로써 동정심을 불러일으켜 목표한 바를 달성하려는 하나의 정치적인 전략이다. 이러한 사례로 알카에다를 들 수 있고, 북아일랜드의 무장독립단체, 러시아로부터 독립하려는 체첸 혁명군, 인도 카시미르 지역의 단체와 다양한 팔레스타인 그룹도 여기에 속한다고 할 수 있다(Lieber/Alexander 2005, 138).

미국의 군사력을 두려워하는 국가들은 미 재래식 전력에 직접 대항하기보다는 자신들의 군사력을 키우는 데 주력하며, 이를 통해서 미 군사력을 억제하고자 한다. 여기에서 중요한 역할을 하는 것이 대량살상무기이다. 약소국이나 빈국이 대량살상무기를 추구하는 이유는 자신들의 주요 이익을 보호하고 또 잠재적인 적국의 위협을 억제하기 위해서다. 대량살상무기 가운데 특히 핵무기는 억제력에 있어서 아주 효과적인 수단이다. 핵무기를 소유한 국가를 공격하거나 정권을 교체하겠다고 위협하는 것은 아주 위험한 일이기 때문이다. 핵무기를 획득하는 것은 비대칭전략의 고전적인 방법이라 할 수 있다. 핵무기가 미국의 모든 군사력을 방어할 수는 없지만, 최소한 미국의 무자비한 공격을 피하게 할 수는 있기 때문이다(Lieber/Alexander 2005, 138-139).

2. 저항전략으로서의 탈정당화(delegitimation)

모든 정치적 질서의 안정성은 그것이 정당한 것인가에 대한 믿음에 달려있다. 어떤 사회가 현존하는 질서를 정당한 것으로 받아들인다면, 그 질서는 문제가 되지 않고 질서를 바꾸려는 도전도 발생하지 않는다. 일반적으로 국제체제 내에서 국가들이 현존하는 국제질서를 정당한 것으로 받아들인다면, 그 국가들은 지배국가에 도전하지 않고, 그 지배적인 지위를 자연스러운 것으로 또는 어쩔 수 없는 것으로 여기게 된다. 그러나 만약 정당하다고 여기지 않을 경우에는 그들은 국제질서를 바꾸기 위하여 반대세력의 형성에 노력하게 된다. 따라서 질서의 성격을 정당한 것으로 보느냐, 그렇지 않게 보느냐 하는 것은 대단히 중요한 일이다.

탈정당화 전략은 미국의 힘에 직접적으로 도전하는 것이 아니라, 미국의 지배가 자연스럽고 도덕적으로 문제가 없다는 신념을 훼손시키는 것을 주요과제로 삼는다. 그래서 이 전략은 사람들로 하여금 미국의 지배를 의식하게 만들고, 그에 따라 그러한 지배에 저항하도록 유도하며, 또 미국이 자신의 지배에 대한 지지를 호소하기 위하여 보다 많은 자원을 소모하도록 한다(Walt 2005, 160-172).

1991년의 이라크전쟁은 유엔 안보리의 결정과 함께 했기 때문에 폭력의 사용에 있어 세계적으로 그 정당성을 부여받았다. 그러나 2003년 이라크 공격은 UN 안보리의 승인을 받는 데 실패했기 때문에 미국 지배의 정당성에 훼손을 가져왔다. 예방공격에 대한 부시 독트린과 관련하여 유엔 사무총장 코피 아난(Kofi Annan)은 그러한 정책은 국제사회가 지난 50년간 지지해 온 원칙과 수단을 위반한 것이라고 다음과 같이 단호하게 비판하였다.

> 유엔헌장 51조는 어떤 외부공격에 대해 모든 국가는 타고난 자위권을 갖는다고 명시하고 있다. 그러나 누군가 국제평화와 안보에 대한 위협을 해결하기 위해 다른 상대에 대한 군사력의 사용을 결정할 경우, 그들은 UN의 승인을 통한 정당성의 확보를 필요로 한다.
>
> 테러그룹에 의해 사전 경고 없이 언제든지 대량살상무기가 사용되어질 수 있게 되면서, 일부 사람들은 위와 같은 절차는 더 이상 지키기 힘들게 되었다고 이야기 한다. 그들은 그러한 사건이 발생하기까지 기다리는 것보다 또는 그러한 무기체계가 발전하기 이전이라도 선제적으로 군사력을 사용할 의무와 권리가 있다고 주장한다. 이러한 주장에 따르면, 국가들은 안보리가 승인할 때까지 기다릴 의무가 없는 것이다. 대신 그들은 일방적으로 또는 일부동맹을 통해 군사력을 사용할 권리를 갖게 되는 것이다. 그러나 이러한 논리는 지난 58년간 세계의 평화와 안정을 유지해 온 원칙에 대한 근본적인 도전이다(Annan 2003).

이러한 비판은 국제사회가 군사력 사용의 정당성을 위하여 만들어 놓은 절차를 가지고 있다는 사실과 미국의 부시 독트린이 그러한 절차를 훼손하고 있다는 사실에 근거하고 있다. 이 밖에도 그러한 미국의 행위에 회의적인 미국의 동맹국이나 미국의 군사력 사용에 저항하고자 하는 다른 국가들은 미국의 정책에 대해 구체적인 행동을 보이기보다 미국정책에 대한 비판 같은 수사적인 방법으로 대응하고 있다. 이러한 행위를 또한 흠잡음(carping)이라고도 한다(Betts 2005, 24-25).

2004년 9월 부시 대통령은 유엔총회에서 미국의 이라크전쟁에 대한 비판에 대해 이라크는 해방되었고 이라크 국민들은 이제 자유를 향유하게 되었으며, 테러조직이 붕괴되어 세계가 더 안전해졌다고 주장하면서 미국의 행위를 옹호하였다. 미국 지배의 정당성 옹호를 위한 그와 같은 주장은 불행한 사건(무고한 시민들의 죽음 등)에도 불구하고 미 군사력 사용의 비용/효용분석이 긍정적이라는 데 기인하고 있다.

반면에 미국에 대한 반대자들은 미 군사력 사용의 많은 부분이 부정적이라는 점에서 그러한 정당성 주장에 대하여 회의적이다. 이라크전쟁의 경우, 대량살상무기의 발견에 실패하였고, 이라크 국민은 전쟁의 참화를 겪어야 했으며, 그 이후에도 폭력이 근절되지 않고 있는 점에 기초하여 비판의 수위를 높이고 있다. 보다 근본적인 측면에서 오사마 빈 라덴 같은 이슬람 급진주의자들은 미국의 글로벌 역할에 대하여 의문을 제기하고 있다. 그들은 미국이 이슬람 지역에서 석유를 강탈하고 있으며, 이슬람 국가들에 대하여 부당한 경제제재를 하고, 이슬람 사회를 부패하게 만드는 미군 기지를 건설하고 있으며, 이스라엘을 지원하고 있다고 주장한다. 알카에다는 미국의 우월적 지위를 정당성이 없다고 규정하고, 이러한 주장을 통하여 자신들의 폭력적인 행위를 정당화하고 있다(Osama bin Laden 2002).

일부 덜 극단적인 비평가들도 미국이 글로벌 문제를 유발하거나 그러한 문제의 해결(예를 들어, 교토의정서의 거부)을 방해하고 있다는 점을 들어 미국을 비판하고 있다. 또한 미국은 국제적인 자연재해에 대한 소규모 지원 때문에도 비판을 받고 있다. 2004년 12월 부시 행정부는 동남아시아의 쓰나미(tsunami) 지진피해에 대하여 처음에 1,500백만 달러를 지원하겠다고 하였다. 이러한 지원방안에 대하여 세계는 물론 미국 내에서도 비난의 소리가 높아지자, 결국 지원 금액을 3억 5천만 달러로 올렸다. 그 외에도 미국의 경제정책(예를 들어, 농업보조금이나 섬유관련 관세 등)은 일부 세계 빈곤국가들의 발전을 저해한다는 이유로 비판을 받고 있다. 결론적으로 세계의 많은 지도자들은 비록 몇 가지 미국의 결정들이 다른 국가들에게 유용하다고 하더라도 미국에게 권력이 집중되는 것을 원치 않고 있다. 그들은 다극화된 세계가 낫다고 주장하는 것이다.

월트에 따르면 탈정당화 전략은 그것이 잘 작동하기 위해서는 몇 가지 전제조건을 필요로 한다(Walt 2005, 173-175). 첫째, 미국이 약소국에 압력을 가할 때, 세계로부터 폭넓은 지지를 받지 못한다. 둘째, 미국의 우월적 지위에 대한 날카로운 비판을 가하는 비평가들이 초당파적이고 도덕적인 배경을 가지고 있을 때 보다 큰 설득력을 갖는다. 불량국가의 미국에 대한 비판은 순전히 프로파간다(propaganda)로 취급될 수 있다. 그러나 국제인권위원회 같은 중립적인 기관의 판단은 무게를 갖는다. 셋째, 자신의 행위에 대한 합법화과정에서 뚜렷한 오류가 발견될 때 미국정책의 정당성은 문제에 부딪히게 된다. 이라크에서 대량살상무기를 발견하지 못하고, 이라크 공격을 위해 왜곡된 정보를 이용하고, 더구나 그러한 정보를 일부러 조작한 사실이 드러났을 때 세계 지도자로서의 미국의 위상과 그 정당성은 중대한 손실을 입게 되었다.

이란의 한 보수적인 언론인은 "미국인은 그들의 아이들을 위하여 평화를 지키기 위해 핵무기를 가져야 한다고 말하면서, 우리는 그래서는 안 된다고 한다."고 비판했다(Takeyh 2003). 이와 비슷하게 월트는 다음과 같이 지적하였다. "다른 국가들이 핵 프로그램을 포기해야 한다는 미국의 주장과 미사일 방어시스템을 건설하고 차세대 핵무기를 개발하려는 미국의 전략은 명백한 모순이다(Walt 2005, 174)."

3. 순응전략으로서의 지역균형화(regional balancing)

미국에 의존하려는 국가들의 동기는 일반적으로 미국의 군사력에 의존하여 자기 지역의 위협을 제거하려는 희망에서 시작된다. 이는 넓은 의미의 편승화 전략이기도 하고, 주변국의 위협에 대한 균형화 전략의 한 형태라고도 할 수도 있다. 이러한 경향은 이미 오랜 역사를 가지고 있다. 동서 냉전의 시기 많은 국가들은 주변국의 위협이나 국내적인 도전에 직면하여 두 초강대국 중 하나로부터(또는 두 군데 모두로부터) 지원을 얻고자 노력하였다. 여기에는 북한과 남한, 베트콩과 베트남, 이스라엘, 이집트, 쿠바, 파키스탄, 앙골라, 소말리아, 에티오피아 등이 해당된다. 또한 유럽과 아시아의 일부 강대국(중견국)들에게 미국은 매력적인 동맹국이다. 왜냐하면 미국은 소련과 달리 유라시아 지역에서 두 개의 대양으로 떨어져 있어서 직접적인 위협이 되지 않기 때문이다(Walt 2005, 187-188).

이러한 동기는 오늘날에도 유효하다. 유럽에 있는 미국의 동맹국들은 미래의 위협(예를 들어, 지역의 경쟁자나 러시아로부터의 위협)으로부터 자신을 지키기 위하여 자국 내 미군의 주둔을 허용하고 있다. 이러한 동기는 동유럽의 국가들(폴란드, 헝가리)과 발트해(海)의 국가들(리투아니아, 라트비아, 에스토니아)이 NATO에 가입하려는 이유가 되고 있다(Haftendorn 2004). 냉전이 끝났지만 아시아에서도 여전히 미군이 주둔하고 있다. 중국의 급속한 성장, 북한의 핵문제 등 미래의 잠재적인 위협 때문에 많은 아시아의 국가들(일본, 한국, 베트남, 싱가포르, 말레이시아, 인도네시아, 필리핀, 인도 등)이 미국과 긴밀한 전략적 파트너십을 유지하고 있다.[3)]

중동지역에서도 비슷한 현상을 보이고 있다. 미국의 보호를 중시하는 이스라엘의 동기는 분명한데, 1960년대 중반부터 이스라엘은 자신의 안보를 미국에 거의 의존하다시피 하고 있다. 또한 요르단, 사우디아라비아, 이집트, 쿠웨이트, 카타르, 오만, 바레인 등의 국가들도 미국과의 관계를 중시하고 있다. 지역균형화 전략은 국제사회에서 미국의 지배력에 대한 인식을 그대로 보여주고 있다. 만일 미국이 지배적인 초강대국이 아니라면, 미국의 보호는 큰 의미를 갖지 못하기 때문이다. 그러나 이러한 전략이 그대로 편승화 전략이 되는 것은 아니다. 지역균형화 전략의 경우에는 미국으로부터 위협을 느끼지 않음에도 불구하고 지역에서의 위협을 제거하기 위하여 미국과 긴밀한 관계를 맺으려 하기 때문이다(Walt 2005, 188-191).

---

3) 물론 데이비드 강처럼 중국의 등장이 다른 아시아 국가들에게 위협으로 비치지 않는다는 주장도 있다(제2장 2절 중 중국 참조).

VI. 수정주의 국가

1. 저항전략으로서의 협박(blackmail)

옥스퍼드 영어사전은 'blackmail'을 "위협이나 압력을 통해 얻는 이익"이라고 정의하고 있다. 압박자는 상대(희생자)가 싫어하는 행위를 하겠다고 위협을 한다. 즉 상대가 압박자의 요구사항을 들어 주면 그러한 싫어하는 행위를 하지 않겠다는 것이다. 비록 약소국이 미국 같은 강대국을 성공적으로 협박한다는 것이 불가능해 보이기는 하지만, 약소국들에게 이러한 전략은 특정조건하에서 매력적인 것이 될 수 있다. 어떤 약소국이 미국이 원치 않는 어떤 것을 할 수 있는 능력을 갖추고 있다면 협박전략을 성공적으로 사용할 수 있다. 협박전략이 성공하기 위한 특정조건이란 약소국의 위협이 믿을 만한 것이어야 하고, 미국은 다른 수단이나 방법을 통하여 그것을 제어할 수 없어야 하며, 미국이 상대의 협박요구를 들어주었을 때 실제로 미국이 원치 않는 행위를 막을 수 있을 것이라는 믿을 만한 근거를 가지고 있어야 한다(Walt 2005, 152-153).

월트에 따르면 냉전 이후 이 분야 세계챔피언은 북한이다. 북한은 미국과 커다란 국력의 차이가 있음에도 미국의 양보를 받아내기 위하여 이 전략을 성공적으로 수행해 왔다. 어떻게 이것이 가능했을까? 그것이 가능했던 한 가지 이유는 북한이 핵무기 프로그램을 가지고 있었다는 것이다. 그 핵위협은 위에 언급한 조건들을 잘 갖추고 있었기 때문에 잘 작동하였다.

첫째, 북한의 핵무기 획득은 미국의 이해관계에 대한 잠재적인 위협이 될 수 있으며, 구체적으로 미국의 비확산정책에 대한 중요한 도전으로 보였다. 둘째, 소련의 붕괴 이후 핵무기 이외에는 아무것도 북한의 안보를 보장할 수 없었기 때문에 북한의 핵 프로그램 개발은 아주 믿을 만한 것이었다. 즉 북한은 핵무기를 보유를 위한 명확한 이유를 가지고 있었던 것이다. 셋째, 미국은 북한의 핵무기 획득을 다른 방법으로(예를 들어, 군사적 공격 등)

쉽게 막을 수 없었다. 물론 한국이나 일본의 반대를 무릅쓰고 미국은 북한의 핵시설에 대한 예방공격을 시도할 수도 있었을 것이나, 그것을 통해 북한의 모든 핵 프로그램을 제거할 수 있을지는 확실하지 않다(Wit/Poneman/Galluci 2005, 102-104). 넷째, 워싱턴은 북핵 위기를 1994년 제네바 협정으로 해결할 수 있을 것이라는 합리적인 근거를 가지고 있었다. 왜냐하면 북한은 경제적으로 어려운 상황에 놓여 있었기 때문이다(Walt 2005, 153-156).

또한 협박은 같은 동맹국 사이에서도 약소국이 동맹국에게 자신의 원하는 바를 관철시키는 수단으로 사용할 수 있는 전략이다. 기본 원리는 똑같다. 상대적으로 약한 동맹국이 자신의 후원자에게 양보를 기대하며 후원자가 원치 않는 어떤 행위를 하겠다고 위협하는 것이다. 냉전 당시 미국과 소련의 많은 동맹국들이 동맹을 이탈하거나 다른 편에 가담하겠다고 위협하여 커다란 이익을 챙겼다. 1970년대 이집트 나세르(G. A. Nasser) 대통령은 그러한 위협을 통하여 소련으로부터 보다 많은 군사적 지원을 받아냈다. 분단 베트남 시절 월남의 지도자들은 미국의 지원 없이는 월남이 공산화될 것이라는 암묵적인 위협을 통해 계속하여 추가적인 미국의 원조를 얻어냈다. 일본, 한국, 대만도 스스로 핵보유국이 되겠다는 감춰진 위협으로 미국으로부터 재래식 군사지원과 안보보장을 받아냈다. 2001년 9·11 테러 이후 일부 국가들은 미국의 "테러와의 전쟁"에 편승하여 워싱턴의 양보를 받아내려 이 기회를 이용하고 있다. 왜냐하면 미국은 아프가니스탄전쟁을 수행하기 위해 우즈베키스탄, 파키스탄, 러시아 등의 협조가 필요하였기 때문이다(Walt 2005, 157-158).

협박은 몇 가지 특정조건하에서 아주 효과적인 전략이 될 수 있으나, 그렇게 흔한 것은 아니다. 성공적인 협박은 그것이 아주 특정한 조건하에서만 작동하고, 또 대부분의 국가들은 마지못해 어쩔 수 없이 양보를 제공하려 하기 때문에 쉽지 않다. 또한 협박은 커다란 위험요소를 안고 있는 전략이라 할 수 있다. 이 전략을 구사하는 국가는 미국의 중요한 이익을 위협하지 않고서는 미국의 양보를 받아낼 수 없다. 여기서 위험요소란 미국이 양보를 하는 대신에 공격을 선택할 수도 있다는 점이다. 예를 들어, 대량살상무기를 보유하겠다고 하는 위협은 협박으로서 믿을 만하다. 그러나 그러한 무기를 미국이나 미국의 동맹국에 대하여 사용하겠다는 협박은 믿을 만한 것이 아니라 위험하다. 왜냐하면 이러한 경우 미국은 양보가 아니라 선제공격을 선택할 가능성이 높기 때문이다(Walt 2005, 158-159). 이러한 의미에서 보면 북한은 아주 위험천만한 핵 정책을 구사하고 있다고 볼 수 있다(Snyder 1999, 3장).

현실주의 시각에서 보면 약소국이 강대국을 자극하지 않고, 또 강대국의 목표가 되지 않으려 한다는 것은 당연한 일이다. 그런데 이와는 반대로 몇 가지 예외가 존재한다. 첫째는 종교에 따른 정권(예를 들어, 이란, 파키스탄 등)이다. 이들은 신이 자기들 편에 있다고 믿거나 도덕이 물질적인 힘에 우선한다고 생각하여 강대국을 두려워하지 않는다. 두 번째 형태는 소위 불량국가(과거 이라크, 북한 등)들인데, 이들은 미국의 요구에 양보할 경우 생존할 수 없다고 믿는다. 이러한 행위들은 겁쟁이(Cowering) 전략의 예외라고 볼 수 있다(Betts 2005, 25-26).

2. 순응전략으로서의 편승화(bandwagoning)

편승화 전략이란 어떤 국가가 초강대국이나 자신에게 가장 위험하다고 여기는 국가와 동맹을 맺는 것을 말한다. 한 국가가 미국이 자신에게 위협적이고 잠재적인 공격가능성이 있다고 믿거나, 또는 미국과 동맹을 맺는 것만이 미국의 압력이나 그러한 위협을 제거하는 것이라고 믿을 경우, 그 국가는 미국과의 동맹을 체결하고자 시도하게 된다. 또한 편승화 전략은 지배적인 세력에 대해 저항하는 대신 화해정책을 추구하는 것이다. 이러한 국가행위는 역사적으로 그 사례를 찾아보기가 쉽지 않을 뿐만 아니라 일반적으로 아주 약소국이나 고립된 국가에 한정되어 나타난다. 그 이유는 간단한데, 이러한 전략을 선택하는 약소국은 용기가 필요하기 때문이다. 왜냐하면 강대국의 숨겨진 적대적인 의도를 의심하면서도 자신의 운명을 강대국의 손에 맡겨야 하기 때문이다.

국가들이 강하게 편승화를 추구할 것이라는 신념은 미국 외교정책의 강경론자들[4] 사이에서 발견된다. 그들은 미국이 자신의 군사적 우세함을 과시하고 군사력 사용가능성을 보여줄수록 다른 국가들로부터 존경을 받을 수 있고 미국의 정책이 지지를 받을 수 있다고 본다. 그러나 이러한 기대와는 반대로 오늘날 미국의 강력한 우월적 지위에도 불구하고 실제 편승화는 많이 나타나지 않고 있다. 지난 십여 년간 미국은 많은 국제분쟁에서 자신의 우월적 힘을 보여주었다. 그러나 미국의 잠재적 목표였던 과거 이라크, 이란, 북한, 시리아, 세르비아, 중국 등 그 누구도 이에 당황해 하지 않았다. 오히려 이러한 미국의 정책은 과거 좋았던 미국의 이미지만 손상시켰을 뿐이다. 미국의 압력에도 불구하고 시리아는 골란고원에 대한 자신의 요구를 지속하였고 팔레스타인에 대한 지원을 멈추지 않았다. 부시 행정부가 시리아에 대해 다음 목표가 될 수도 있다고 암시하였음에도 불구하고 다마스쿠스는 미국에게 알카에다에 대한 중요한 정보를 끝내 제공하지 않았다(Walt 2005, 283-285).

이와 유사하게 이란에서의 미국의 노력은 2004년 2월 이란의 의회선거를 앞두고 이란의 개혁주의자들을 약화시키고 강경주의자를 강화시켰다. 이것은 워싱턴이 기대했던 것과는 정반대의 결과였다(Takeyh 2004, 134-135; Pollack/Takeyh 2005, 21-27). 또한 북한도 핵문제 해결을 위한 다자회담에서 결코 약한 모습을 보이지 않았다. 미국의 이라크전쟁은 북한으로 하여금 핵무기와 장거리 미사일을 갖추는 것이 유일한 생존수단이라는 인식을 강화시키는 결과를 초래했다고 할 수 있다.

부시 행정부와 그 지지자들은 9·11 이후 수행하고 있는 이라크 공격 등 자신들의 강경정책을 옹호하기 위하여 리비아의 경우를 예로 들고 있다. 그러나 이러한 강경정책이 다른 국가들로 하여금 편승화 전략을 추구하게 한다는 주장에는 약간의 문제가 있으며, 리비아의 경우도 편승화의 예로

---

4) 부시 행정부의 조언자인 Richard Perle이나 과거 국방차관이었던 Paul Wolfowitz 등.

보기에는 설득력이 떨어진다. 왜냐하면 미국이 리비아를 군사적으로 위협한 것이 아니기 때문이다. 리비아는 부시 행정부가 규정한 "악의 축"에도 속하지 않았다. 리비아가 입장을 바꾼 이유는 미국의 압력 때문이었다고 보기보다는, 1988년 팬암 항공기 폭탄테러 이후 지속되어 온 경제적 제재와 국제적인 고립에서 벗어나기 위한 것이었다고 보는 것이 보다 더 설득력이 있다. 이와 함께 리비아는 핵무기 개발관련 설비와 재료의 막대한 수입에도 불구하고 핵 프로그램의 개발은 아직 초기단계에 불과했으며, 또한 핵 프로그램을 지속적으로 개발할 능력도 충분치 않은 것으로 평가되었다 (Braun/Chyba 2004, 14-16; Walt 2005, 185-186).

두 가지 이유에서 편승화의 경우는 흔하지 않다. 첫째, 미국의 힘은 일반적으로 세계 대부분의 국가들에게 위협을 주지 않는다. 비록 미국이 초강대국이고 경우에 따라 변덕스럽기도 하지만, 미국은 지리적으로 강대국들과 떨어져 있고 특별히 다른 국가들을 정복하고자 하지도 않는다. 몇몇 국가들은 미국의 군사력에 대하여 두려움을 가질 만한 이유가 있기는 하지만, 전체적으로 대부분의 국가들은 그럴 필요가 없다고 볼 수 있다.

둘째, 약소국이 지배적인 국가에 의지함으로써 그 위협을 없애거나 조정할 수 있고, 또 그것을 통해 자신의 이익을 추구하는 것이 가능하여야 비로소 편승화는 일어나게 된다. 그러나 군사적 위협은 자주 일어나지 않는다. 왜냐하면 이해관계의 충돌은 명료하게 선포되는 것이 아니고 또한 타협이 가능하기 때문이다. 이해관계의 충돌이 상대적으로 작거나 약소국이 자신의 정책을 조정하는 것이 가능하다면, 강대국은 공식적으로 위협을 들어내지 않는다. 공공연한 위협은 이해관계가 극단적으로 충돌할 때, 즉 자신의 이해관계가 미국의 그것과 대치되는 국가들이 자신의 기본적인 목표를 끝까지 포기하려 하지 않을 때 발생하게 된다. 많은 국가들은 워싱턴과 갈등관계에 빠지는 것을 피하려 한다. 결론적으로 현명한 국가들은 편승화 전략을 멀리하려 한다. 이러한 국가들은 미국의 위치를 지지하지 않거나 미 외교정책에 대해 직접적인 지원을 회피한다(Walt 2005, 186-187).

<도표 3-2> 세계 국가들의 대미전략(II)

	전략			현상유지 국가	중립적 국가	수정주의 국가
저항전략	균형화 (Balancing)	외부			중국-러시아	
		소프트			러시아-중국 EU-중국	이라크-세르비아 북한-이란
		내부	재래식 전력		중국	
			테러리즘			(알카에다)
			대량살상무기			북한/이란
	주저 (Balking)	거부		터키/한국	러시아	
		준법투쟁		이스라엘/ 팔레스타인		
		무임승차		대부분 국가		
	결합(Binding)			프랑스/독일/러시아		
	협박(Blackmail)					북한
	탈정당화(Delegitimation)			EU	중국	
순응전략	편승화(Bandwagoning)					(리비아)
	지역균형화 (Regional Balancing)			한국/대만/일본/ 필리핀/이스라엘/ 사우디아라비아	동구 국가 아시아 국가 중동지역 국가	
	유대(Bonding)			영국		

제2부

탈냉전기 미국의 외교·안보정책과 대북정책

제4장

글로벌 차원의 미국 외교·안보정책

I. 머리말

제2부 4개의 장에서는 동서냉전이 끝난 후 미국의 글로벌 차원 및 지역적 차원의 외교·안보정책을 살펴보고, 이후에는 미국의 대북정책과 북한의 핵정책을 조망해 보겠다. 먼저 미국의 글로벌 차원의 외교·안보정책—전반적 체계(국가이익, 국제체제 내 우월적 지위, 9·11을 전후한 외교정책의 다자적/일방적 측면), 확산정책(비확산/반확산), 불량국가 정책을 분석한다. 이어서 미국의 동북아시아 지역에서의 외교·안보정책—특히 중국과 한반도에서의 정책—을 조명해본다. 이러한 미국의 글로벌 차원과 지역적 차원의 외교·안보정책에 대한 이해는 미국의 대북정책을 분석하는 데 큰 도움이 될 것이다. 미국의 대북정책은 한국전 이후부터 1990년대 초에 이르기까지 경제제재와 봉쇄정책, 클린턴 행정부의 개입(Engagement)정책, 부시 행정부의 일방주의/패권주의적 정책으로 크게 나누어 볼 수 있다. 아울러 북한의 핵정책—북한의 핵개발 동기 및 북한의 생존전략을 구체적으로 분석하며,

끝으로 북한정권의 선택가능한 대안이 무엇인지에 대해 생각해 볼 것이다.

1. 동서냉전

동서냉전은 미국과 소련의 핵무기 균형에 의해 묘사될 수 있다. 핵무기의 발전은 이러한 균형을 가능하게 했다. 이와 같은 핵무기의 혁명은 "상호확증파괴(Mutual Assured Destruction)"[1]의 기술적인 조건을 갖추게 했다. 이 두 국가는 2차 공격능력을 가지고 있기 때문에 각 국가는 상대방의 1차 공격에도 불구하고 상대를 파괴할 수 있다. 따라서 "공포의 균형(Balance of Terror)"이 가능하게 된다. 미국의 전 국방장관이었던 윌리엄 페리는 이러한 상황을 다음과 같이 표현하였다.

> 미국과 소련은 세계를 파괴할 만한 핵무기 능력을 가지고 서로 대치했다. 매년 그러한 파괴능력과 규모는 커져갔다 (…). 더구나 두 국가는 상호 의심과 적대감 때문에 일촉즉발의 긴장감을 유지했다. 그래서 상호 핵공격의 가능성은 상대방의 공격에 대한 대응에서가 아니라, 오히려 상대방이 공격할 것이라는 잘못된 착각에서 일어날 수 있는 상황이었다. 이러한 끔찍한 상황을 정확하게 공포의 균형(balance of terror)이라 불렀다(Perry 2006, vii).

이것이 소위 말하는 핵억제이론(Nuclear Deterrence Theory)이다. 양극화 시대의 안보는 전적으로 당시 국제체제의 유지에 공감하는 두 국가의 상호확증파괴에 기반을 둔 핵무기의 균형에 의지하였다(Powell 1990, 6-12). 이러한 국제체제를 허버트 디트겐(Herbert Dittgen) 교수는 다음과 같이 묘사

---

1) 이 용어는 냉전기간 미국의 핵억제정책과 관련하여 전략적 분석가들이 사용한 것이다. 이것이 의미하는 바는 초강대국들이 (먼저 한쪽이 핵공격을 받더라도) 다른 상대방 국가를 확실하게 파괴할 수 있는 공격적인 핵능력을 갖추고 있는 동등한 상태를 말한다. 상호 취약성(mutual vulnerability)이란 개념이 보다 정확한 표현일는지도 모른다 (Evans/Newnham 1998, 312)

하였다.

> 양극화 시대 특정지역의 분쟁에 대한 미국과 소련의 대리자를 통한 지원또는 직접 군사행동에 의한 지원의 영향력은, 그러한 지원이 각 지역의 자체동학을 완전히 통제하지는 못하더라도, 하나의 안정화 기능을 가졌다(Dittgen 1998, 293).

따라서 냉전 당시 양극화 국제체제 내 미국의 외교정책은 오늘날 단극화 시대에서 보다 동맹국들에 대한 의존도가 컸었다(Hippler 2003, 15).

II. 외교정책의 전반적 체계

1. 외교정책의 정의 및 목표

독일의 저명한 국제정치학자 베르너 링크(Werner Link)는 "외교정책"에 대해 다음과 같이 정의하였다.

> 외교정책이란 국가적으로 조직된 한 사회가 자신의 주변 환경과의 관계에서 목표설정에 따른 적극적이고 반사적인 전개과정이다. 이 목표설정은 — 주변 환경과의 대결에서 — 내부 의사형성 및 결정과정에서 이루어지고, 구체적인 상황에서 관철되도록 시도된다(Link 1978, 484).

이러한 정의에서 보면 외교정책의 전개는 국제환경에만 종속되는 것이 아니라, 또한 국내정치의 행위자들에게도 종속되는 것임을 알 수 있다. 그러나 이 책에서는 국내정치적인 요소들은 배제하기로 한다.

전통적으로 미 외교정책의 주요 목표는 서반구에서의 지배력을 지속적으로 유지하고, 유럽이나 동북아시아에서 초강대국의 출현을 저지하는 것이다. 미국은 더 이상과 과거 소련과 같은 경쟁자를 옆에 두는 것을 원치 않는다. 냉전이 끝난 후에도 미국은 이러한 목적을 위해 노력하고 있는데, 1992년 작성된 펜타곤의 한 문서는 이 같은 내용을 다음과 같이 분명히 명시하고 있다.

> 우리의 최우선과제는 과거 소련에 의한 위협과 같은 새로운 라이벌의 등장을 막는 것이다(…) 이제 우리의 전략은 글로벌 차원의 잠재적인 경쟁자가 등장하는 것을 막는 데 초점을 두어야 한다(Mearsheimer 2001a, 46).

1) 미국의 국가이익

미국의 유명한 정치학자 새뮤얼 헌팅턴에 따르면 미국의 국가이익은 다음과 같다.

> 미국인의 핵심이익은 생명과 재산을 보호하는 일이다. 일반적으로 국가이익은 한편으로 안보와 물질적인 관심, 다른 한편으로 도덕/윤리적 관심으로 구성된다(Huntington 1997, 35).

냉전 이후 미국은 자신의 힘을 활용하기 위한 새로운 목표를 찾아야만 했다. 1996년 "미 국익을 위한 위원회(Commission on America's National Interests)"는 이 문제를 다음과 같이 정의하였다.

> 소련 공산주의의 팽창과 대결해 온 비정상적인 40년이 지난 후 우리는 혼돈의 5년을 보냈다. 만일 이러한 혼란이 지속된다면, 그것은 우리의 가치, 재산, 생명까지도 위협하게 될 것이다(Commission on America's National Interests, 1996).

이 위원회는 미국의 핵심적인 국익으로 다음과 같은 다섯 가지를 선정하였는데, 대량살상무기에 의한 미국본토 공격의 저지, 유럽이나 아시아에서 적대적 경쟁자 등장의 저지, 미국 국경이나 연안에서 적대적인 세력의 등장 저지, 무역/금융시장/에너지/환경 관련 국제시스템의 붕괴방지, 미 동맹국들의 보호가 그것이다. 이와 관련 미국을 위협하는 다음 두 가지 시나리오가 가능하다. 단기적으로 미국에 대한 핵 테러의 위험이 하나의 가능성이고, 또 다른 가능성은 장기적으로 중국이 초강대국으로 등장하는 것이다(Huntington 1997, 36).

카터 대통령의 안보보좌관이었던 브레진스키는 유라시아 대륙을 지배하는 국가가 세계를 지배할 수 있다고 생각했다. 따라서 그는 미국의 국익은 유라시아의 안정에 있다고 보았다. 세계를 이끄는 초강대국으로서 미국의 위상은 얼마나 오랫동안 미국이 유라시아의 안정에 역할을 할 수 있느냐에 달려 있다고 본다. 이를 위해 그는 다음 세 가지 사항을 강조하였다. 첫째 나토의 확대(우크라이나를 포함하여 어쩌면 러시아까지도)를 위하여 EU와의 동맹 강화, 둘째 세계 초강대국으로 부상하려는 중국에 대한 견제와 일본과 한국의 도움을 통한 북한 핵 프로그램의 저지, 셋째 중앙아시아와 유라시아의 발칸이라 불리는 카우카서스 지역(Müller 2002, 24-27)에서 러시아, 이란, 터키의 정치안보적인 영향력에 맞서 원유와 천연가스 등의 지리적 이해관계를 지키는 것이 그것이다(Brzezinski 1997, 2장).

로버트 아트(Robert Art) 교수는 미국의 국익과 관련하여 여섯 가지 점을 지적하고, 이를 세 가지 "결정적 이익"과 세 가지 "원하는 이익"으로 구분하였다. 그는 본토수호,[2] 유로-아시아 지역의 평화, 걸프지역의 원유에 대한 안전한 접근을 결정적인 이익으로 보았다. 그리고 세계적인 무역개방, 민주주의 제도와 인권보호의 확대, 자연보호를 원하는 이익으로 보았다. 또한 그는 이러한 국익의 실현을 위해 군사적인 지원가능성을 강조하였다(Art 1998-99, 84).

결론적으로 세계 초강대국인 미국의 국익은 테러집단의 대량살상무기

2) 여기에는 대량살상무기를 보유한 테러집단이나 불량국가의 공격을 저지하는 것, 또 강대국들에 의한 재래식 무기 공격을 저지하는 것도 중요한 것으로 본다.

공격을 저지하는 것과 전 세계적으로 미국의 지도적 역할을 위협하는 새로운 초강대국의 등장을 저지하는 것이라고 할 수 있다(Schwarz 1999, 24-25). 이러한 미국의 국익에 대한 논의는 글로벌 차원 또는 지역적 차원의 미국 외교·안보정책 설명에 있어서 언제나 중요한 역할을 하게 된다.

2) 국제체제 내 미국의 우월적 지위

소련붕괴 후 국제체제의 구조는 양극화에서 단극화로 바뀌었다. 이러한 새로운 구조하에서는 나토의 확장과 G7(미국, 캐나다, 영국, 프랑스, 독일, 이탈리아, 일본)이 G8(러시아 추가)로 확대되었다. 또한 국제체제 내에 APEC, NAFTA, 우루과이 라운드, WTO 등이 생겨났다(Clinton 1997, 294-295).

이 국제기구들은 국제질서를 창출하는 수단이 되었다. 이는 미국이 지역적/글로벌 질서 속에서 자신의 이익을 보장하는 데 커다란 도움을 주고 있다. 다른 국가들을 다자간의 규칙이나 제도에 귀속시킴으로써 미국은 자신의 힘을 유지할 수 있다. 왜냐하면 미국은 나토, APEC, IMF, 세계은행, WTO 같은 국제기구에서 우월한 지위를 가지고 있기 때문이다(Ikenberry 2002b, 128).

따라서 이러한 국제기구들은 국제체제 내 미국의 일방적인 경향을 저지할 수 없다. 독일의 정치학자인 베르너 링크(Werner Link)는 이와 관련하여 다음과 같이 말하고 있다.

> 강대국들은 자신의 이익을 관철하기 위하여 일방적인 방식을 선택할지 또는 동맹국이나 국제기구의 도움을 통한 방식을 선택할지 개개의 경우에 따라 결정한다. (…) 미국은 외교정책상 자신의 국익이 확실하게 걸려있을 때는 일방적으로, 자신의 이익이 다른 국가들과 겹쳐 있을 때는 동맹국과 함께, 자신의 이익이 일반적인 것이고 문제가 국제사회를 통해서만 해결이 가능할 경우에는 다자적인 태도를 취한다. (…) 국제사회의 기구들은 클린턴 행정부의 표현에 따르면 문제해결을 위한 세 번째 수단에 지나지 않는다(Link 2001, 107-108).

이 밖에도 국제체제 내 강대국 사이의 역학관계가 변화하였다. 냉전 시기 지속되었던 미국의 봉쇄정책과 양극화의 균형은 소련의 붕괴와 함께 막을 내렸다. 이후 미국은 자신의 무기체계의 발전에 힘입어 세계에서 전례 없이 막강한 군사적 우위를 확보하였으며, 유일한 초강대국의 지위를 차지하였다. 미국의 군사적 잠재성과 관련하여 현재의 세계체제를 미국 중심의 단극체제라고 말하게 되었다(Link 2001, 128-130). 브레진스키는 자신의 저서에서 미국은 네 개의 주요 분야, 즉 군사, 경제, 기술, 문화 면에서 세계 최고의 지위에 올랐고, 따라서 인류 역사상 처음으로 유일한 초강대국이 되었다고 주장하였다(Brzezinski 1997, 43-44). 또한 1999년 프랑스의 전 외무장관인 후버트 베드린(Hubert Vedrine)은 미국의 지위에 대하여 다음과 같이 설명하였다.

> 오늘날 미국은 경제, 금융, 기술수준에서, 그리고 넓은 의미의 문화 영역을 지배하고 있다. (…) 이는 힘과 영향력의 측면에서 현대사의 어떤 국가와도 비교가 되지 않는 것이다(Whitney 1999).

2. 미국 국방정책의 고찰

지금까지 미국의 국방정책은 그렇게 크게 변화하지 않았다. 새로운 국제안보환경에 맞추어 부분적인 적응과정이 일어났을 뿐이다. 1990년대 미국의 국방정책은 전 국방장관의 이름을 딴 소위 '아스핀(Aspin) 보고서(Bottom-Up Review)', '핵태세 검토보고서(NPR: Nuclear Posture Review)', '4개년 국방 검토보고서(QDR: Quadrennial Defense Review)' 등을 통해 검토가 가능하다. 1993년의 아스핀 보고서는 소련에 대한 봉쇄정책이 끝난 탈냉전 시기를 위한 전반적인 방위계획을 제시하고 있다. 이 보고서는 전투부대의 구조를 변경하는 제안을 담고 있는데 냉전 시기와 달리 전투부대는 소규모 단위로 재편되어야 한다는 것이다. 그러나 이러한 부대들은 무기기술 발전에 힘입어 중무장해야 한다고 주장한다. 1991년의 걸프전쟁은 미 군사전략에 많은 지역거점과 다양한 기술의 필요성을 보여주었기 때문이다(Spring 1993).

1993년의 핵태세 검토보고서(NPR)는 냉전이 끝난 후 처음으로 미국의 핵정책을 재정립한 것이다. 이 보고서는 대량살상무기의 확산에 대비하여 미 핵전력의 규모와 의미를 재검토하고 있는데, 그 주요한 내용은 다음과 같다. 앞으로도 핵무기는 미래의 안보정책에 있어서 중요한 역할을 할 것이다. 미국은 상대방 적들의 부대와 시설을 파괴할 수 있도록 전략적/전술적 핵무기가 필요하다. 또한 핵무기의 안전과 안보를 담보하기 위하여 미 정부는 지속적인 핵실험이 필요하다. 이에 따라 1999년 10월 미 상원은 '포괄적 핵실험금지조약(CTBT)'의 비준을 거부하였다(Hummel/Wulf 2003, 285). 그 밖에 핵무기의 확산을 방지하기 위해서도 미 핵무기는 필요하다. 왜냐하면 미국의 핵우산 정책이 폐기될 경우 독일, 일본 등 비핵국가들이 핵무기를 보유하고자 노력할 것이라고 미국인들이 생각하기 때문이다(Spring 1994).

1997년의 4개년 국방 검토보고서는 1990년대 펜타곤의 세 번째 주요전략문서이다. 이 문서는 아스핀 보고서, 핵태세 검토보고서에 이어 클린턴 행정부 국방정책의 주요사항을 보여주고 있다(O'Hanlon 1997).

- 두 개의 전쟁을 동시에 수행할 수 있는 능력의 준비
- 평화유지군이나 인권활동에 대한 선택적 참여
- 지속적인 글로벌 해상작전 유지
- 기술적 우위를 유지하기 위한 무기개발의 현대화
- 가까운 미래에 광역미사일 방어체계의 현대화 및 3,500개 핵탄두 유지

1) 군사분야혁신(Revolution in Military Affairs)

탁월한 군사적 우월성에도 불구하고 미국은 국제체제 내 지배력을 유지하기 위하여 자신의 군대를 혁신하기 위한 노력을 지속하고 있다. 이를 군사분야혁신이라 한다. 부시 대통령과 럼스펠드(Rumsfeld) 국방장관은 21세기를 위한 새로운 전략논의를 유도하였다. 군사시스템의 변환, 글로벌 안

보, 억제전략의 개선, 미 전투부대의 재편, 군비증강정책의 미래 등이 주요 내용이었다(Schwarz 2001, 7).

군사분야혁신은 크게 두 가지 분야로 나눌 수 있다. 하나는 소위 군사기술혁신(Military Technical Revolution)으로, 그 핵심은 무기체계에 대한 전자시스템의 도입과 동시에 1980년대 중반 발전한 전자분야의 민간기술을 응용하는 것이다. 이 군사기술혁신은 무기시스템의 지속적인 기술발전에 관한 것이다. 다른 분야는 군사기술혁신의 개념적인 범위에 관한 것이다. 여기서는 전투부대의 새로운 조직형태가 중요하다. 이러한 새로운 형태는 현대화된 통신기술에 따라 가능하게 되었고, 또 그러한 도움으로 기존의 무기체제가 확연하게 효율적으로 개선되었다. 따라서 이러한 군사분야혁신을 C4ISR (Command, Control, Communications, Computers, Intelligence, Surveillance, Reconnaissance)이라고 표현하기도 한다(Müller/Schoerning 2001, 8-9).

이 외에도 미 국방부는 군사분야혁신과 함께 '글로벌 방위태세 검토보고서(GPR: Global Defense Posture Review)' 에 따른 전략을 추구하였다. 이 GPR은 해외에 주둔하고 있는 미군들의 감축 및 재배치 문제를 다루고 있는데, 이 계획은 2003년 11월 부시 대통령에 의해 공식적으로 선포되었다. 이에 따라 미국은 탈냉전기의 새로운 안보환경에 맞추어 자신의 군대를 기동성을 갖춘 경량화 부대로 재편하였다(Feith 2003; O'Hanlon 2003.03.13). 이에 발맞추어 펜타곤은 주한미군을 감축하고 휴전선 근방 미군의 기동성 확보를 위하여 공항과 항만이 가까운 한국의 서부지역으로 재배치했을 뿐만 아니라, 미군의 영향력이 미치는 범위를 한국에서 동북아시아로 확대하려고 노력하고 있다(O'Hanlon 2005.01.09).

소련이 붕괴된 후 세워진 러시아는 더 이상 미국의 적국이 아니다. 이에 따라 한편으로 미 국방부와 CIA의 인원 및 예산감축에 대한 압력이 가중되고 있다(Gholz/Sapolsky 1999/2000, 5-6). 다른 한편으로는 미국은 이제 더 이상 과거 소련과 같이 핵무장한 하나의 국가와 대결하는 것이 아니라, 대량살상무기와 장거리 미사일 시스템을 갖추려는 여러 국가들과 대치하게 되었다(Rudolf 2002a, 148-149). 이러한 맥락에서 미 행정부들은 과거 소련을 대신하여 미국의 적으로 규정할 수 있는 새로운 개념이 필요하다. 이러한 필요에서 생긴 것이 바로 불량국가(rogue state) 개념이다.

동서냉전이 끝난 후 새로운 세계질서와 함께 많은 국가들이 지역의 맹주가 되려고 시도하고 있다. 그들은 더 이상 과거 양대 초강대국 중 하나의 간섭을 두려워하지 않게 되었다. 그러한 예로 1990년대 초 이라크의 쿠웨이트 침공을 들 수 있다. 이라크의 사담 후세인(Sadam Hussein)은 더 이상 소련의 통제에 놓이지 않게 되었고, 미국의 반작용에 대하여 오판하였던 것이다. 그는 워싱턴이 이라크의 쿠웨이트 침략에 대하여 중립적인 태도를 취할 것이라고 보았다. 이러한 현상은 핵 분쟁의 위험이 지역적 갈등으로부터 발생할 수 있다는 것을 보여준다. 이러한 위험에는 중동, 걸프지역, 동남아시아, 한반도 지역이 포함된다고 볼 수 있다(Dittgen 1998, 294-295).

또한 핵무기 및 핵 기술 확산의 위험이 특히 소련의 해체 이후 커지고 있다. 왜냐하면 핵무기와 핵 역량을 갖춘 몇몇 독립국가연합(CIS) 국가들이 자신들의 핵 기술과 전문 인력의 운용에 있어서 더 이상 러시아에 종속되지 않기 때문이다(Litwak 2002, 55). 이에 따라 비확산 정책은 미국의 외교·안보정책에 있어서 더욱 중요하게 되었다.

3. 미 외교정책의 다자적/일방적 측면

동서냉전의 종식은 40년 넘게 글로벌 정책을 결정해 오던 양극화의 세계질서를 끝나게 했으며, 이와 동시에 미국은 국제체제 내 단극의 지위에 오르게 되었다. 이와 무관하게 부시(Bush Sen.) 행정부는 새로운 세계질서의 중요한 기준으로 다자주의에 가치를 두었다. 이러한 법치주의에 의한 새로운 세계질서개념은 유엔의 효과적인 평화유지능력을 필요로 한다(Sewall 2002, 194). 부시 대통령의 아래 언급은 다자주의를 중시하고 있음을 잘 보여주고 있다.

> 분쟁이 해결되고 폭력이 진정되면, 자유세계의 제도들이 힘을 얻게 된다. 이미 그렇게 진행되고 있는 것처럼 그러한 제도들은 침략이나 폭정으로부터 우리의 가장 든든한 안전망이 된다(Bush 1992).

부시의 다자주의는 많은 부분 유엔에서의 공동작업에 근거하고 있다. 1990년 8월 이라크가 쿠웨이트를 침공했을 때 미국 정부는 유엔 안전보장이사회를 통하여 반응하였다. 이러한 행동은 1999년 나토의 세르비아전쟁이나 미국의 2001년 아프가니스탄전쟁 및 2003년 이라크전쟁과는 판이하게 다른 모습이다. 이 외에도 부시(Bush Sen.) 대통령은 군축협상, 난민문제, 후진국의 경제개발 등 다양한 주제들에서 다자적인 협상을 추구하였다(Czempiel 2002, 67-75).

1990년대 전반에는 다자주의 요소가 눈에 띄게 확산되었다. 특히 클린턴 행정부는 "단호한 다자주의(assertive multilateralism)"를 지지하면서 협력적 안보정책을 추구하는 경향을 보였다(Posen/Ross 1996-97, 44-49). 클린턴 대통령은 1993년 11월 미국의 시애틀에서 처음으로 APEC 정상회담을 개최하였다. 그 회담은 지역 내 정치-군사적 안정을 위한 공동작업과 이를 통해 군비의 확대 필요성을 감소시키는 "새로운 태평양 공동체"를 구상하였다. 다자적인 공동작업은 여러 비핵지대의 토대를 마련하였다. ASEAN 국가들은 1995년에 동남아 비핵화지대를 건설하였다. 라틴아메리카와 남태평양 지역에서도 비핵화 지대에 합의하였다. 1996년에는 아프리카에서 펠렌다바(Pelendaba) 조약이 성립되었다. 모든 조처들은 안보는 다자적인 행동에 의하여 이루어진다는 토대 위에 만들어졌다. 군비확산, 특히 대량살상무기에 대한 통제대책들이 중요한 역할을 하였다. 화생방무기 통제협약이 1993년 체결되고, 1995년에는 비확산조약(NPT)이 무제한 연장되었다. 1996년에는 포괄적 핵실험금지조약(CTBT)에 합의하였다(Czempiel 2002, 75-76).

부시(Bush Sen.) 행정부 외교정책의 다자적인 요소들에도 불구하고 "고전적 양자주의(classical bilateralism)"는 미국의 외교정책에 여전히 중요한 역할을 하였다. 미 행정부는 군사, 경제 분야에서의 미국의 우월적 지위를 바탕으로 세계 정치의 선도적 역할을 자임하였다. 이는 클린턴 행정부하에서도 동일하였는데, 마찬가지로 미국의 지도적 역할을 강조하였다. 1998년 12월 미국은 신규 무기사찰을 거부한 이라크를 응징하기 위하여 "사막의 여우(Dessert Fox)"라는 공습작전을 수행하였다. 1999년 5월 미국이 주도하는 나토는 세르비아에 대한 공습을 시도하였다. 이 전쟁은 유엔헌장 2절 4항의 무력사용금지조항을 위반한 것이다(Gareis 2002, 310-311). 이 두 가지 전쟁의 경우는 미국이 협상과 협력보다 무력의 사용을 우선한다는 것을 보여준다(Cezempiel 2002, 78-82).

위에서 살펴본 바와 같이 지난 십여 년 동안 미 행정부는 다자적인 또는 일방적인 외교정책을 사용하여 자신의 이익을 관철하여 왔다. 이 두 가지 방법은 각각 필요에 따라 사용되었다. 그러나 미국은 언제 다자적인 협력을 취할지 항상 모호한 입장을 견지하였다. 왜냐하면 미국의 단극적 지위

〈도표 4-1〉 일부 유엔 회원국의 분담금[3]

회원국	분담비율(2002년부터)
미국	22.0%
일본	19.7%
독일	9.8%
프랑스	6.5%
영국	5.6%
이탈리아	5.1%
한국	1.9%
중국	1.5%
러시아	1.2%

3) Gareis/Varwick(2002), 328-331 참조.

는 국제사회에서 일방적인 행동을 허용하기도 하고, 동시에 비효율적인 다자기구에 대한 미국의 비용부담은 너무 크기 때문이다. 예를 들어, 미국은 다른 국가들에 비하여 훨씬 많은 유엔 분담금을 부담하고 있지만, 경우에 따라 유엔의 결정은 미국의 정책(예 2003년 이라크전쟁)에 도움이 되지 않고 있다(〈도표 4-1〉 참조).

미 외교정책에 있어서 다자적인 요소와 일방적인 요소의 비중은 일반적으로 다음 세 가지 요소에 따라 결정된다고 할 수 있다. 자신의 이익에 대한 인식, 국내정치적 또는 국제정치적 맥락(전체 정치적인 부대조건 또는 특정 사안의 문제), 각 행정부 및 외교 분야 엘리트의 이데올로기적인 선호도가 그것이다(Hippler 2003, 15).

1) 2001년 9·11 사태 이전

부시(Bush Sen.) 대통령(1989~1992)은 유엔을 최소한 선언적일지라도 자신의 외교정책 기준의 중심에 놓았었다. 클린턴 행정부도 "참여와 확대(engagement and enlargement)" 전략을 추구하였다. 이러한 방법을 통하여 두 행정부는 국제안건들에 대하여 다른 국가들과 공동작업을 위한 기회를 마련하였다(Layne 1997, 91-92). 반면에 부시 행정부(2001~2008)는 "극단적인 미국식 국제주의"를 국제정책의 기조로 삼았다. 이는 1980년대 군사력을 바탕으로 외교정책의 일방주의를 추구했던 로널드 레이건 대통령(1981~1988)의 정책과 일맥상통한다. 부시 행정부의 주요 인사들인 딕 체니(Dick Cheney) 부통령, 도널드 럼스펠드(Donald Rumsfeld) 국방장관, 폴 볼포비츠(Paul Wolfowitz) 국방차관 등은 모두 레이건 행정부에서 일했던 사람들이다(Czempiel 2002, 91).

미국외교관계 위원회의 패트릭(S. Patrick)에 따르면 부시 행정부의 주요 인사들은 다자주의에 대하여 회의적이다. 이는 실용적 다자주의를 천명했던 클린턴 행정부의 외교정책과는 대비되는 모습이다. 또한 이들은 "미국 예외주의(American Exceptionalism)"라는 정치적 문화 때문에 다자적인 국제기구들에 대해서 명백하게 회의적인 입장을 보이고 있다. 이러한 경향은 냉전이 끝난 이후 다음 세 가지 이유로 더욱 강화되고 있다. 먼저 단극화된 국제질서는 미국의 행동반경을 더욱 넓혀 주었다. 동시에 세계는 미국을 국제기구에 묶어 두려고 노력하고 있으나, 그것은 간단한 일이 아니다. 둘째, 미국의 자기중심적인 주권에 대한 해석은 현존하는 글로벌 의무와 상충하여 가끔씩 문제를 일으키고 있다. 셋째, 미 의회의 미 외교정책에 대한 영향력이 다시 강화되고 있다(Müller 2002).

미국의 외교정책은 글로벌 도전들에 대하여 효과적인 대응책을 내놓지 못하고 있다. 부시 대통령은 다자주의에 대하여 다양한 형태로 거부의사를 밝혔다. 미 의회는 군비통제가 협력적으로 다룰 수 있는 사안이라는 데 대해 오래 전부터 회의적인 시각을 가지고 있었지만, 미국의 대통령들은 그동안 이를 협력적인 사안으로 여겨왔다. 부시 대통령은 안보문제와 관련하여 이러한 협력적인 태도 대신에 일방주의적인 태도를 취한 최초의 미 대통령이 되었다. 이러한 일방주의적인 외교정책의 대표적인 사례가 바로 "국가미사일방어(National Missile Defense)" 프로젝트이다(Czempiel 2002, 91-92). 모호한 입장을 취했던 자신의 전임자들과는 달리 부시 행정부는 국제조약이 미국의 헤게모니와 일치하지 않거나 미국의 주권을 제약한다고 판단되면, 다자주의나 세계화를 위한 노력에 엄격한 제한을 가하겠다고 분명하게 선언하였다(Brzezinski 2004, 220-221).

클린턴 행정부 이후 국제안보상황은 부시 행정부의 일방주의적인 행동과 더불어 눈에 띄게 나빠졌다. 독일의 저명한 국제정치학자인 에른스트-오토 쳄피엘(Ernst-Otto Czempiel)은 이 상황을 다음과 같이 묘사하였다.

> 중동에서는 그 지역을 파괴하는 전쟁의 기운이 위협하고 있고, 미국의 대러시아, 대중국관계는 확연하게 냉각되었다. (…) 한반도에서의 화해관계는 중단되었고, 중국과 대만 사이는 불투명해졌다. 대서양을 사이에 둔 유럽과 미국의 관계는 지금까지 보이지 않았던 틈이 생겼다(Czempiel 2002, 105).

특히 부시 행정부가 취한 아랍지역에서의 일방적인 외교정책[4)]은 2001년

9·11 테러공격을 유발하였다(Müller 2003, 11-12; Münkler 2002, 202-203). 이 테러는 세계 초강대국으로서의 미국에 대한 상징적인 공격이었다. 즉 펜타곤(세계 최대 군사국의 상징), 세계무역빌딩(세계 최대 경제국의 상징), 백악관(세계 정치의 중심에 대한 상징)에 대한 공격은 의미심장한 일이다(Hippler 2004).

2) 2001년 9·11 사태 이후

이 테러공격은 안보문제에 대한 미국의 생각을 근본적으로 바꾸어 놓았다. 2002년의 "국가안보전략(National Security Strategy)"은 냉전 이후 처음으로 미 외교안보정책의 근본적인 변화를 보여준다. 부시 행정부는 9·11 사태로부터 얻은 교훈을 이 전략에 담고 있다. 강대국들 사이의 대규모 전쟁 가능성은 약해지고, 이제 미 안보에 대한 위협은 테러에서 온다고 인식하게 되었다.

이러한 맥락에서 미국은 대량살상무기와 그 운반체를 개발하려는 소위 불량국가들을 위험하다고 여기게 되었다. 이들이 테러리스트들에게 그러한 무기나 기술을 팔 수 있기 때문이다. 이 새로운 위협은 불명확하고 예측이 불가능하다. 전통적인 억제개념은 이러한 위협에 대하여 효과적인 수단이 되지를 못한다. 따라서 부시 행정부는 미국의 안보를 위해 필요하다면 군사적인 선제공격이나 예방공격을 주저하지 않겠다고 공식적으로 선언하였다(Bush 2002, 14-15). 이것은 2002년 초 "핵태세 검토보고서(NPR)"에서 핵무기의 사용가능성을 선언한 것과 함께 9·11 이후 미국의 가장 중요한 전략이다.

9·11 사태는 미국의 외교정책에 또 다른 기회를 제공하였다. 이 기회란 "테러와의 전쟁"이란 모토 아래 국제정치에서 군사적 무력사용을 정당하게 이용할 수 있게 된 점이다. 이 표어는 중동과 중앙아시아 지역에서 미국의 팽창정책을 정당화하고 용이하게 해 주었다. 이를 통해 미국의 정

---

4) Jäger/Kuemmel(2001), Busan/Waever(2003) 참조.

치안보적인 행동반경이 확대되었다. 부시 행정부는 2001년 12월 탄도탄요격미사일(ABM)조약을 폐기하고, 생물학무기협정의 강화를 거부하였다. 부시 대통령은 미 외교정책의 비전을 신보수주의자들(네오콘)의 생각과 유사하게 설정하였다(Rudolf 2002b).

또한 국제안보환경은 9·11 테러와 함께 크게 변화하였다. 2001년 9·11은 국제관계에 있어서 주요한 변화를 가져오게 했는데, 테러에 이은 2003년 이라크전쟁은 서구와 이슬람 세계와의 관계를 악화시켰다. 또 이라크전쟁과 이라크 재건을 둘러싸고 서구 사회 내부, 특히 미국과 프랑스/독일/러시아 사이에도 틈이 벌어졌다. 그뿐만 아니라 테러와 그 테러의 결과는 평화적인 분쟁해결 수단으로서의 유엔과 국제법의 위상을 심하게 훼손하였다(Hippler 2004).

미국은 나토의 확대, 나토의 러시아와 협력, 발칸반도의 안보, 미사일 방어전략 등의 문제들과 관련하여 일방적으로 행동하였다. 여러 가지 마찰에도 불구하고 미국은 자신의 정치적 의지를 관철하기 위하여 군사적인 독주를 시도하였다. 그 이유는 서로 다른 위기인식[5](예를 들어, 유럽 국가들은 테러에 대한 위기감이 미국과 다르거나, 한국의 북한 핵 문제에 대한 인식은 미국과 다르다)과 그에 대한 대처방식, 또 서로 다른 군사력 등을 들 수 있다. 결론적으로 국제관계에서 일방주의적인 태도와 관련한 미국의 외교정책은 9·11 이후 변하지 않았다고 볼 수 있다(Fröhlich 2002, 25-28).

반면에 테러나 대량살상무기의 확산문제와 관련해서는 유럽연합(이란 핵문제 등)이나 제도적 기구(북한 핵문제 해결을 위한 6자회담)를 통한 다자적인 방법을 모색하고 있다. 국제관계에서 미국은 "전술적 다자주의(tactical multilateralism)"[6]를 보이고 있는 것이다. 실제로 테러의 위협에 대한 대응 차원에서 처음으로 미국, 유럽, 러시아가 같은 편에 서게 되었다. 러시아는 국제테러와의 전쟁과 2001년 아프가니스탄전쟁에서 미국과 유럽의 새로운

---

5) Hippler(2003), 297ff 참조.

6) Boulden/Weiss(2004), 109 참조.

파트너가 되었다(Kreft 2002, 20-21). 그러나 이들은 뒤이은 2003년 이라크 공격과 관련해서는 서로 다른 입장을 보였다.

미국은 브레진스키가 주장한 것처럼 냉전 이후 군사와 정치 분야에서 탁월한 초강대국이 되었다. 그러나 이러한 미국의 우월적 지배력은 9·11 사건 이후 테러와의 전쟁에서 러시아, 중국, 인도 등과 함께 협력하면서 일정 부분 제약을 안게 되었다. 미국은 아프가니스탄 공격의 교두보를 확보하기 위해 파키스탄, 우즈베키스탄, 타지키스탄, 투르크메니스탄의 협조가 필요하였다. 그래서 미 외교정책에 있어서 다자주의와 일방주의는 동전의 양면이 되었다. 독일의 정치학자 스테판 프로리히(Stefan Fröhlich)는 미 외교정책의 결정에 대하여 다음과 같이 묘사하고 있다.

> 워싱턴의 외교정책은 전통적으로 세 가지 기본전제에 따라 결정된다. 글로벌 권력배분, 그에 대한 미국 스스로의 평가, 그로부터 도출된 세계가 미국에 기대하는 선도요구와 미국의 선도의지가 그것이다(Fröhlich 2002, 23).

불확실성의 시대가 이제 끝났다고 생각할 만한 하등의 이유도 없다. 반대로 오히려 그러한 시간이 지속될 것이라고 여겨질 이유들이 더 많은 편이다. 확산되고 있는 급진적인 이슬람주의자들의 위협, 이란과 북한의 핵문제, 중국의 등장 등이 그것이다(Cohen 2002, 42). 국제체제 내 미국의 탁월한 군사적 우위에도 불구하고 국제안보상황은 아직 무정부상태라고 할 수 있다. 이러한 무정부적인 상황에서 비/반확산정책과 불량국가에 대한 정책은 미 외교정책에서 더욱더 중요한 자리를 차지하게 되었다.

III. 미국의 확산정책

확산(Proliferation)정책에는 두 가지 가능성이 존재하는데, 비확산과 반확산이 그것이다. 비확산은 확산의 문제를 방지하기 위한 소극적 방어적인 방법이다. 반대로 반확산은 적극적·공격적인 방법을 말한다.

1. 비확산(Non-Proliferation)

비확산정책은 대량살상무기와 그 기술의 비확산을 목표로 한다. 이러한 미국의 노력은 1953년 아이젠하워 대통령의 평화를 위한 제안으로 구체화되었다. 이 제안은 인간이 핵에너지를 평화적으로 이용하고 핵무기의 확산을 억제할 수 있을 것이라는 낙관적인 생각에 기초를 두고 있다. 그 제안은 1957년에 "국제원자력기구(IAEA: International Atomic Energy Agency)"의 설립을 가져왔다. 이 기구의 임무는 핵에너지의 평화적인 이용을 장려하고 감시하는 것이다. 이 IAEA는 오늘날 "비확산체제(NPT: Treaty on the Non-Proliferation of Nuclear Weapons or Non-Proliferation Treaty)"의 가장 중요한 국제감시기구가 되었다(Bunn 2006, 75-76).

1968년 서명되고 1970년 효력이 발생한 이 비확산체제는 비확산문제에 있어서 가장 중요한 레짐/기구이다. NPT는 매 5년마다 컨퍼런스를 개최한다. 이 NPT의 원래 목적은 이미 핵무기를 보유한 5개국(미국, 영국, 프랑스, 러시아, 중국) 이외에 핵무기의 확산을 금지하려는 것이다. NPT는 또한 핵보유 5개국의 핵무기 축소노력과 핵에너지의 평화적 이용에 대한 협력을 약속하고 있다. 이러한 비확산정신은 이스라엘, 인도, 파키스탄, 북한을 제외한 세계 대부분 국가들에게서 인정을 받고 있다(Müller 2005). 이와 함께 미국은 독일, 일본, 한국, 대만, 터키에게 보다 나은 안보보장(핵우산)을 제공함으로써 이들 국가들이 핵무기를 개발하는 것을 억제하고 있다(Carter 2004, 74).

그러나 이 비확산체제는 핵무기 보유국가가 5개국에서 8개국으로 늘어나는 것을 막을 수 없었다. 또한 최소 15개 국가가 사정거리 1,000킬로미터가 넘는 장거리 미사일을, 그 가운데 9개국이 대륙 간 탄도미사일을 가지고 있다. 핵무기 제조가 가능한 많은 국가들이 냉전기간에는 미국이나 소련과 동맹관계에 있었기 때문에 그것을 실행할 수 없었다. 이 두 초강대국은 자신들의 동맹국들에게 핵무기 개발을 못하도록 커다란 영향력을 행사하였다. 그러나 냉전이 끝난 후 인도와 파키스탄은 미국의 압력에도 불구하고 1998년 5월 핵실험을 통해 핵무기를 보유하게 되었다(Riecke 2004). 북한과 이란은 핵무기 개발을 시도하고 있는데, 평양은 2005년 2월 처음으로 핵무기 보유를 공식적으로 선언하고, 2006년 10월 핵실험을 실시하였다(Brooke 2005; Schneppen 2006). 테헤란 또한 핵무기 개발 의혹을 받고 있다. 따라서 현재 북한과 이란은 미국 비확산정책의 스포트라이트를 받고 있다(Utgoff 2002, 85-87).

냉전 이후 미국의 핵전략은 러시아나 중국, 또 서방국가들과의 관계에서 여전히 중요한 역할을 하고 있으나, 테러집단이나 불량국가를 억제하는 데에는 그다지 큰 역할을 하지 못하고 있다(Ikennberry 2002, 45). 따라서 핵이나 군비통제관련 과거의 질서는 현재 발전적 해체의 상황에 놓여 있다. 러시아는 전략적 동등성이나 정치적 영향력이 미국과 대비하여 더 이상 견주기 어렵다는 것을 인식하고 있고, 따라서 자신의 외교·안보정책에 있어서 궤도수정이 필요하다는 것을 알고 있다. 중국은 미국이 자신을 강대국으로 인정하도록 꾸준히 군비를 강화하고 있다. 그렇기 때문에 미국의 안보에 대한 긴급한 위험은 거대한 전쟁(예를 들어, 러시아와의)으로부터 지역적 분쟁이나 테러리즘 같은 것으로 옮겨가게 되었다. 따라서 미국은 세 가지 측면에서 군사적 지배력을 강화하기 위하여 노력하고 있다. 핵 전략적 측면, 미사일 방어시스템, 정보기술혁신의 지원을 받는 재래식 전력분야가 그것이다(Schwarz 2002a).

소련의 붕괴는 미 안보정책에 중요한 변화를 가져온 정치적 사건이었다. 구체적으로 핵위협의 성격이 근본적으로 변화하였기 때문에 핵확산의 문제가 안보정책의 핵심에 놓이게 하였다. 클린턴 행정부의 국방장관이었던 윌리엄 코헨(William Cohen)은 이와 관련한 딜레마를 다음과 같이 설명하였다.

> 새로운 전략적 환경의 모순된 점은 적들이 우리와 비대칭적인 전력을 가지고 있기 때문에 오히려 우리에 대한 대량살상무기의 위협이 더 증가했다는 것이다(Andreani 1999-2000, 47).

1990년대 미 안보정책의 변화 관련 중요한 요소들은 다음과 같다(Andreani 1999-2000, 44).

- 증가하는 대량살상무기에 의한 테러위협에 대한 대처
- 비확산 문제에 관한 국제적인 합의를 이끌어내기 위한 전통적 외교노력과 다자적 협상
- 비확산 문제해결을 위한 새로운 접근(전통적 방법: 소극적 방어, 새로운 방법: 대량살상무기의 공격을 억제하기 위한 선제적 재래식 공격이나 핵무기의 사용 → 반확산)
- 미사일 방어시스템에 대한 합의

1990년대 미국의 비확산정책은 성공적이었다. 1991년 눈-루가 법안(Nunn-Lugar Act)에 따른 "협력적 위협감소(Cooperative Threat Reduction) 프로그램"은 핵무기 탈취를 예방하거나 테러집단, 불량국가들의 핵무기 보유를 방지하기 위한 미 행정부의 주요한 노력이었다(Bunn/Chyba 2004, 94). 이 프로그램에 따라 구소련 연방의 해체로 탄생한 독립국가연합(CIS: Commonwealth of Independent Sates)의 22,000개가 넘는 전술적 핵탄두와 4,000개의 전략적 핵탄두가 러시아로 반환되었다(Allison 2006, 23).

또한 이 프로그램은 러시아, 우크라이나, 백러시아와 카자흐스탄의 핵무기와 화학무기의 폐기에도 도움을 주었다. 이를 위해 1991년에서 1999년 사이에 약 31억 달러가 투입되었으며, 2000년에서 2005년 사이에는 추가

적으로 약 42억 달러가 지원되었다. 이러한 도움으로 6,000개가 넘는 핵무기가 폐기되었다. 이 외에도 미국은 1993년 화학무기협정, 1995년 비확산체제(NPT)의 무기한 연장, 1996년 포괄적 핵실험금지조약(CTBT)의 체결 등 비확산문제와 관련하여 긍정적인 성과를 내었다(Andreani 1999-2000, 45-49). 이러한 성과에 힘입어 미국의 비확산정책은 1990년대 아르헨티나, 브라질, 남아프리카공화국에서 성공을 거두었다(Carter 2004, 74-75).

2001년 초 미국의 초당파적인 베이커-커틀러(Baker-Cutler) 위원회는 비확산문제에 초점을 두었다. 이 위원회는 가장 긴급한 미국의 안보위협은 테러집단이나 미국에 대한 적대국들에 의하여 러시아의 대량살상무기나 핵물질이 탈취되어 외국에 주둔한 미군이나 미 본토의 시민들에게 사용되어지는 것이라고 규정하였다. IAEA는 1993년 이래 그와 같은 탈취사고가 16차례 있었다고 보고했다. 탈취되었던 물질들이 대부분 다시 발견되기는 하였지만, IAEA는 드러나지 않은 탈취사고가 있을 것이라고 믿고 있다. 이 같은 상황에 따라 이 위원회는 핵무기 해체 프로그램에 대한 지원을 연간 10억 달러에서 30~40억 달러로 인상할 것을 제안하였다(Blinken 2003-04, 39).

2005년 비확산체제의 연례회의는 완전한 실패였다. 회의 참가국들은 서로 의견이 분산된 모습을 보여주었다. 예전의 회의에서는 어쩌다가 한두가지 사안에 대해서만 의견이 갈렸지만, 이번 회의에서는 어떠한 문제에도 합의를 이루지 못했다. 이러한 상황에 대한 원인은 미 외교정책에 있다고 볼 수 있다. 워싱턴의 시각에서 볼 때 이러한 실패는 비확산체제가 의미를 잃는 것이다. 그럼에도 불구하고 미국은 이 체제를 무시하지 않았다. 왜냐하면 아직도 미국은 이 비확산체제를 통하여 많은 국가들의 핵무기개발 의지를 제한할 수 있을 뿐만 아니라, 경우에 따라 핵무기를 개발의지를 꺾지 않는 국가들을 제제할 수 있기 때문이다(Müller 2005, 3-5).

비확산체제와 다른 협약들 덕분에 위에 열거한 많은 국가들의 핵개발 계획을 저지할 수 있었고, 핵무기 보유국가 증가를 억제할 수 있었다. 그러나 이러한 노력에도 문제점이 도사리고 있다. 그러한 제도나 기구들은 어떤 국가가 비확산체제를 무시하거나 속일지라도 제재수단이 없다는 것이다.

이러한 맥락에서 미국은 불량국가들에 초점을 맞추게 되었고, 특히 이란과 북한을 주목하게 되었다(Blinken 2003-04, 40-41).

미사일 방어시스템의 구축이 핵무기의 확산을 저지하는 데 도움이 된다는 시각이 있다. 왜냐하면 비핵국가들은 미국이 그 시스템을 통하여 핵탄두 미사일의 공격으로부터 자신들을 방어해 줄 수 있을 것이라고 믿기 때문이다. 만일 세계가 그러한 방어가능성을 의심하게 되면, 공격하려는 국가들과 또 피해자가 될 수도 있다고 생각하는 국가들에 의한 핵확산을 막기 어려울 것이라고 본다(Utgoff 2002, 98-99). 반대로 유럽의 정치지도자들은 미국의 미사일 방어시스템 계획은 국내정치적인 필요에 따른 심리효과와 경제적 이해관계에 그 이유가 있다고 본다. 또한 그 계획은 북한이 아니라 중국을 겨냥하기 위한 것이라고 생각한다(Wallace 2002, 153). 그 밖에도 또 다른 시각이 존재하는데, 미국에 대한 가장 큰 핵위협은 불량국가에서 오는 것이 아니라, 러시아의 의도적이지 않은 실수로 인한 미사일 발사가 가장 위험한 것이라는 주장이다(Newhouse 2001, 99). 어찌 됐든 미국의 미사일 방어시스템의 개발과 설치계획은 비확산문제에 중요한 영향을 미치고 있다.

클린턴 행정부의 국방장관이었던 에쉬턴 카터(Ashton Carter)는 오늘날 미국의 비확산정책을 위하여 3단계 조처를 제안하고 있다. 첫째 단계는 눈-루가(Nunn-Lugar) 프로그램을 세계도처의 실험원자로에서 핵물질을 격리시키는 데 확대 적용해야 한다는 것이다. 이와 관련 러시아에 적용되었던 지원방법이 파키스탄에도 그대로 제공되어야 한다. 마찬가지로 이와 같은 방법은 과거 이라크나 리비아에도 유효했고, 또한 이란과 북한에게도 유효하다. 두 번째 단계는 핵물질을 수집하는 것을 완료하는 것이며, 끝으로 세 번째 단계는 현존하는 핵무기관련 물질의 감소에 초점을 맞추는 것이다(Carter 2004, 76-78).

그러나 인도의 경우에서는 미국은 다르게 행동하였다. 미 행정부는 인도에서의 전략적 이해, 즉 향후 인도가 전체 아시아지역을 안정화하는 데, 또 떠오르는 중국을 견제하는 데 중요한 역할을 할 것이라는 계산에서 2006년 3월 "미국과 인도 간 핵에너지의 평화적 이용에 관한 협정"을 통해 인도의 핵무기를 인정하였다(Wagner 2006). 또한 2006년 7월 9일에 실시한 인도의 장거리 미사일(Agni-3호, 사정거리 3,000킬로미터) 시험발사에도 워싱턴은 침묵하였다(Kumar/Sanger 2006).

2. 반확산(Counter-Proliferation)

미 행정부는 반확산정책을 비확산정책과 구분하였다. 반확산은 미 합동참모부에 의해 "미국이나 미국의 친구, 동맹국들에 대한 대량살상무기에 의한 위협이나 사용가능성을 봉쇄하기 위하여 취하는 행위"[7]라고 정의되었다. 이러한 반확산정책의 대표적인 예는 이라크 핵원자로에 대한 이스라엘의 공습이었다. 1981년 6월 이스라엘의 F15와 F16 전투기가 바그다드 근처에 있는 오시락(Osirak) 지역의 원자로를 폭격한 후에, 이스라엘은 이를 정당방위로 묘사하였다. 당시 이스라엘의 유엔대사는 "이스라엘은 일반적으로 국제법에서 인정되고 유엔헌장 51조에 속하는 자위권을 행사하였다"라고 주장하였다(Arend 2003, 95).

그러나 국제사회는 이를 하나의 공격행위로 맹비난하였다. 당시 영국의 유엔 안보리 대표였던 앤소니 파슨스(Anthony Parsons) 경은 다음과 같이 이스라엘의 행동을 비판하였다.

> 그것은 이라크의 이스라엘에 대한 무력공격에 대한 대응이 아니었다. 거기에는 자위를 위한 긴급한 필요성이 존재하지 않았다. 그것이 자기보호를 위한 정당한 무력행위였다고 생각하기는 곤란하다. 이라크의 주권을 손상하는 무력까지 동원한 이스라엘의 행위의 정당성을 국제법이나 유엔헌장에서 찾아보기는 힘들다(Arend 2003, 95-96).

---

7) Joint Chiefs of State: DOD Dictionary of Military and Associated Terms (Government Printing Office, 2004), Bunn/Chyba(2006), 76에서 재인용.

또한 당시 영국의 대처(Thatcher) 수상과 미국의 유엔대사도 이스라엘의 행동을 비판하였다. 심지어 미 행정부도 이스라엘에 대한 유엔의 제재결정을 지지하였다(Ikenberry 2002a, 51).

9·11 테러사건 후 부시 행정부는 2001년 10월 아프가니스탄에 있는 알카에다 집단의 근거지에 대한 공습을 감행하였다. 이를 통하여 미국은 알카에다 조직에 우호적이었던 아프가니스탄 탈레반 정부를 전복하고, 같은 해 12월 친미적인 카사이(Hamid Karsai) 정부를 새로이 구성하였다. 또 부시 대통령은 2002년 1월 22일 의회에서의 연설을 통해 이라크, 이란, 북한을 "악의 축"으로 규정하였는데, 이들 국가들이 자신들의 무기를 테러조직에 건네주어 미국이나 미국의 동맹국들을 공격하거나 위협할 수 있다는 것이 이유였다(Cha 2002, 79; Schneckener 2003, 4). 그는 이 연설에서 아프가니스탄 공격에 이어서 불량국가들에 의한 테러집단의 대량살상무기 획득을 저지하기 위하여 또 다른 공격을 시도할 수도 있다고 언급하였다(Cezempiel 2002, 115-117). 2003년 3월 부시 행정부는 국제사회의 반발에도 불구하고 대량살상무기에 대한 불충분한 근거에 입각하여 이라크를 공격하고 후세인 정권을 제거하였다.

2003년 5월 말 부시 대통령은 폴란드 크라코(Krakau)에서 대량살상무기, 장거리 미사일 또는 그 기술의 전파를 막기 위한 국제협력기구로 "확산방지구상(PSI: Proliferation Security Initiative)"을 제안하였다. 이 PSI의 목적은 공해 상에서 대량살상무기 등의 이전을 검색하여 압수하는 것인데, 이 기구에는 처음 설립 시 미국을 중심으로 일본, 호주, 프랑스, 독일, 이탈리아, 네덜란드, 폴란드, 포르투갈, 스페인, 영국이 참여하였다(Dasse 2003, 356). 이후 캐나다, 노르웨이, 싱가포르, 러시아가 참여하여 15개국으로 늘어나게 되었다(Braun/Chyba 2004, 35-36). 이 기구에 참여한 국가들은 비밀정보를 교환하고 의심스러운 선박을 감시하며, 수상한 선박에 대한 나포훈련을 실시하였다(Busse 2004). 2006년에는 70개국이 넘는 국가들이 이에 참여하게 되었다(Allison 2006, 29). 한국은 제한적으로 참여하고 있으며, 중국은 전혀 참여하고 있지 않다.

2004년 초 당시 럼스펠드 국방장관은 소위 "콘플랜(CONPLAN) 8022"라고 불리는 비밀계획[8]을 승인하였다. 핵무기 사용과 함께 선제공격을 포함하고 있는 이 계획은 미국에 적대적이며 대량살상무기를 개발하려는 국가들에 대한 공격 등의 내용을 담고 있다. 구체적으로 두 가지 시나리오로 나누어 보고 있는데, 첫째 예를 들어, 북한에 의한 특정하고도 긴급한 핵위협에 대한 대응책을 담고 있다. 여기서는 북한 핵시설에 대한 폭격과 동시에 북한의 대응공격을 저지하기 위한 사이버공격에 관한 것이다. 또한 북한의 핵탄두를 탈취하는 군사작전도 포함하고 있다. 두 번째는, 이란의 경우처럼 대량살상무기의 생산을 위한 사회간접자본시설에 대한 일반적인 공격에 관한 것이다(Arkin 2005).

IV. 미국의 불량국가정책

클린턴 행정부는 "불량(rogue state)국가"라는 개념을 예를 들어, 이란에 대한 전반적인 경제제재 같은 자신의 정책에 대한 정치적 지지를 얻는 수단으로 이용하였다(Litwak 2002-03, 56). 부시 행정부도 미사일 방어시스템의 필요성에 대한 근거로 대량살상무기와 장거리 미사일로 무장한 그러한 국가들의 위협을 강조하였다. 결국 확실하지 않은 불량국가의 위협으로 자신의 미사일 방어계획을 정당화한 것이다(Eland/Lee 2001, 3).

9·11 테러 이후 미 행정부는 불량국가의 위험성을 보여주고자 많은 노력을 기울였지만, 특별한 것을 찾아내지는 못했다. 이란은 자신이 탈레반 정권을 지원하는 것이 아니라는 것을 보이기 위해 신속하게 탈레반 정권에 반대하는 연합전선에 참여하였다. 북한도 "테러와의 전쟁"에 참여하였다(Cezempiel 2002, 116). 그럼에도 불구하고 부시 대통령은 이란과 북한을 "악

8) 원래 명칭은 "Interim Global Strike Alert Order"이다.

의 축"에 포함하고, 그 행정부는 이들 국가들과 알카에다의 연관 가능성을 언급하였다(Pinkston 2003, 89-91).

미 의회는 부시 행정부에 정부의 핵전략 및 핵전력에 대한 검토를 요구하였다. 이에 대한 결과로 제출된 것이 2002년 〈2차 핵태세 검토보고서(NPR)〉이다. 이 보고서에서 펜타곤은 핵무기 사용을 허용할 수도 있는 세 가지 "임박한, 가능한, 불시의" 전쟁을 설명하고 있다. "임박한 전쟁"에는 예를 들어, 이라크의 이스라엘 또는 인접국에 대한 공격, 북한의 한국 침입, 대만의 지위를 둘러싼 군사적 대립 등 드러난 위협들이 속한다. "가능한 전쟁"은 명백하지만 무조건적인 위험은 아닌 상태, 예를 들어, 미국에 대항하는 최소한 한 국가는 대량살상무기를 보유하고 있는 동맹의 등장을 말한다. "불시의 전쟁"이란 쿠바위기처럼 갑작스러운 예상치 못한 도전을 말한다. 이란, 북한, 시리아는 오래전부터 미국에 대하여 적대적인 자세를 취해왔기 때문에 이 세 가지 범주에 모두 속한다고 볼 수 있다(Sokolsky 2002, 138-139; U.S. Department of Defense 2002, 12-13).

이 보고서에서 새로운 것은 냉전 이후 처음으로 미국이 자신의 핵무기를 사용할 수 있는 상대 국가들을 위에 말한 5개 불량국가와 러시아, 중국으로 명시하고 핵무기 사용이 가능하거나 필요한 상황을 위와 같이 규정해 놓았다는 점이다(U.S. Department of Defense 2002, 16-17). 이것은 미국이 전략적 유연성을 확대하고 지난 1957년 이래 지켜온 "핵무기 사용을 금기시해 온 타부"[9]를 깨겠다는 것을 의미한다(Schwarz 2002b). 이 외에도 펜타곤은 불량국가들이 화생방 무기를 보관하고 있는 지하벙커 등을 공격하기 위하여 소위 소형핵무기(Mini-Nukes)라 불리는 새로운 핵무기의 개발을 공식적으로 천명하였다(Levi 2004).

부시 대통령은 2002년 6월 미 육군사관학교(West Point)에서 다음과 같은 연설을 하였다.

---

9) 이 '타부'의 뜻은 핵보유 국가는 핵을 갖지 않은 국가를 핵무기로 공격하지 않는다는 것을 의미한다(Dasse 2003, 14).

> 국적이나 시민이 없는 은밀한 테러조직에 대항하여 억제(deterrence)의 방법으로는 아무것도 할 수 없다. 대량살상무기를 가진 독재자가 그 무기를 미사일에 실어 발사하거나 또는 비밀리에 그 무기를 테러조직들에 공급하는 것을 봉쇄(containment)하는 것은 가능하지 않다(U.S. Office of the Press Secretary 2002).

위와 같은 이유를 들어 부시 대통령은 예방전쟁의 필요성을 강조하였다. 소위 "부시 독트린"이라고도 불리는 이 내용은 2002년 9월 국가안보전략에서 구체화되었다. 이 독트린은 불량국가들에게 대량살상무기가 확산되는 것은 미 안보에 위험하다는 내용을 담고 있으며, 따라서 미국을 안전하게 하기 위해서는 불량국가들과 관련하여 정보에 약간의 불확실성이 존재한다 하더라도 미국은 불량국가를 선제공격할 수도 있다는 것이다(O'Hanlon 2002). 이러한 논리를 통해 미국은 "선제적인 예방공격" 또는 "공세적인 방어" 개념을 정당화하고 있다(Rühl 2003.09.01).

1. 선제공격과 예방공격

선제공격(preemption)은 상대방의 (직접적으로 긴급한 위협을 주는) 공격에 대항하는 제한된 군사행동이다. 어느 때를 긴급한 위협이라고 보는가에 대한 논란이 있기는 하지만, 이러한 선제공격은 일반적으로 국제법에 의해 받아들여지고 있다. 그러나 예방공격(prevention)은 상대방이 실제로 위험스러운 존재가 되기 전에 상대방의 역량과 동기를 제거하기 위한 전략이다. 여기에는 두 가지 방법이 있는데, 하나는 상대방을 무장해제하기 위한 군사적 행위이고, 다른 하나는 상대가 더 이상 위협을 못하도록 아예 정권을 교체하는 것이다(Freedman 2003, 106-113; Litwak 2002-03, 54).

이 예방공격의 개념은 국제법에 위반된다고, 특히 〈유엔헌장 51조〉[10]에 명시적으로 표현되어 있는 국가의 주권 관련항목을 위반하고 있다고 비

---

10) 유엔헌장 51조(Gareis/Varwick 2002, 320).

판을 받고 있다. 이 주제와 관련하여 독일의 정치학자인 요하임 크라우제(Joachim Krause)는 "주권의 엄중한 보호야말로 국제정치 안정의 핵심요소이다. 미국에 의해 주권이 침해되는 문제가 발생하게 되면, 아무도 이를 막을 수 없게 되고, 국제관계는 무질서에 빠지게 되는 결과를 초래할 것이다"라고 주장하였다(Krause 2002, 44). 부시 대통령은 선제공격과 예방공격의 개념을 자신의 독트린에서 뒤섞어 놓았다. 에드워드 케네디(Edward Kennedy) 미 상원의원은 "부시 행정부는 예방공격과 선제공격을 분명하게 구분하고 있지 않다"고 그러한 점을 지적하고 있다(Krause 2002, 44). 이러한 맥락에서 보면 2003년 3월 미국이 유엔 안보리의 동의 없이 유엔회원국인 이라크를 공격한 것은 명백하게 국제법을 위반한 것이다(Hippler 2003, 16-19).

그 밖에도 이러한 예방공격은 테러집단과 불량국가들을 겨냥하고 있는데, 특히 이란, 북한이 대상이 되고 있다. 반면에 이러한 부시 독트린은 예방공격이나 선제공격이 중국과 러시아와의 관계에서는 관계가 없다고 밝히고 있다(Steinberg 2002, 5). 따라서 반미국가들은 이미 2003년 이라크전쟁에서 현실화된 이러한 미국의 핵전략에 대하여 커다란 우려를 가지고 있다. 또 2기 부시 행정부 외교장관인 콘돌리자 라이스(Condoleezza Rice)는 2005년 1월 상원 자신의 임명동의안 심의에서 이란과 북한을 포함한 일부 국가들을 세계 "폭정의 전초기지"라고 명명하였다(NYT 2005/01/19).

제5장

지역적 차원의 미국 외교·안보정책

I. 미국의 대동북아정책

동북아시아에 대한 안보문제는 현실주의자들에 의해 주도되었다. 냉전의 종식은 글로벌 차원에서 단극체제의 등장, 지역적 차원에서는 다극체제의 회귀로 묘사되거나, 최소한 더 이상의 양극체제는 아니라고 표현되었다. 그러나 오늘날의 체제가 과거 양극화 체제에서보다 훨씬 불안정하고 분쟁의 가능성이 높은 것은 사실이다(Betts 1993/94, 34-48).

현실주의자들은 1990년대 이 지역에서의 권력이동(즉 중국의 부상, 러시아의 몰락, 일본의 정체, 미국의 축소)은 지역 내 안정과 지속가능한 평화 달성을 어렵게 만들고 있다고 주장한다. 이러한 역학동학은 미중관계와 중일관계를 경쟁관계로 만들고 있다. 이 지역 내 이러한 새로운 경향은 미국의 영향력 감소와 중국의 영향력 확대로 묘사되고 있다(Kim 2002, 7-8). 이러한 가운데 북한의 핵문제가 자리 잡고 있다. 따라서 중국은 미국의 대북정책에 있어서 중요한 변수가 되고 있는 것이다.

미국은 동북아에서 주요한 이해관계를 가지고 있다. 소위 《페리 보고서(Perry Report)》에 따르면 미국의 국익은 한편으로 비확산체제(NPT)의 유지와 관련하여 북한의 핵 프로그램을 폐기하고 "미사일기술 통제체제(MTCR)"와 관련하여 장거리 미사일 개발을 중단시키는 것이며, 다른 한편으로 중국의 등장을 정치적, 군사적으로 통제하는 것이다. 또한 지역 내 경제적 이해관계도 막대하다고 할 수 있다.

오늘날 동북아시아는 세계에서 경제적으로 가장 역동적인 지역이다. 아시아-태평양 지역(미국 포함)은 21세기를 맞아 세계 경제활동의 약 1/3을 차지할 것으로 기대되고 있다. 1990년대 중반 이 지역 내 미국의 무역규모는 약 4,000억 달러에 이르고 약 3백만 명의 일자리가 이 무역에 의존하고 있는 것으로 조사되었다(Nye 1995, 91-93). 이 밖에도 한국은 미국의 7번째로 큰 교역상대국이며(미국은 한국의 2번째로 큰 교역상대국임), 중국은 미국의 3번째 교역상대국으로 1980년 50억 달러 규모의 무역이 2004년에는 2,310억 달러 규모로 증가하였다(Hwang 2004, 2; Möller 2006, 13).

미국의 아시아 전문가 카펜터(T. Carpenter)와 반도우(D. Bandow)도 동북아 지역 내 미 국익과 관련 비슷한 시각을 보여주고 있다. 첫째 미국의 이해는 지역 내 지배적인 단일 강대국의 출현을 막는 것이다. 중국이나 일본을 위시하여 이 지역 내 국가들은 대규모 인구, 군사력, 거대한 경제적인 잠재력을 가지고 있다. 따라서 어느 한 국가가 그러한 막대한 자원을 통제하는 것이 가능하다면 그것은 미국의 안보와 경제에 위협적인 존재가 될 수 있다.

두 번째 중요한 이해관계는 지역 내 안정과 질서의 적절한 형태를 유지하는 것이다. 지역 내 문제들이 과도하게 폭력적이거나 질서가 급격하게 무너지지 않는 한 미국의 이익은 상대적으로 안전하다고 할 수 있다.

세 번째는 경제적인 측면으로 이 지역 내 대부분의 국가들은 미국의 주요한 교역상대국들이다. 예를 들어, 일본은 3번째, 중국(홍콩 제외)은 4번째, 한국은 7번째, 대만은 8번째 큰 교역상대국이다(Carpenter/Bandow 2004, 148).

미국은 2차대전 이후 유럽과 아시아에서 서로 다른 형태의 안보조약을 맺고 있다. 유럽에서는 나토를 통한 다자적인(multilateral) 방법을 선택한 반면, 아시아에서는 일본과 한국 및 동남아시아 국가들과도 모두 양자적인(bilateral) 안보동맹을 맺고 있다. 서유럽은 비슷한 크기로 인접해 있는 국가들로 구성되어 있기 때문에 미국과 다자적인 안보조약이 가능했다고 볼 수 있다. 반면에 아시아의 국가들은 지역적으로 상당히 떨어져 있다. 또한 일본은 지리적으로만 고립된 것이 아니라 과거의 역사 때문에 하나의 '해적국가'라 받아들여지고 있다. 그 외에도 일부 국가들(한국과 북한, 중국과 대만, 과거 월남과 월맹)은 지역 내 다자동맹에 대하여 관심이 적다. 왜냐하면 다시 통일을 희망하는 이들 국가들은 다자동맹이 자신들의 분단된 상황을 지속적으로 고착시키게 될 것을 두려워하기 때문이다. 따라서 미국이 아시아에서 다자안보동맹을 추진하는 것은 어려운 일이었다(Ikenberry 2002b, 129-130).

1995년 2월 미 국방부는 "동아시아-태평양지역에서의 미국의 안보(United States Security for the East Asia-Pacific Region)"라는 문건에서 세 가지 전략을 발표하였다. 여기에서 미국은 일본 및 한국과의 동맹 강화를 냉전 이후 새로운 전략의 핵심으로 삼았다. 두 번째는 미군을 이 지역 내 지속적으로 주둔시키도록 한다는 것이다. 펜타곤은 이 지역 내 직접적인 안보문제는 평양에 있다고 보았다. 북한은 분명하고도 현존하는 위협이라는 것이다. 왜냐하면 북한은 110만 명의 군대를 보유하고 있으며 그 2/3를 휴전선 근방에 전진 배치하고 있을 뿐만 아니라, 잠재적인 핵보유국이고 또 장거리 미사일을 개발하고 있기 때문이다. 또한 이 지역 내 주둔하고 있는 미군은 아시아 지역 내 분쟁에 대한 참여를 가능하게 하고 자유로운 교역을 유지하는 데 도움을 줄 뿐만 아니라, 아시아 지역의 미군은 미 본토에서 보다 빨리 접근이 가능하기 때문에 페르시아 만 지역의 미 이익보호에도 중요한 역할을 할 수 있다. 세 번째 전략은 지역 내 제도를 발전시키는 것이다. 이러한 제도화는 기존의 동맹관계를 훼손하는 것이 아니라 동맹관계 내 미국의 지도력을 보강해 주는 것이다(Nye 1995, 94-96). 2003년부터 시작된 6자회담도 그러한 예가 된다고 볼 수 있을 것이다.

미국은 아시아-태평양지역의 안보에 중요한 역할을 하고 있다. 동북아 지역 내 국가들이 안보문제를 다룰 경우 대부분 국가들에게 미국은 가장 중요한 변수가 될 것이다. 미국이 세계의 경찰인 것은 아니다. 그러나 공격적으로 배치된 한국(36,600명) 및 일본(40,200명)의 미군과 제7함대(23,400명)[1]는 미 동맹에 대한 공격을 억제하고 군비경쟁을 감소시키며, 지역 내 안정을 보장한다고 할 수 있다. 따라서 이 지역에 대한 이러한 강력한 개입은 미국의 중요한 국익이다(Wedgwood 2002, 167-189; Nay 1995, 102). 이 밖에도 미국의 핵우산정책과 일본에 주둔한 미군은 다른 주변 국가들로 하여금 일본이 더 이상 군비증강을 하지 못하도록 억제하고 있다는 믿음을 주고 있다(Fukuyama 2005, 76).

II. 미국의 대중국정책

1980년대 경제적으로 급속한 발전을 거쳐 군사적으로 강해지고 있는 중국은 냉전 후 단극의 지위를 차지하고 있는 미국에게 커다란 도전이 되고 있으며, 동시에 동북아시아 안보문제에 있어서 중요한 변수로 자리매김 되고 있다(Li 2004, 26). 군사적으로 강해진 중국은 미국에게 수정주의적인 도전자가 될 수 있다. 이러한 중국의 지위는 미래에도 높은 경제성장률을 지속적으로 유지할 수 있느냐에 달려 있다. 그러한 높은 성장률은 중국의 국내정치적, 또 지역적 안정에 달려 있다고 볼 수 있다. 그러나 아무도 이러한 가능성들에 대하여 정확히 예측할 수는 없다. 이러한 전망은 중국의 서로 다른 모습에서 연유하는데, 이 모순되어 보이는 중국의 상황은 중국의 강대국화와 관련하여 서로 다른 전망에 기인하고 있다(Möller 2006, 12).

---

1) 세계 전체로는 2000년 9월 현재 약 257,800명의 미군이 파견되어 있다(O'Hanlon 2001, 5).

중국은 농산물, 원자재, 자본, 기술, 수출시장과 관련하여 국제체제와 특히 미국에 대한 경제적 의존도가 지속적으로 증가하고 있다. 미국의 관료들은 중국이 가까운 미래에 세계 초강대국이 되는 것은 어려울 것으로 보고 있다(Mastanduno 1999, 155-156; Mastanduno/Kapstein 1999, 20-21). 따라서 클린턴 행정부는 개입(engagement)정책을 수행하였는데, 1997년 클린턴 대통령은 장쩌민(江澤民) 중국의 국가주석과 "전략적 동반자관계"를 수립하였다. 미 행정부는 몇 가지 긴장관계(예를 들어, 1999년 나토의 유고슬라비아 베오그라드 공습 시 중국대사관 폭격사건)에도 불구하고 중국에 대한 개입정책을 포기하지 않았다.

이후 부시 행정부는 클린턴 행정부의 "전략적 동반자관계" 대신에 "전략적 경쟁관계"를 언급하며 대립(confrontation)정책을 추구하였다. 9·11 사태 이후 "테러와의 전쟁"에 대한 중국의 참여는 경찰/정보부문에서 미국과 중국의 협력을 가져왔지만 군사적 협력은 이루어지지 않았다. 이후 워싱턴은 중국을 군사적 파트너십의 일부분으로 인식하였다. 9·11 이후 미국의 중국에 대한 대결적인 자세는 분명하게 줄어들었으나, 성장하는 중국에 대한 미국의 견제심리는 여전히 가라앉지 않고 있다. 예를 들어, 2001년 말에 발간된 QDR에서는 성장하고 있는 중국은 장기적으로 미국의 세력에 가장 중요한 도전이 될 것이라고 기술하고 있다(Jonston 2003, 50-51).

2002년 연말에 미국은 2001년 4월에 발생한 미 정찰기의 중국 하이난섬(海南島)에 대한 불시착 사건 이후 두절되었던 중국과의 안보정치회의를 재개하였다. 이 사건은 양국 간의 긴장을 고조시켰다. 부시 행정부는 장거리 및 유도 미사일, 또는 화학무기 등을 파키스탄, 이란 등 몇몇 국가에 판매한 중국기업과 기관들에 대하여 2001에서 2004년 사이에 13차례의 제재를 실시하였다(Möller 2006, 14-15).

부시 행정부가 이라크전쟁에 몰두하고 있는 동안 북경은 북한에 대한 한국의 햇볕정책을 지지하고, 아세안(ASEAN)국가들과 자유무역협정을 체결하였다. 2004년 중국은 한국 및 아세안(ASEAN)과 함께 미국을 제외한 "동아시아 공동체(EAC)"를 설립하려고 시도했었다. 여기에는 일본과 호주도 포함되었다. 미국은 자신을 배제하고 지역기구의 설립을 시도하는 북경의 전략에 대하여 당황하였다. 워싱턴은 미일동맹을 강화하고 인도, 베트남, 호주와의 군사관계를 수립하거나 확대하였다. 2005년 라이스(Rice) 미 국무장관은 캔버라, 동경, 델리, 워싱턴을 핵심그룹으로 한 "민주주의 공동체"를 주창하였다(Möller 2006, 15-16).

중국의 국익은 평화스러운 외부환경의 조성에 있다. 이러한 외부환경은 지속적인 성장과 국제체제에 대한 편입을 위하여 중국 정부가 추구하고 있는 "평화로운 성장전략"에 반드시 필요하기 때문이다. 이를 통해 중국은 이 지역 내에서 점차적으로 중요한 역할을 수행하고자 노력하고 있다. 중국의 또 다른 이해관계는 북한의 핵개발로 촉발될 수 있는 지역 내 핵무기 경쟁을 방지하는 데 있다. 이 핵도미노 현상은 장기적으로 중국의 안보이해를 훼손하기 때문이다(Huang/Li 2006).

북한과 미국의 핵 대결과 관련한 중국의 이해관계는 단순히 한반도의 비핵화에만 한정되는 것이 아니라, 평양정권의 붕괴를 방지하는 데에 있다. 북한의 핵무기는 중국 주변국들(예를 들어, 한국, 일본, 대만)의 핵무장을 촉발할 가능성이 있기 때문에 한반도 비핵화는 중국에게 중요한 과제이고, 또 북한정권의 갑작스러운 붕괴는 중국에게 막대한 경제적·사회적 부담을 안길 수 있기 때문에 이를 막는 것 또한 중요한 관심사이다. 한반도 비핵화 목표는 미국의 이해관계와 일치한다. 그러나 그 해법에 있어서는 워싱턴과 방법을 달리한다. 미국은 북한정권의 교체를 시도하고 있지만, 중국은 북한정권의 연착륙을 지원하며 이 정권이 지속되기를 원하고 있다(Wu 2005, 36-43; Wulf 2005, 18). 따라서 평양정권에 대한 중국의 정치적·경제적 지원은 북한정권의 교체를 추구하는 미국의 정책에 대하여 중요한 방해요소라고 할 수 있다.

III. 미국의 대한반도정책

1. 한반도 분단과 한국전쟁

2차 대전의 종식과 뒤이어 새로이 시작된 동서냉전의 산물로 한반도는 우리의 의지와는 무관하게 미국과 소련에 의하여 남과 북으로 나뉘어졌다. 1945년 2월의 얄타 회담(처칠, 루스벨트, 스탈린 참석)과 같은 해 7월과 8월에 열린 포츠담 회담(처칠, 트루먼, 스탈린)에서 남한과 북한은 1945년부터 1948년까지 미국과 소련에 의해 신탁통치를 하도록 결정되었다. 북쪽에서는 김일성이 이끄는 인민위원회가 정권을 잡았고, 남쪽에서는 미군정이 들어서게 되었다.

1945년 12월 열린 모스크바 외무장관 회담에서 중국으로부터 소련군과 미군의 철수 및 일본과 한국에 대한 새로운 정치질서의 확립을 결정하였다. 1947년 미국은 유엔에 한국의 자유선거를 감시할 유엔위원회를 신청하였다. 북한은 이 위원회의 입국을 허락하지 않았다. 1948년 8월 남한은 선거를 통해 국회를 구성하고, 국회에서 미국의 지원하에 이승만을 한국의 대통령으로 선출하였다. 1948년 9월 북한에서는 김일성이 소련의 지원하에 북조선인민공화국(북한)을 선포하였다(Oberdorfer 1997, 5-8).

1948년 말 미군과 소련군이 한반도에서 철수한 이후, 1950년 6월 25일 북한군의 남침공격으로 한국전쟁이 발발하였다. 물론 한국전쟁의 기원에는 다른 시각도 존재한다. 예를 들어, 1950년 1월 12일의 미 국무장관인 딘 에치슨(Dean G. Acheson)에 의한 "애치슨 선언"이 한국전쟁 발발의 주요 원인이라고 보는 사람도 있는데, 이 선언에는 다음과 같은 내용이 들어 있다.

> 미 국무장관인 딘 애치슨은 워싱턴에 있는 프레스클럽에서 연설을 하였는데, (…) 한국은 미국의 동아시아 방어선에서 벗어나 있다. 많은 사람들은 이 연설을 한반도에서의 전쟁발발 시 미국은 개입하지 않겠다는 것으로, 그래서 북한

의 김일성이 한국전쟁을 시작하는 데 청신호가 되었다고 해석하였다(Cumings 1990, 412).

북한군은 단시간에 대구, 부산지역을 제외한 전 한반도를 점령하였다. 남한은 세계에 지원을 호소하였고, 당시 트루먼(H. Truman) 미 대통령은 미군의 개입을 명령하였다. 유엔 안보리는 소련의 불참을 이용하여 북한을 침략자로 규정하고 유엔회원국들에게 한국의 지원을 요청하였다. 15개국으로 구성된 유엔군은 맥아더(D. MacArthur) 장군의 지휘 아래 부산으로 진주하였고, 낙동강을 중심으로 한 치열한 방어전투의 승리와 함께 인천상륙작전 이후 1950년 9월 유엔군은 북쪽으로 밀고 올라가 북한과 중국의 국경에 이르렀다. 그러나 1950년 11월에 이르러서는 소위 의용군이라 불리는 중국군이 개입하여 한반도의 중간지역에서 밀고 당기는 진지전이 지속되었다. 1951년 맥아더 장군은 중국군의 보급선 차단을 위해 핵무기의 사용을 고려하기에 이르렀고, 새로운 세계전쟁을 우려한 트루먼 대통령은 맥아더 장군을 해임하고 리지웨이(Ridgeway) 장군으로 대치하였다(Foot 1985, 204-231).

1953년 7월 27일 남북한의 경계지점인 판문점에서 휴전협정이 체결되었다. 이 협정에는 유엔군 총사령관, 북한 인민군 총사령관, 중국 의용군 사령관이 서명하였다. 당시 한국의 이승만 대통령은 계속 싸워야 한다고 주장하며 서명을 거부하였다. 그러나 이 사건은 향후 남북관계에 중요한 영향을 미쳤다. 왜냐하면 평양의 입장에서는 이후 미국이 한반도 안보문제와 관련하여 주적(主敵)이 되었고, 협상과 관련하여 주상대자가 되었기 때문이다(Schley 2003, 101-105).

2. 한미동맹

소련군은 북한의 건국 이후, 중국군은 한국전쟁 후 북한지역으로부터 철수한 반면에, 미군은 한국전 이후 항상 남한지역에 상주해 오고 있다. 이 주둔의 근거는 1953년 10월 한미 간에 체결한 상호방위조약이다. 이 조약의 4조에 근거하여 미국은 자신의 군대를 한국에 주둔할 수 있는 권리를 가지게 되었다(Einhorn/Mitchell 2002, 53).

이와 관련하여 구체적인 내용을 담은 "주둔군 지위협정(SOFA: Status of U.S. Forces Agreement)"이 1966년 7월 한미 간에 체결되었다. 이 조약과 이에 따른 주한미군의 존재는 한국의 안보에 아주 중요한 역할을 하였고, 지금도 그 역할은 지속되고 있다. 이로써 주한미군은 한반도에 주둔하고 있는 유일한 외국군대가 되었다. 1990년대에 들어서면서 SOFA는 한국에서 찬반이 엇갈리는 중요한 이슈가 되었다. 한국의 SOFA가 미국과 나토, 또 미국과 일본 사이에 체결된 주둔군 지위협정에 비하여 편파적이라는 주장이 제기되었기 때문이다.

한미동맹에서 보다 더 중요한 문제점은 한국에 있는 모든 주한미군과 한국군의 작전권을 미국이 가지고 있다는 점이다. 이것의 의미는 한국의 동의 없이도 한반도에서 미국과 북한 사이의 전쟁이 가능하다는 것이다. 예를 들어, 1994년 1차 북한 핵 위기 시 미국은 영변의 핵시설에 대한 폭격직전까지 갔었다(Quinones 1998, 103). 그러한 행위는 한반도 전역에 전쟁을 몰아올 수도 있는 중대한 사건이었다. 그렇지만 유감스럽게도 당시 한국의 김영삼 대통령은 클린턴 행정부의 그러한 계획을 전혀 알지 못했는데, 이러한 사실은 매우 충격적인 일이었다고 하겠다(Lee 2003, 14).

3. 한반도에서 미 정책의 변화

1970년대 후반부터 한반도에 대한 미국의 시각은 다음과 같은 이유에서 중요한 변화를 갖게 되었다. 북한보다 뛰어난 한국경제의 발전, 1979년 이후 정상화된 미중관계와 그에 따른 한반도에서의 미중 간 충돌가능성의 완화, 1991년 소련의 해체와 그에 따른 러시아의 대북한 지원의 중단으로 남침가능성의 약화가 그것이다. 이러한 요인들은 미국의 대북정책을 지금까지의 봉쇄정책(소련에 대한 봉쇄정책의 일환으로)에서 개입정책으로 변환을 가능하게 하였다(Moltz 2002, 64-65).

1992년 1월 미국이 북한과 처음으로 양자대화를 가졌을 때, 미국의 관심사는 북한이 비확산체제(NPT)의 규정을 준수하고, 국제원자력기구(IAEA)의 사찰을 수용하도록 하는 것이었다. 북한은 1985년 12월 NPT에 서명을 했지만, 그때까지 IAEA의 사찰은 거부하고 있었다. 그래서 북한이 NPT를 탈퇴하겠다고 위협하는 것 등을 포함하여 북미 사이에는 항상 긴장이 감돌았었다(Scalapino 2002, 13-14).

1995년 2월에 나온 펜타곤의 한 문서에서 미국은 미래에도 약 10만 명의 군대를 동북아시아에 주둔할 것이라고 선언하고 있다(Johnson 1995, 103). 또한 1997년 4월 미국의 전 국방장관인 윌리엄 페리(William Perry)는 앞으로 한반도의 재통일 여부와 상관없이 미국은 자신의 군대를 한국에 주둔하고 싶다는 소견을 다음과 같이 피력했다.

> 어떤 경우든지 우리는 여전히 이 지역에 확실하게 머물러야 한다. 또한 우리는 한국에서의 주둔을 지속할 것이다. (…) 혹시 한반도에서 남북한 통일이 일어나더라도 우리는 계속하여 머무를 것이다. (…) 이러한 주둔은 이 지역에서 무엇인가를 도모하거나, 위기에 대응하거나, 불확실한 미래를 대비하는 데 우리에게 도움이 될 것이다(Carpenter/Bandow 2004, 151-152).

이 외에도 1990년대 후반 미국의 한반도정책을 보여주는 두 개의 주요한 문서가 있는데, 하나는 소위 페리 보고서(Perry Report)이고 다른 하나는 아미티지 보고서(Armitage Report)이다(6장 2절 참조).

4. 한국의 햇볕정책

1997년 말 김대중 대통령이 당선된 이후 남한은 북한에 대하여 소위 "햇볕정책(포용정책)"을 추구하였다. 이 정책은 세 가지 중요한 원리를 갖고 있는데, 먼저 북한의 군사적 위협에 대하여 관용하지 않으며, 흡수통일 정책의 공식적인 폐기와 북한을 약화시키거나 위협하는 모든 수단을 거부하고, 1991년 "남북한 화해, 불가침, 교류, 협력에 관한 기본합의서"의 정신을 부활하여 협력과 상호교류를 증진한다는 것이 그것이다.

이러한 햇볕정책의 작동원리는 남북한 간의 상호작용에 있어서 의미 있는 변화를 가져다 줄 "유연한 이중주의(flexible dualism)"이다. 이 원리는 "간단한 문제들을 먼저, 복잡한 문제는 나중에; 경제문제를 먼저, 정치문제는 나중에; 비정부기관이 먼저, 정부기관은 나중에; 주는 것을 먼저, 받는 것은 나중에"로 요약할 수 있다. 햇볕정책은 한반도에서 냉전의 구조를 헐어내고 남북 간의 평화적 공존과 통일을 이루어 낼 수 있는 길을 찾고 있다(Moon 2002, 27-28).

이러한 정책은 남한 대통령이 처음으로 북한을 방문하는 계기를 만들어 냈다. 김대중 대통령은 2000년 6월 13일에서 15일까지 평양을 방문하여 김정일 국방위원장을 만나 회담하고 다음과 같은 공동성명을 발표하였다.

1. 남과 북은 나라의 통일문제를 그 주인인 우리 민족끼리 서로 힘을 합쳐 자주적으로 해결해 나가기로 하였다.
2. 남과 북은 나라의 통일을 위한 남측의 연합제 안과 북측의 낮은 단계의 연방제 안이 서로 공통성이 있다고 인정하고 앞으로 이 방향에서 통일을 지향시켜 나가기로 하였다.
3. 남과 북은 올해 8·15에 즈음하여 흩어진 가족, 친척방문단을 교환하며 비전향장기수 문제를 해결하는 등 인도적 문제를 조속히 풀어나가기로 하였다.
4. 남과 북은 경제협력을 통하여 민족경제를 균형적으로 발전시키고 사회·문화·체육·보건·환경 등 제반 분야의 협력과 교류를 활성화하여 서로의 신뢰를 다져 나가기로 하였다.
5. 남과 북은 이상과 같은 합의사항을 조속히 실천에 옮기기 위하여 이른 시일 안에 당국 사이의 대화를 개최하기로 하였다.

김대중 대통령은 김정일 국방위원장이 서울을 방문하도록 정중히 초청하였으며, 김정일 국방위원장은 앞으로 적절한 시기에 서울을 방문하기로 하였다.

전체적으로 남북 공동협력을 본격화하기로 하였고, 김정일 위원장은 나중에 한국을 방문하기로 약속하였다(Möller 2000b, 30; Moon 2002, 36-40).

이 정상회담 이후 남한에서는 새로운 분위기가 형성되었다. 보다 많은 사람들이 주한미군의 철수를 요구하게 되었고, 워싱턴의 한국정책은 난처한 선택의 기로에 서게 되었다. 동북아시아에서 주한미군의 역할은 이 지역에서의 안정화 기능에도 불구하고 현재의 형태로 무기한적인 주한미군의 주둔은 한국 사람들에게 우려를 가져다 줄 수 있기 때문이다. 왜냐하면 주한미군 때문에 미국이 주도하는 지역적 분쟁(예를 들어, 대만문제)의 소용돌이에 한국이 빨려 들어갈 수도 있기 때문이다(Harrison 2001, 77-78). 그 밖에도 한국인들은 북한과 김정일에 대한 지금까지의 적대적인 시각에서 어느 정도 벗어나 미 행정부와는 다른 인식을 가지게 되었다. 실제로 남북정상회담을 통하여 김정일의 정치적인 정당성이 국내외에서 눈에 띄게 나아졌다(Steinberg 2001, 109).

5. 한국에서의 반미주의

한국 내에서 연례적으로 행하여지던 한미군사훈련 도중에, 두 명의 14세 여중생이 미 장갑차에 치어 목숨을 잃은 사건과 관련 2002년 6월 한국에서 대규모 반미시위가 발생하였다. 미 법정이 이 사건을 단순 사고로 규정하고 두 명의 병사를 무죄로 석방한 것이 발단이 되었다. 이를 계기로 대규모 집회가 열리고 백악관 앞에서도 시위가 벌어졌다. 시위대는 주한미군의 철수, 또는 한국 법정이 주한미군의 범죄를 재판할 수 없도록 되어 있는 한미간 체결된 주둔군 지위협정(SOFA)의 개정을 요구하였다(Hwang 2003). 반미시위는 지금까지 한국에서 없지는 않았으나, 대학생들이나 진보적인 시민단체들이 주로 주장해 온 것이었다. 그러나 이 사건을 계기로 이러한 반미주의는 다양한 시민사회로 전파되었고, 특히 젊은 층으로 확산되었다. 이러한 젊은 세대는 미군을 더 이상 해방군으로 보지 않고, 외국 점령군으로 인식하게 되었다(Gibney 2004.04.25).

2001년 9·11 테러사건 이후 북한의 위협에 대한 인식을 둘러싸고 한국과 미국 사이에는 커다란 간극이 발생하였다. 한 설문조사의 결과에 따르면 한국인들은 북한보다 미국을 한국의 안보에 더 위험한 존재로 본다고 응답했다(Chosun Daily 2004.01.12). 대부분 한국인들은 냉전이 끝났다고 생각하고, 많은 한국인들은 부시 대통령의 기본 대북인식을 비판하였다. 그들은 부시 대통령의 그러한 인식이 남북한 화해에 걸림돌이 되고 평양과의 대화를 중단시키는 데 일조를 하였다고 생각하였다. 이러한 한국인들의 인식은 2002년 1월 부시 대통령이 북한을 "악의 축"으로 규정하면서 더욱 악화되었다. 반면에 미국인들은 북한의 군사력과 대량살상무기 때문에 북한을 항상 위험한 존재로 인식하고 있다(Hwang 2004).

앞에서 살펴본 바와 같이 주한미군의 지속적인 주둔이 미국의 중요한 이익이기 때문에 한국에서의 반미주의는 미 행정부가 이 지역에서 정책을 수행해 나가는 데 커다란 걸림돌이 될 수 있다. 또한 한미 양국 간에 체결한 안보조약도 미국의 럼스펠드(Rumsfeld) 국방장관이 GPR에 따라 주한미군의 성격을 바꾸려고 하면서 한국에서 뜨거운 논란이 되고 있다. 워싱턴은 주한미군을 동북아시아의 긴급 사안(예를 들어, 대만분쟁)에 투입할 수 있도록 모색하고 있다(Xiang 2001, 16-21). 반면에 한국 정부는 미국의 계획에 동의할 경우 한국이 중국의 잠재적인 적이 될 수도 있다는 점에서 미국의 의도에 반대하고 있다. 이것은 서울이 미국의 광역미사일 방어체제(TMD)에 적극적으로 참여하지 않는 이유이기도 하다.

한국은 한반도에 전쟁을 유발할 수 있는 어떤 선동이나 촉발행위를 아주 위험한 것으로 간주하고 있다. 왜냐하면 서울은 휴전선에서 불과 40킬로미터 정도 밖에 떨어져 있지 않기 때문이다. 이러한 맥락에서 한국 정부는 경제적 지원과 협력을 통하여 북한의 붕괴를 방지하고자 노력하고 있다. 북한의 붕괴상황은 곧바로 전쟁으로 이어질 수도 있기 때문이다. 이러한 서울의 이해관계(한반도 비핵화와 북한의 붕괴방지)는 한국이 미국과 안보동맹관계임에도 불구하고 워싱턴보다도 북경의 그것과 더 조화를 이루고 있다.

반면에 미국은 북한이 핵무기나 관련물질을 테러그룹이나 다른 불량국

〈도표 5-1〉 동북아시아에서 미국의 대외관계

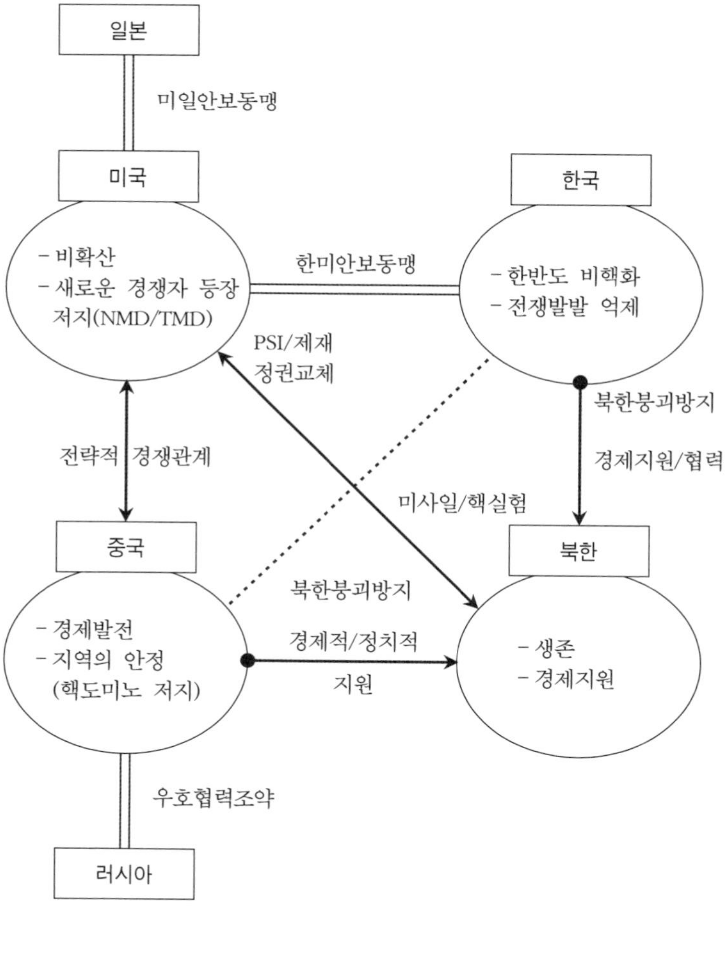

가들에게 전파하는 것을 가장 위험한 상황으로 인식하고 있다. 이러한 비확산문제와 관련하여 미국은 북한에 민주적인 정부가 들어서는 것을 아주 중요하게 생각하고 있다. 그래서 워싱턴은 금융제재 등을 통하여 북한정권을 붕괴시키려 노력하고 있다. 이러한 맥락에서 보면 한국의 대북 햇볕정책과 증가하는 한국에서의 반미주의는 미국의 대북정책 전개에 아주 중요한 방해요소가 되고 있다고 할 수 있겠다.

〈도표 5-1〉에 대한 설명은 다음과 같다.

- 중국과 러시아가 1990년대 초반 한국과 외교관계를 수립한 반면에 미국과 일본은 북한과 외교관계를 정상화하지 않고 있다.
- 한미 양국이 안보동맹을 구성하고 있지만 양국은 다른 이해관계를 보이고 있다. 북핵문제와 관련해서는 오히려 중국과 한국이 비슷한 이해관계를 보이고 있다.
- 한국과 중국은 협상을 통해(예를 들어, 북한의 안보 및 경제이익을 충족하는 방식) 한반도의 비핵화를 추구하고 있다. 반면에 미국과 일본은 PSI를 통한 비확산 정책과 금융제재를 통한 정권교체 정책을 추구하고 있다.
- 미국의 입장에서는 자신의 동북아정책을 글로벌/지역적 차원에서 성공적으로 평가할 수 있다. 왜냐하면 동북아시아의 다른 국가들을 북핵문제에 묶어 놓고 있기 때문이다. 이를 통해 미국은 이 지역에서 외교적 이니셔티브(Initiative)를 유지하고 있다.

제6장

미국의 대북정책

Ⅰ. 냉전시기 경제제재 및 봉쇄정책

1. 핵위협

한국전쟁은 동서냉전의 첨예한 대립의 진행과정에서 표출된 전형적인 사례로 볼 수 있다. 이 전쟁에서 맥아더 장군은 1950년 7월 트루먼 대통령과의 비밀통화에서 핵무기 사용의 필요성을 역설하였다. 같은 해 11월 미국의 국가안전보장이사회는 이 문제를 논의하였다. 12월 9일 맥아더 장군은 핵무기 사용의 허가를 요청하였고, 12월 24일에는 공격목표가 담긴 리스트를 펜타곤에 보내고 한반도와 만주 사이의 국경을 방사능 물질로 둘러칠 수 있도록 34개의 핵무기 사용을 요구하였다(Kim 2002.08.24; Cumings 1990, 750; Weintraub 2000, 263-264).

1951년 4월 트루먼 대통령은 한국에 대한 중국의 공격에 대비하여 미

본토의 핵무기를 괌 기지로 배치하도록 명령하였다(Dingman 1988/89, 72-73). 이어서 5월에는 작전계획(Operational Plan NSL-48/5)을 승인하였다. 여기에는 "40kt-class"라는 핵폭탄을 한국의 동부지역에 사용하는 계획이 들어있었다. 그리고 9월에는 한국에 대한 핵무기 사용을 허가하였다(Kim 2002.08.24).

1953년 초반 아이젠하워 미 대통령도 한국전쟁에서 핵무기의 사용을 주장하였다. 그러다가 같은 해 7월 27일 휴전이 성립되었다. 일부 전문가들은 아이젠하워의 핵무기 사용에 대한 묵시적인 위협이 휴전을 가져왔다고 분석한다. 북한은 나중에 아이젠하워 행정부가 북한과 주변국가에 핵무기를 이용한 음모를 계획했었다고 비난하였다(Foot 1988/89, 92-93). 레온 시갈(Leon Sigal)에 의하면 1990년대 초반까지 북한은 미국으로부터 7번의 핵위협을 받았다고 하는데, 이렇게 자주 위협을 받은 국가는 없었다고 한다(Sigal 1998, 20).

2. 미 핵무기의 한국 배치

한국전쟁이 끝난 후 미국은 1958년 1월 처음으로 전략핵무기를 한국에 배치하였다. 여기에는 핵 대포, 핵미사일("Honest John"), 핵탄두 등이 포함된다. 1959년에 미 공군은 사정거리가 1,100킬로미터에 이르는 핵미사일[1]을 배치하였다(Cumings 1997, 479). 아이젠하워 행정부 말기(1960~61)에는 약 600개의 핵무기가 한국에 배치되었다. 1967년 중반 미국은 총 3,200개에 이르는 핵무기를 태평양 지역에 배치하였는데, 그 가운데 약 2,600개는 한국과 오키나와에 배치되었다(CNS: *North Korea Nuclear Chronology 1941~1989,* S. 30).

1970년대 중반 베트남의 붕괴는 한국에 커다란 충격으로 다가왔다. 이후

---

1) "a squadron of the matador nuclear cruise missiles."

북한에 대한 핵무기 사용 가능성이 미 안보전략의 일부로 채택되었다. 포드 행정부의 국방장관이었던 슐레진저(James Schlesinger)는 미 핵무기의 한국 배치를 공식적으로 인정하였고, 1975년 6월에는 필요하다면 전술 핵무기를 사용할 수도 있다고 선언하였다. 1976년 6월 미국과 한국은 "팀 스피리트(Team Spirit)" 훈련을 실시하였다. 이 훈련은 1969년에 처음 시작된 양국 간 합동군사훈련을 확대하고 명칭을 붙인 것으로 대규모 부대이동 등을 포함하는 군사훈련이다. 또한 이 훈련에서는 한반도에서 핵무기 사용관련 내용도 포함된 것으로 알려졌다(Oberdorfer 1997, 75-76; 256-257). 물론 "팀 스피리트" 훈련은 한미합동의 재래식 방어훈련이라는 의견도 있다(Quinones 1998, 106).

3. 경제제재 및 봉쇄정책

한국전쟁 이후 미국은 소련의 팽창을 억제하기 위하여 사회주의권 국가들에 대하여 무역과 투자를 제한하는 경제제재와 봉쇄정책을 추구하였다. 이러한 정책의 중요한 목적의 하나는 북한의 핵무기 보유를 저지하는 것이었다. 미국의 북한에 대한 봉쇄정책은 1993/94년 핵 위기가 발생할 때까지 지속되었다(Harnisch 2002c, 88).

이러한 제재와 봉쇄정책은 북한에게 말할 수 없이 커다란 경제적인 어려움을 가져다 주었다. 북한기업이나 오늘날 북한 개성공단 등에 근거한 남한기업들은 미국의 이러한 제재정책에 따른 높은 관세 때문에 유럽연합이나 미국, 일본 등으로의 수출에 커다란 어려움을 겪고 있다. 이 외에도 북한은 자신의 사회간접자본시설에 대한 투자를 위하여 국제금융기관들로부터 차관도입에 노력하고 있으나, 그러한 시도가 미국의 영향으로 거의 불가능한 상황이다(이정철 2004).

1980년대 레이건(Reagan) 행정부는 소련의 협조로 북한의 국제원자력기구(IAEA) 가입을 요구했었다. 부시(Bush sen.) 행정부는 전임자의 비확산

목표를 그대로 이어받았으나 이를 관철하기 위한 수단은 변경하였다. 미 행정부는 지난 30년간 남한에 배치하였던 핵무기들을 1991년 10월 철수시켰다(Park 1994, 87). 그러한 핵무기의 철수와 북한에 대한 외교적인 접근에도 불구하고 미 행정부의 평양에 대한 불신은 기본적으로 변하지 않았다(Luther 2000, 159-160). 그러한 상황에 따라 미국은 동서냉전이 끝났음에도 불구하고 북한과의 관계를 개선하지 않았고 한국과의 군사동맹도 지속적으로 유지하고 있다. 이러한 점에서 보면 미국이 북한과의 관계정상화를 위해 노력하고 있다고 보기 힘들다(Harrison 1998, 62). 오히려 미국은 북한에 대한 강경한 입장을 자주 보여 왔는데, 예를 들어, 클린턴(Clinton) 대통령은 1993년 7월 한국방문에서 다음과 같이 선언하였다.

> 만일 북한이 핵을 개발하거나 사용할 경우 우리는 대대적인 보복을 할 것이다. 그들이 아마도 이미 잘 알고 있듯이 그러한 상황은 북한이라는 국가의 종말을 가져오게 될 것이다(Daniel 1993.07.11).

1950년부터 1990년 초반에 이르기까지 미국의 대북정책은 한국전 당시의 핵위협, 그에 뒤이은 핵무기의 남한 배치 및 한미군사훈련, 그와 동시에 경제제재 및 봉쇄정책 등으로 정리할 수 있다. 국제정치학자 빅터 차(Victor Cha)는 이러한 미국의 대북정책을 "봉쇄와 외교적 고립(containment-plus-diplomatic isolation)" 또는 "현상유지(status quo)" 정책이라고 명명하였다. 미국은 그와 같은 정책과 더불어 북한의 미사일 위협을 자신의 미사일 방어계획(NMD/TMD)에 이용하였다. 빅터 차는 냉전시기 그러한 정책들이 성공적이라고 평가하였다(Cha 2002, 219/237-239/242). 미국의 이러한 정책은 냉전이 끝난 후에도 지속되었다. 이러한 정책의 여러 요소들은 북한에게는 커다란 위협이 되었으며, 그러한 요소들은 북한의 핵개발에 중요한 동기가 되었다(Mazarr 1995, 93).

II. 클린턴 행정부의 개입정책

1. 제1차 북핵 위기(1993/94)

1) 제1차 북한 핵 위기

클린턴(Clinton) 행정부는 북한의 핵개발이 동북아시아 전 지역을 위협하게 될 것이라고 판단하고 부시(Bush sen.) 행정부의 비확산 대북정책을 승계하였다. 미 중앙정보국(CIA)은 북한이 약 12킬로그램의 플루토늄(Plutonium)을 영변 핵원자로에서 추출한 것으로 추정하였다. 이에 따라 1993년 1월 국제원자력기구(IAEA)는 북한에 대하여 의혹이 가는 장소에 대한 특별사찰의 허용을 요구하였다. 평양은 이 요구를 거부하였고 3월 12일 비확산체제(NPT) 탈퇴를 선언하였다. 이와 함께 1차 핵 위기가 시작되었다(Litwak 2002-03, 64). 미국은 북한의 NPT 탈퇴를 유보시키기 위해 북한과 신속하게 양자회담을 개시하였다. 왜냐하면 북한의 탈퇴는 NPT 및 IAEA 체제를 유지하는 데 커다란 도전이 되기 때문이다(Harnisch 2000a, 526-530).

1993년 11월 초 클린턴 대통령은 국제원자력기구(IAEA)의 사찰요구가 북한에 의하여 여러 차례 거부된 이후 북한의 핵개발 및 핵보유는 반드시 저지되어야 한다고 선언하였다. 12월 아스핀(Les Aspin) 미 국방장관은 클린턴 대통령의 입장을 재차 강조하였다. 1993년 11월 북미 양자회담에서 북한 측 대표인 강석주는 미국 측 대표인 갈루치(Robert Gallucci)에게 북한의 IAEA에 의한 안전협정 준수 및 영변 원자로의 가동중단과 모든 안전협정의무의 완전한 준수 유보를 맞교환하는 하나의 패키지를 제안하였으나, 미국은 이를 거부하였다. 1994년 1월 말 협상의 중간결과가 나왔는데, 북한은 IAEA의 1회 사찰을 허용하고, 미국은 그 반대급부로 연례 한미합동군사훈련인 팀스피리트 훈련을 그해 중단한다는 것이었다. 이러한 합의가 있은 직후 평양과 IAEA 사이의 협상은 북한 핵시설에 대한 사찰의 범위를 둘러싸고 다시 난관에 봉착하였다(Harnisch 2000a, 543-548).

1994년 3월 북한이 특정 시설에 대한 접근을 거부하자 IAEA 조사팀은 자신의 임무를 중단하였다. 그 조사팀은 귀환하여 의심이 가는 재처리시설에 대한 건설현황과 유일하게 가동 중인 핵원자로의 연료봉 제거에 대한 안전조처에 관하여 보고하였다(Park 1994, 82-83). 그해 5월 클린턴 행정부는 영변 핵시설에 대한 "외과수술식 선제공격"[2)]을 계획하였다. 그러나 그 계획에 대한 분석보고서는 그러한 공격을 어렵게 만들었다. 왜냐하면 그 분석결과에 따르면 그러한 선제공격은 북한의 남침을 유발할 수 있고, 전쟁개시 최초 3개월 이내에 약 52,000명의 미군 사상자와 49만 명에 달하는 한국인의 희생을 가져오게 될 것이라고 추정되었다. 북한의 희생자 수는 훨씬 더 많을 것으로 예상되었다(Harnisch 2000a, 577-578; Sommer 2003). 또 다른 조사결과에 따르면 군사부문의 희생자만 약 30~75만 명에 달하고 남한에 엄청난 경제적 손실을 가져올 것으로 예측되었다(Wit/Poneman/Gallucci 2005, 102).

미국이 이러한 선제공격을 포기한 이유는 앞에서와 같은 막대한 희생자 수에 대한 우려뿐만 아니라, 정확한 목표지점을 찾기 어렵다는 점도 작용을 하였다(Carpenter/Bandow 2004, 155). 실제로 미 행정부는 그러한 선제공격으로 북한의 모든 핵시설을 제거할 수 있을지 확신하지 못했다. 왜냐하면 이라크에서의 경험으로부터 유추해 볼 때, 북한이 이미 주요 시설과 물질들을 비밀장소에 옮겨놓았을 것으로 추측할 수 있기 때문이다. 1981년 이스라엘의 이라크에 대한 공습은 성공적이었지만, 걸프만전쟁 때 미국의 이라크에 대한 공습은 실패작이었다. 이미 이라크 정부가 자신들의 관련 시설을 숨겨놓았기 때문이다(Wit/Poneman/Gallucci 2004, 103-104). 북한에 대한 미국의 공습계획은 한국과 일본에게는 대단히 중요한 일이었다. 설사 미국이 북한의 모든 핵시설을 제거할 수 있다는 확신이 있었다 하더라도 서울과 동경의 희망과는 무관하게 진행하려 했기 때문이고, 또 그에 따라 지리적으

---

2) 세 가지 옵션이 있었던 것으로 알려졌는데, 예를 들어, "작전계획(Operations Plan) 5027" 등이 그것이다(Oberdorfer 1997, 324-325).

로 인접한 한국과 일본은 피해를 감수할 수밖에 없었을 것이기 때문이다.

이후 북한과 IAEA 사이의 또 다른 협상이 실패로 끝나자 미국은 1994년 5월 말 클린턴 대통령의 주재 아래 관련 부처들이 대책모임을 구성하였다. 공공연한 북핵 위기의 확산에도 불구하고 2단계 제재계획이 수립되었다. 1단계에서는 유엔 안보리를 통한 경미한 경제제재를 가하는 것이고, 2단계에서는 30일의 경과기간 후에 확대된 경제제재를 가하는 것이었다. 그럼에도 불구하고 북한이 핵원자로에서 연료봉을 꺼내자 미국은 심각한 딜레마에 빠졌다. 공습계획은 동맹국인 한국과 일본의 반대에 부딪힐 것이고, 그렇다고 다른 마땅한 대처수단이 있는 것도 아니었기 때문이다(Harnisch 2002c, 93-103).

1994년 6월 초 "강경 외교(Coercive Diplomacy)" 전략의 차원에서 북한에 대한 1단계 경제제재가 실시되었다. 유엔 안보리에서 중국 대표부는 북한의 민간 핵 프로그램에 대한 IAEA의 지원을 유보한다는 의결에 기권하였는데, 이는 향후 북한에 대한 유엔 제재안에 대하여 중국이 반드시 거부권을 행사하지 않을 수도 있다는 신호를 북한 지도부에 보내는 의미였다. 이에 따라 북한은 6월 13일 IAEA의 사찰을 허용하지 않겠다고 발표하고 조만간에 철수할 것을 요구하였다. 그리고 북한은 유엔 제재안의 결정을 "전쟁선언"으로 간주하겠다고 강력하게 반발하였다(Harnisch 2000a, 580-584).

이러한 핵 위기의 확산은 지미 카터(Jimmy Carter) 미국 전 대통령의 중재로 외교적으로 해결되었다. 그는 6월 15일 북한을 방문하여 김일성과 만나 합의를 이끌어냈다. 카터 대통령은 미국의 제재정책 대신 새로운 협상태도를 요구하였고, 미국의 제재위협에 대한 북한의 입장을 옹호하였다. 그에 대한 반대급부로 북한은 자신의 핵 프로그램을 동결하고 IAEA의 사찰을 허용하겠다고 약속하였다. 김일성은 북한의 NPT 탈퇴를 되돌리고, 남한과 정상회담에 찬성하였다(Harnisch 2000a, 587-590).

이후 미국과 북한은 협상을 지속하여 북한 핵 프로그램을 동결하는 합의에 이르게 되었다. 나중에 미국의 국방장관을 역임한 페리(William Perry)는 1993/94년의 북한 핵 위기를 냉전 이후 가장 위험한 사건으로 명명하였다

(Litwak 2002-03, 64). 미 국무부 아태지역 차관보였던 솔로몬(Richard Solomon)은 당시 북한의 핵문제를 "아시아 안보의 최대위협"이었다고 묘사하였다(Manning 2002, 69). 또한 안보딜레마의 시각에서 볼 때 북한 정권의 행동은 상당히 합리적이고 이성적이었다는 평가도 있다(Kim Jung-sup 2006, 95-106).

2) 1994년 제네바 합의(Agreed Framework)

미국과 북한의 대표단은 스위스 제네바에서 1994년 9월 23일부터 10월 21일까지 협상을 벌여 한반도 핵문제의 해결에 합의하였다. 당시 협상대표였던 미국의 갈루치(Robert Gallucci, 미 국무부 차관보)와 북한의 강석주(외교부 제1부부장)는 10월 21일 합의문에 서명하였다. 이 합의문은 4개의 장으로 구성되어 있다.

제1장에서는 북한 핵 프로그램을 동결하기로 하고, 지금까지 사용했던 흑연감속(graphite-moderated) 원자로와 관련시설을 2003년까지 2,000메가와트(MW) 용량의 경수로로 대체하기로 합의했다. 이를 위해 미국은 컨소시엄을 구성하고 주도하고 북한의 가장 주요한 파트너가 되며, 새로운 경수로가 완공될 때까지 원자로 동결에 따른 에너지 손실분에 대한 보상으로 연간 50만 톤의 중유를 북한에 공급할 의무를 진다. 반대로 북한은 5메가와트(MW)[3] 원자로를 동결하고 진행 중인 50메가와트와 200메가와트의 원자로 건설을 중단한다. 또한 국제원자력기구(IAEA)의 통제 아래 1개월 이내에 핵시설을 동결하고 5메가와트 실험용 원자로에서 폐연료봉을 제거하여 감시카메라가 설치된 냉각로에 보관하도록 한다. 흑연감속 원자로와 관련 시설의 해체는 경수로 완공과 동시에 실시된다.

제2장에서는 양국 간 정치, 경제적 관계정상화에 대한 내용을 담고 있다. 미국은 북한에 대한 무역 및 투자제재를 해제하고 양국의 수도에 연락사무소를 개설하며 외교관계를 점진적으로 대사급으로 격상시켜 나간다. 제3장

3) 5메가와트의 원자로는 연간 추가적으로 1기의 핵무기를 제조하는 데 충분한 양의 플루토늄을 생산하는 것으로 알려져 있다(Braun/Chyba 2004, 9-10).

은 미국의 북한에 대한 안전보장의 제공(미국은 북한을 더 이상 핵무기로 위협하지 않는다),[4] 남북대화의 실현과 같은 안보와 신뢰증진을 위한 조처를 담고 있다. 끝으로 제4장에서는 북한의 비확산조약(NPT) 당사국으로 잔류, 일정기간 내에 IAEA의 핵시설 진입허용 등 북한의 의무사항을 담고 있다.

3) "제네바 합의서"에 대한 평가

미국의 갈루치 협상대표는 합의서에 서명한 직후 언론에 나서 이번 협상으로 한반도에서의 전쟁위험을 현저히 감소시켰으며, 동북아시아에서의 핵확산을 방지하였다고 주장하며, 비확산체제의 약화를 방지할 수 있게 되었다고 평가하였다. 그러나 그는 양국 간의 합의에도 불구하고 그러한 합의의 성공적 이행을 위해서는 오랜 시간이 필요함을 지적했다. 따라서 합의사항의 단계적인 상호이행이 합의서의 핵심이다. 이처럼 북한과의 협상이 성공적이라는 클린턴 행정부의 이러한 첫 번째 인식은 나중에 미 행정부가 의회에서 제네바 합의서의 합의사항을 옹호하는 바탕으로 평가되었다(Harnisch 2000a, 627).

제네바 합의를 통한 미 행정부의 최우선 목표는 폐연료봉을 냉각로에 보관하는 것이었다. 즉 그 연료봉의 재처리(핵무기를 만들 수 있도록 플루토늄의 분리)를 막는 것이 시급한 과제였다. 두 번째 목표는 새로운 플루토늄을 생산하는 것을 막기 위해 가동 중인 5메가와트 원자로의 동결이었다. 끝으로 세 번째 목표는 재처리시설의 동결이었다(Harnsich 2000, 627-628). 클린턴 행정부는 이 합의를 통해 자신의 목적을 임시적으로 달성하였으나, 나중에 미 의회의 반발 때문에 이 합의의 이행과 관련하여 어려움을 겪게 된다.

미국에 있어서 이 합의서의 중요한 문제점 가운데 하나는 그 합의서가 단지 북한 핵 프로그램의 현 상태(1994년의 상황)로의 동결만을 다루고 있다는 것이다. 미국이 북한 핵문제의 동결에만 치중한 것은 아마도 미 행정부

---

4) "The U. S. will provide formal assurance to the DPRK, against the threats or use of nuclear weapons by the U. S."

의 북한정권에 대한 잘못된 가정이 주요 원인으로 분석된다. 소련의 붕괴 및 1990년대 초 동구권의 몰락과 1994년 7월 8일 김일성의 갑작스런 죽음으로 인하여 워싱턴 당국은 머지않아 북한정권이 곧 붕괴하게 될 것이라고 생각했을 것이다(Ahn 1994, 94-99). 김일성 사후에 서울뿐만 아니라 워싱턴에서도 평양정권이 곧 붕괴될 것이라는 분위기가 강하게 확산되었다.

> 1994년 7월 김일성이 사망했을 때, 많은 사람들은 북한이 6개월 이내에 또는 늦어도 3년 이내에는 붕괴할 것이고, 한국은 독일처럼 흡수통일의 길을 밟게 될 것이다(Kim 2001, 2).

따라서 미국에게는 북한 핵 프로그램의 동결이 중요했다. 그래서 미 행정부는 동결의 대가로 연간 50만 톤의 중유제공과 경수로 건설이라는 넉넉한 양보를 한 것으로 보인다. 북한정권이 조만간에 붕괴될 것이라는 잘못된 가정에 기초하여 협상에서 양보를 했기 때문에 나중에 민주당의 클린턴 행정부는 공화당이 장악하게 된 의회에서 어려움에 직면하게 되고, 합의서의 이행은 더디게 진행되었다. 합의서 이행을 위한 비용지출은 의회의 동의를 받아야 했기 때문이다. 그에 따라 북한에 대한 중유공급은 가끔씩 지연되었다(Snyder 2000, 168).

4) "한반도 에너지 개발기구(KEDO)" 프로세스

1994년 10월의 제네바 합의는 미국의 대북정책에 중요한 변화를 가져왔다. 그것은 미국의 대북정책이 그동안의 봉쇄정책에서 제한적인 참여정책으로 전환된 것이다(Cha 2000, 136). 이와 더불어 북한에 대한 지금까지의 강경한 태도에서 협조적인 자세를 취하게 되었다. 또한 미국의 대북정책은 한반도에너지개발기구(KEDO: Korean Peninsula Energy Development Organization)를 통하여 진행되었다. 따라서 이 기구는 클린턴 행정부의 잔여 임기 중 북핵 문제를 해결하기 위한 중요한 기능을 담당하는 기구가 되었다.

1995년 3월 9일 미국, 일본, 한국은 뉴욕에 본부를 둔 KEDO의 설립문건에 서명하였다. KEDO의 목적은 제네바 합의서를 이행하기 위한 것이며, 단기적으로는 북한 핵을 1994년의 상태로 동결하고 장기적으로는 기존의 원자로보다 핵물질 생성이 현저히 줄어드는 2개의 경수로를 북한에 건설해 주고 현존하는 북한 핵시설을 완전히 해체하는 것이다. KEDO의 과제는 경수로의 건설을 책임지며, 동시에 건설이 완공될 때까지 대체 에너지인 중유를 공급하는 것이다. 그 밖에도 북한이 합의서를 차질 없이 완벽하게 이행하도록 독려하는 일을 수행하게 된다는 것이다(Harnisch 2001, 118).

2기의 경수로 건설을 위해서는 약 40억 달러가 필요한데, 28억 달러(전체 비용의 70%)는 한국이, 8억 달러(20%)는 일본이, 그리고 나머지(10%)는 미국과 다른 국가들이 부담하게 되었다(Bandow 1998, 127). 2003년까지 한국은 12억 2,700만 달러, 일본은 4억 4,700만 달러, 유럽연합 핵에너지 기구에서 1억 2,000만 달러를 지원하였고(박영준 2005), 미국은 북한에 대한 중유공급을 위하여 4,000만 달러를 지원하였다(Lee 2006, 300).

KEDO의 설립과 함께 서방 국가들은 북한을 국제사회에 편입시키는 성공적인 전략의 방향을 잡게 되었다. 그러나 KEDO 회원국들의 이러한 최초 기대나 희망은 채워지지 않게 된다. 원래 이들의 기대는 이 독재정권이 자신의 경제적인 취약성과 서방 국가들의 지원을 받아야 하는 상황, 이데올로기적인 모순 등에 의해 붕괴되는 것이었다(Harnisch 2001, 153-154). 그래서 미 행정부는 제네바 합의를 북한에 정치적인 변화를 용이하게 하는 하나의 수단으로 생각하였다. 그 합의가 북한에 개방을 가져올 것이라는 기대에서 서구의 일부 전문가들은 KEDO에 의해 건설될 경수로를 "독이 든 당근"이라고 명명하기도 했다. 제네바 합의서에 서명한 후 미국의 관리들은 평양 정권의 붕괴를 예상했다(Litwak 2003-04, 23-24). 따라서 미국은 처음부터 북한에 경수로를 건설해 줄 의도가 그렇게 크지 않았던 것으로 보인다 (Harrison 2002, 259).

또한 한반도 에너지개발기구(KEDO)에 의한 제네바 합의의 이행은 애초부터 느리게 진행되었으며, 한반도에서의 몇 가지 위기들(1996년의 U보트 사건, 1997년의 황장엽 망명사건, 1998년의 대포동 미사일발사, 2002년의 연평해

전 등)을 거치면서 이행이 중단되곤 하는 부침을 거듭하였다. 원래 2003년까지 완공되기로 한 경수로 건설은 최소한 7년은 연기되어야 했으며, 중유 공급도 자주 지연되었다. 공급이 지연되는 중요한 이유는 공화당이 주도하는 미 의회가 매년 미국에게 할당된 KEDO 분담금의 승인을 지연시켰기 때문이다. 또 제네바 합의에서 약속한 북한에 대한 경제제재의 단계적인 해제도 제대로 이루어지지 않았다. 북한은 지난 10년 이래 세계의 테러사건과 전혀 연계되지 않았음에도 불구하고 여전히 미 국무부가 지정한 테러 지원국 명단에 남아 있었다(Möller 2002a; Demick 2002.02.07).

KEDO 외에도 동북아시아에는 다음과 같은 많은 지역적 국제기구들이 존재하고 있다(Kim 2002, 14-16).

- 아세안 지역안보포럼(ARF: Asian Regional Forum, 23개국 참여)
- 아시아-태평양경제포럼(APEC: Asia Pacific Economic Cooperation, 21개국)
- 한미일 3자 조정감독그룹(TCOG: Trilateral Coordination & Oversight Group, 3개국)
- 두만강 개발계획(TRADP: Tuman River Area Development Program, 5개국)
- 한중일 환경장관회의(TEMM: Tripartite Environment Minister's Meeting, 3개국)
- 아세안+3(ASEAN+한국/일본/중국, 13개국)

ARF에서는 비확산 문제와 한반도 문제가 1994년과 1999년 사이에 연례적으로 다루어졌다(Naber 2001, 98-99). 그러나 이러한 국제기구들의 제도주의적인 노력은 북한 핵문제에 대하여 어떠한 해결책을 제시하지 못했다. 결국 이러한 논의들이 주는 시사점은 국제기구나 국제제도들이 북한 핵문제의 해결에 그렇게 크게 도움이 되지 않았다는 점과 개별 국가가 국제관계의 주요 행위자로 국제문제 해결에 결정적인 역할을 한다는 점이다.

2. 장거리 미사일 위기(1998)

1) 제1차 장거리 미사일 위기

미국의 경제제재와 봉쇄정책하에서 북한은 핵 프로그램의 개발뿐만 아니라 미사일 프로그램의 개발에도 주력하였다. 북한의 미사일 개발은 1960년대 후반부터인데, 소련에서 수입한 "FROG 시스템"의 연구개발이 그 시작이라고 볼 수 있다. 서방세계 정보기관의 보고서에 따르면 북한의 장거리 미사일 개발은 자체 방어뿐만 아니라 경제제재 상황에서 중동지역에 대한 수출을 목적으로 한 것이었다고 평가된다. 1970년대 초반 소련과 중국과의 관계가 소원해지고 단거리 미사일 "DF-61" 모델에 대한 공동 개발과 생산에 여러 가지 제약이 뒤따르자 평양은 독립적으로 자체 미사일 프로그램을 개발하기로 결정한다. 북한은 기술적인 어려움을 극복하기 위하여 이집트와의 공동작업을 추진하기도 하였다. 실제로 이집트는 1980년대 초반 소련의 "R-17 E" 모델을 북한에 이전해 주기도 하였다(Braun/Chyba 2004, 21).

북한의 기술진은 "R-17 E" 모델을 북한의 최초 모델인 "화성 5호"의 표본으로 삼았다. 1984년 처음으로 이 미사일의 시험발사를 실시한 후, 북한은 미사일 수출국으로서의 지위를 차지하게 되었다. 1987년 6월 북한은 이란과 5억 달러에 달하는 군비계약을 맺었는데, 여기에는 약 100기의 미사일 수출이 포함되어 있었다. 1990년 6월에는 새 모델인 "화성 6호"[5]가 시험 발사되었고, 그 후 얼마 지나지 않아 북한은 이를 이란 및 시리아에 판매하였다. 지금까지 600~1,000기의 화성 6호 미사일이 생산되었고, 그 가운데 300~500기 정도가 수출된 것으로 파악되고 있다. 그 밖에도 북한의 미사일 기술은 베트남, 리비아, 수단 등에 수출된 것으로 알려지고 있다.

1980년대 후반부터 북한은 중거리 미사일을 개발하기 시작한 것으로 보인다. 이후 1993년 5월 말에 처음으로 시험 발사되었는데, 이 미사일들은

5) 소위 "Scud C"라고도 칭하는데, 사정거리가 500킬로미터에 달하고 700킬로그램의 탄두를 장착할 수 있다.

노동 1호(사정거리 1,300킬로미터/1,000킬로그램 탄두)와 노동 2호(사정거리 1,500킬로미터) 등으로 불린다. 이 중거리 미사일의 개발로 일본이 사정거리에 들게 되었을 뿐만 아니라, 이 미사일을 수입한 이란, 파키스탄, 또는 시리아, 리비아 등에 의해 동남아시아, 이스라엘, 유럽연합의 남부지역 등이 위협을 받게 되었다(Harnisch 2000b, 10-11). 특히 일본의 위기감은 더욱 커졌는데, 일본 전역의 절반 정도가 노동 1호의 사정거리 안에 놓이게 됐기 때문이다(Hughes 1996, 82-84).

비록 클린턴 행정부가 제네바 합의에 서명을 하고 그를 통해 북한의 핵프로그램 종식을 위하여 협조적인 자세를 취하기는 했지만, 북한에 대한 경제제재는 크게 변하지 않았다. 따라서 양국 간의 경제교류는 커지지 않았다(정영태 2004). 이러한 현상을 보면 당시 미국의 희망이 북한과의 관계정상화에 있었다고 하기보다는 평양 정권의 붕괴에 있었다고 볼 수 있다. 반면에 북한은 미국에 대한 억제력을 갖추기 위하여, 또 자신의 경제를 발전시키기 위하여 지속적으로 노력하였다. 이러한 노력은 1998년 8월 장거리 미사일인 대포동 1호의 시험발사로 나타났다.

1994년 제네바 합의 후 미국이 북한에게 경제제재 해제, 경수로 건설, 관계정상화 등 합의사항들을 성실히 이행했더라면 북한의 미사일 프로그램을 중단시켰을 수도 있었을 것이다. 그러나 북한에 대한 경제제재의 지속과 정치적 관계정상화의 거부에 따른 합의사항의 이행 지연은 평양으로 하여금 미국에 대한 불신을 키우게 만들었다. 그래서 북한은 자립과 경제발전을 위한 자신의 수단을 갖기 위해 노력하게 되었다. 대포동 1호의 시험발사로 북한은 장거리 미사일 보유국의 지위를 가지게 되었다. 대포동 1호는 2,000~4,000킬로미터의 사정거리를 가지고 있다. 또한 후속모델 대포동 2호는 8,000~12,000킬로미터의 사정거리와 500~1,000킬로그램의 탄두 장착을 목표로 하고 있다. 이렇게 될 경우 미국의 일부지역이 대포동 2호의 사정권 안에 놓이게 되어 미 행정부의 우려는 더욱 커질 것으로 예상된다(Wilkening 2000, 10-12). 대포동 1호의 시험발사 후 일본은 1998년 12월 미국의 "광역미사일 방어(TMD)" 구상에 대한 참여를 선언했다(Calder 2001,

115). 1990년대 후반 북한은 대포동 시스템과 관련 기술을 이란 및 파키스탄에 수출하였다(Harnisch 2000b, 11-12).

2) 페리 프로세스(Perry Process)

1990년대 후반 클린턴 행정부는 자신의 대북정책에 대한 새로운 비전이 필요하게 되었다. 왜냐하면 1994년 이후 한반도의 안보상황이 변했기 때문이다. 클린턴 대통령은 페리(William Perry) 전 국방장관을 미국의 대북정책 조정자 및 대통령과 국무장관의 특별보좌관으로 임명하였다(Lee 2006, 195-196). 이후 1999년 10월 정책보고서가 만들어졌는데, 이것이 바로 〈페리 보고서(Perry Report)〉이다. 이 보고서의 주요 내용은 다음과 같다.

- 북한의 핵무기와 장거리 미사일 개발은 한반도의 안정과 평화를 위협할 수 있다. 또한 그러한 행위는 미국의 지역적 및 글로벌 이해에 중대한 위협이 된다. 따라서 미국은 북한의 핵 및 미사일 프로그램을 폐기하는 것을 목표로 해야 한다.
- 미국과 그 동맹은 한반도에서 또다시 전쟁이 발발할 경우 분명히 승리할 것이다. 그러나 인명 피해와 물질적 손실은 막대할 것이다. 따라서 미국은 군사적 행동을 수반하지 않는 북핵 문제의 해결책을 모색해야 한다.
- 협력을 통해 북핵 문제를 해결함으로써 지역의 안정을 가져올 수 있다면, 미국은 북한과의 관계정상화를 준비해야 하고 한국의 햇볕정책에도 참여해야 한다.
- 미국은 1994년 제네바 합의를 지속해야 하며, 이를 위해 한·미·일 협력이 중요하다.

이 보고서 팀은 "두 가지 방안의 전략"을 제시하였다. 이 전략은 핵무기와 장거리 미사일 문제에 집중하고 있는데, 첫 번째 방안은 미국의 북한에 대한 새로운 포괄적인 협상전략을 담고 있다. 미국은 북한이 더 이상의 핵 프로그램을 갖지 않도록 해야 한다. 또한 워싱턴은 "미사일기술 통제체제(MTCR: Missile Technology Control Regime)"의 한도를 넘어서는 미사일의 실험, 생산, 배치를 완전하고 검증 가능한 방법으로 중단시키고, 그러한 미사일, 장치, 기술의 수출을 금지시키도록 노력해야 한다. 이 방안에서는 단계적이고 상호주의적인 원칙을 따라야 한다. 북한이 핵무기와 장거리 미사일에 의한 위협을 포기할 경우에는 관계를 정상화할 수 있고 이미 오랫동안 지속해 온 경제제재를 해제할 수 있다. 두 번째 방안은 미국이 협상전략으로 목표에 달성할 수 없을 경우에 북한에 대한 군사적 행동의 필요성에 대하여 설명하고 있다.

또한 이 보고서 팀은 화생방 무기 문제도 다자적으로 다루는 것이 낫다고 믿고 있다. 한반도 통일에 대한 문제는 궁극적으로 한국 사람의 결정에 달려 있다고 본다. 그 외에도 이 팀은 한국이 통일이 되더라도 한반도의 미군은 철수하지 않아야 됨을 분명하게 명시하고 있다. 미군의 철군은 이 지역의 안정과 평화에 도움이 되지 않으며, 반대로 이 지역 내 강력한 전쟁 억제력을 손상하게 될 것이라고 지적하였다(Perry 1999, 7-8).

이러한 분석과 함께 이 팀은 미국의 대북정책을 위해 5가지 중요한 정책을 제시하였다.

1) 지역 내 동맹의 지원과 함께 북한의 핵문제에 대한 모든 요소를 감안한 접근
2) 대북정책 관철을 위한 미 행정부 내 효과적인 메커니즘 구축, 대북문제 전담을 위하여 국무부 내 대사급을 단장으로 하는 실무위원회를 구성하여 대북정책에 대한 권한과 조정기능을 보유
3) 한국, 일본과 함께 3자 협력과 감시활동 지속
4) 북한 핵문제와 관련 지속적으로 양자적이고 장기적인 관점을 유지, 여기에는 미 의회의 역할이 중요
5) 북한의 선동적 행위, 장거리 미사일의 발사 같은 비상사태 시 실행계획을 승인, 다만 북한의 행위가 제네바 합의사항을 위반하지 않는 한

미국과 동맹도 제네바 합의를 스스로 훼손하지 않도록 한다(Perry 1999, 10-11).

미국의 대북정책은 "억제" 정책에서 1990년대 후반 "억제 플러스" 정책으로 바뀌었다. 페리 프로세스와 일치하는 "억제 플러스" 정책의 논리구조는 북한체제를 지원하는 것도 아니고 그렇다고 북한의 붕괴를 추구하는 것도 아니며, 대화를 통하여 신뢰구축을 위한 관계개선을 모색하는 것이다(Manning 2002, 27).

또한 페리 보고서는 제네바 합의의 문제점을 지적하고 있다. 1994년 합의체결 당시 미 행정부는 북한의 여러 가지 뚜렷한 문제점들이 북한의 체제를 변화시키게 될 것이라고 예견했었다. 그러나 1999년의 시점에서 보면 북한에 체제변화가 일어날 것이라고 볼 만한 징후는 더 이상 존재하지 않았다. 따라서 미국은 향후에는 그러한 희망이나 기대를 버려야 한다고 지적했다(Perry 1999, 3-4). 제네바 합의와 관련한 이러한 문제점은 《아미티지 보고서》도 똑같이 지적하고 있다. 결론적으로 제네바 합의는 미국의 입장에서 보면 실패한 것으로 볼 수 있다(Pritchard 2005, 27).

페리 보고서는 북한의 핵문제에 대한 향후 로드맵(road map)을 제시하였기 때문에 미국과 미국의 동북아시아 동맹들에게 아주 중요하였다. 실제로 미국의 대북정책은 2002년 말 2차 북한 핵 위기가 발생할 때까지 이 보고서에 의존했다고 볼 수 있다.

3) 아미티지 보고서(Armitage Report)[6]

이 보고서는 미 공화당 출신으로 국방차관과 국무차관을 역임한 리처드 아미티지(Richard Armitage)에 의해 작성되었는데, 그는 보고서에서 1994년 제네바 합의 이후 한반도 및 동북아 안보정세가 이전보다 악화되었다고 지

6) "The Armitage Report on North Korea: Naval Blockades and Preemptive Strikes by Japanese Forces?"

적하였다. 오히려 핵 프로그램의 개발에 유리하게 된 1998년 북한의 상황과 뒤이은 장거리 미사일 대포동 1호의 시험발사는 북한에 대한 불신감을 불러 일으켰고 미국의 대북 유화정책을 회의에 빠지게 만들었다. 특히 대포동 시험발사는 동북아뿐만 아니라 중동이나 유럽, 심지어 미국까지도 안보위협을 느끼게 만들었다.

제네바 합의 당시 미 행정부는 세 가지 가정을 전제했었다. 먼저 제네바 합의는 북한의 핵 프로그램을 종식시키게 만들 것이다. 둘째, 북한은 붕괴 직전의 상황에 놓여 있어서 잘못하면 남한에 대한 침입을 가져올 수 있기 때문에 경착륙(hard landing)을 방지해야 한다는 것이다. 셋째, 제네바 합의는 북한을 개방으로 인도하여 실질적인 변혁을 가져오게 하고 이를 통해 연착륙(soft landing)이 가능할 것이란 가정이다. 그러나 현실은 다르게 나타났다. 핵시설로 의심되는 "금창리 동굴"[7]의 발견은 평양정권이 자신의 핵 프로그램 가운데 일부만 중단했음을 의미하는 것이었다. 북한정권이 붕괴 직전의 상황에 놓여 있다고 본 가정은 더욱더 큰 실수였다. 또한 현재 북한이 급격한 변혁을 모색하고 있다는 어떠한 징후도 없다는 것이다(Armitage 1999, 2-3).

이 보고서는 북한이 제네바 합의를 통하여 정권을 강화시키고, 핵 프로그램을 개발하고, 새로운 미사일을 개발하는 시간을 벌 수 있었다고 분석하였다. 따라서 미국과 미 동맹들의 이해를 보호하기 위해서는 하나의 새롭고 종합적인 억제전략이 도입되어야 한다고 역설하였다. 여기서 효과적인 억제전략은 외교, 이미 선언된 정책, 그리고 확실하게 보여줄 수 있는 군사력의 적절한 조합에 달려 있다고 언급하였다. 이를 위해서 다음의 단계들을 제시하였다.

- 미국은 일본이 주요 동맹국임을 각인시킨다.

7) 미국의 문제제기로 갈등이 된 금창리 사건은 최종적으로 이 동굴은 핵시설과 무관한 것으로 1999년 3월 최종 확인되었다(Feffer 2004, 96; Carpenter/Bandow 2004, 53-55).

- 미국은 한국, 일본과 3자 국방장관 모임을 정례화한다.
- 이 세 국가는 북한에게 북한의 행위 가운데 넘어서는 안 되는 한계선 (red line)을 명확히 주지시킨다.
- 주한미군은 감군 없이 계속 주둔한다.

미 정책의 목표는 북한의 대량살상무기와 장거리 미사일에 의한 위협을 평화적인 수단으로 제거하는 것이다. 이를 위해 워싱턴은 평양에 북한의 경제적/안보상 이해를 대변할 수 있는 종합적인 패키지를 제안해야 한다. 미국과 그 동맹국들은 이 패키지와 더불어 북한이 국제사회에서 하나의 정당한 행위자임을 인정하고 관계정상화에까지 이를 수 있도록 준비를 해야 한다(Armitage 1999, 3-6).

끝으로 이 보고서는 미국은 한반도에서의 외교노력이 실패할 경우를 대비하여 2가지 덜 매력적인 선택을 준비해야 한다고 요구한다. 하나는 핵무기와 장거리 미사일로 무장한 북한을 억제하는 선택이고, 다른 하나는 불확실성을 안고 북한을 선제공격하는 선택이다(Armitage 1999, 6-8).

4) 북미관계의 화해무드

북한의 미사일 프로그램을 종식시키기 위해 1996년 4월에 시작된 북미간 양자회담은 별다른 합의에 이르지 못했다. 1998년 대포동 1호의 시험발사 후 양국의 협상에 대한 자세는 보다 진지해졌다. 시험발사 직후 미국은 북한에게 해외에서 정기적인 위성발사에 필요한 금융지원을 제안하였다. 이러한 제안은 1999년 3월의 양자회담과 5월 페리 특사의 평양방문에서도 되풀이되었다(Lee 2006, 197). 미국은 북한의 미사일 프로그램을 MTCR 차원에서 억제하는 것을 목표로 하였다. 이에 따르게 되면 평양정권은 사정거리 300킬로미터 이상/탄두 500킬로그램 이상 미사일의 실험, 생산, 배치와 그러한 미사일 및 미사일기술의 수출을 중단해야 한다(Harnisch 2002a, 416).

1999년 9월 북미 양국은 베를린에서 미사일 문제관련 합의에 이르렀다. 북한은 북미 간 미사일협상이 지속되는 동안에는 추가적인 미사일 실험을 중단하겠다고 구두로 약속하였다(Pritchard 2005, 26). 평양은 이 유예기간(모라토리엄 Moratorium)을 2006년 7월까지 지켰다. 이에 대한 반대급부로 미국은 북한에 대한 경제제재의 해제를 약속하였다(Snyder 2000, 167-169). 이 경제제재의 해제는 이미 제네바 합의사항에 들어 있던 것이다. 북한은 이러한 미사일 발사유예의 대가로 제3국에서 위성을 발사할 수 있도록 미국이 지원해 줄 것과 미사일 수출의 포기에서 발생하는 손실을 보상할 수 있도록 10억 달러를 요구하였다. 또한 경제제재의 해제와 관련하여 북한을 테러지원국 명단에서 삭제해 줄 것을 요구하였다. 워싱턴은 직접적인 보상은 거부하였으나, 미사일 문제를 지속적으로 논의할 수 있다는 입장을 표명하였다.

2000년 9월에 양국은 북한의 조명록 군방위원회 차수가 10월 9일부터 12일까지 미국을 방문하기로 합의하였다. 이 방문에서 양국은 "공동 코뮈니케"를 발표하였는데, 여기에는 북미 간 화해무드를 보여주는 몇 가지 중요한 사항들을 담고 있다. 북한은 미사일 관련 협상이 지속되는 한 장거리 미사일 실험을 중단하기로 확약하였다. 또 양측은 국제테러에 대한 공동대응의 노력을 강화하기로 합의하였다. 이 밖에도 양국은 1994년의 제네바 합의의 의무사항을 계속해서 지켜나가기로 약속하였다(Joint Communique 2000.10.12).

이에 대한 답방으로 미국의 올브라이트(Madeleine Albright) 국무장관이 2000년 10월 22일부터 24일까지 평양을 방문하였다. 이러한 상호 방문으로 양국 간의 관계는 눈에 띄게 좋아졌다. 이후 클린턴 대통령의 북한방문 계획이 2000년 말 취소될 때까지 계속 논의가 진전되었다. 또한 지난 7월부터 중단되었던 미사일 관련회담이 11월부터 전문가 그룹에서 재개되었다. 클린턴 대통령의 남은 두 달의 임기 동안 미사일과 관련한 다양한 논의가 있었으나 미국의 대통령 선거 국면을 맞아 다시 어려움을 맞게 되었다(Lee 2006, 204-205).

이 시점에서 클린턴 행정부는 북한의 미사일 프로그램을 거의 중단시킬 수 있었다. 올브라이트 국무장관의 평양방문 시 북한은 사정거리 300킬로미터 이상 되는 미사일의 개발, 생산, 실험, 수출을 포기한다는 데에 기본적으로 동의하였다. 또한 그에 대한 대가로 지금까지 현금보상 요구주장과 달리 위성발사나 경제원조 형태의 보상을 수용하였다. 물론 북한의 미사일 포기에 대한 검증과 미국의 보상규모는 합의되지 않은 상태였다(Harnisch 2002a, 418-420). 나중에 미국은 좋은 기회를 놓쳤다고 아쉬워했다. 미국의 이채진 교수가 이러한 상황을 다음과 같이 잘 묘사해 놓았다.

> 클린턴은 새 부시 행정부에 자신의 대북 관여정책을 계승할 것을 요구하였고 "우리가 만들어 놓은 진전"을 지속하기를 원했다.(…) 클린턴은 나중에 페리(William Perry)에게 말하기를, 자신이 북한을 방문하지 않은 것은 자신의 "가장 큰 실수"였다고 후회했다. 또한 올브라이트도 한반도의 상황을 바꿀 수 있는 기회였다고 회상하며, "'우리가 계속 전진하지 않은 것을 내가 후회하느냐?' 고 묻는다면 내 개인적으로는 그렇다. 나는 그렇게 되기를 희망했다" 고 말했다(Lee 2006, 3207).

북미 고위급의 상호 방문으로 양국관계는 일시적으로 좋아졌으나, 새로 공화당의 부시 후보가 대통령으로 당선되면서 양국관계는 다시 어려워지기 시작했다.

III. 부시 행정부의 패권정책

1. 제2차 북핵 위기(2002~)

1) "악의 축"

2기 클린턴 행정부 시절 향상되었던 북미관계는 2000년 말 공화당의 부시 후보가 대통령으로 당선되면서 다시 악화되기 시작했다. 특히 2001년

9·11 사태 이후부터 양국관계는 얼어붙기 시작하였다. 부시 행정부의 보수그룹은 클린턴의 대북정책이 너무 유화적이었다고 비판하며, 미국은 북한의 협박에 보상해서는 안 된다고 주장하였다. 반면에 행정부 내 다른 그룹은 경제적 지원과 함께 외교적 협상을 선호하였다(Abramowitz/Laney/Heginbotham 2003, 2-3). 백악관이 이러한 모순된 입장들을 통합하여 새로운 대북정책을 선포하였음에도 불구하고 부시 행정부 내 상반된 시각은 지속되었다. 부시 행정부의 새로운 대북정책은 타협의 여지가 없는 강경한 것이었으나, 북한에 대한 명확한 입장을 가진 것도 아니었다. 이후 클린턴 행정부가 보여주었던 그러한 협상은 나타나지 않았다(Wulf 2005, 18-21).

펜타곤은 2002년 초 두 번째 핵태세 검토보고서(NPR)에서 북한을 다른 여섯 국가들과 함께 미국의 핵무기 공격의 대상국으로 지목하였다. 이는 미국이 1994년에 북한과 맺었던 제네바 합의사항 가운데 하나를 어기는 것이었다. 제네바 합의에서 미국은 향후 북한을 더 이상 핵무기로 위협하지 않겠다고 약속했었기 때문이다.

2002년 1월 부시 대통령은 북한을 "악의 축"의 하나로 지명하였고, 이후 북한을 포함하는 불량국가들에 대하여 예방공격의 가능성을 강조하였다. 부시 행정부는 북한의 화생방 무기보관 벙커를 공격할 수 있는 새로운 소형 핵무기를 개발하려고 시도하였다. 또 부시 행정부는 2002년 9월의 국가안보전략(NSS)에서 예방/선제적 군사행동을 비확산을 위한 수단으로, 정권교체를 군비축소의 수단으로 사용할 수 있다고 천명하였다. 2002년 말 부시 행정부는 확실하지 않은 북한의 고농축우라늄 프로그램을 이유로 제네바 합의의 이행을 중단하였다.

2) 고농축우라늄 문제

미국의 대북특사 켈리(James Kelly)가 2002년 10월 3일에서 5일까지 북한을 방문한 후, 10월 17일 언론들은 북한의 지도부가 미 특사와의 회담에서 북한은 핵무기를 가지고 있으며, 비밀 고농축우라늄(HEU: highly enriched uranium) 프로그램을 개발하고 있음을 시인했다고 보도하였다. 미 행정부는 평양정권이 제네바 합의를 위반하여 새로운 핵 프로그램을 가동하고 있다고 밝혔다. 켈리의 주장은 북한 지도부가 언급한 "더욱 가공할 만한 무기"에 근거하고 있다(Möller 2002a; Lee 2006, 223-225). 이에 관한 북한의 조선중앙통신(KCNA)의 보도는 다음과 같다.

> 북한은 점점 커져가는 미국의 핵위협으로부터 자신의 주권과 권리를 지키기 위하여 핵무기뿐만 아니라 보다 더 강력한 무기도 보유할 수 있다고 미국의 대북특사에게 분명하게 말해주었다(KCNA 2002.10.25).

이러한 북한의 선동적 행위는 클린턴 행정부의 관여정책을 포기한 부시 행정부의 패권적 외교정책(미 핵무기의 잠재적인 공격대상, 악의 축 일원 등)에 대한 방어 전략이라고 볼 수 있다(Möller 2003, 2). 평양이 그러한 선동전략을 통해 미국을 양자회담으로 끌어들이려 하였으나, 미 행정부는 위기의 확산가능성과 다른 국제문제의 긴급성 때문에 그러한 회담을 거부하였다(Möller 2002b, 4).

체니 부통령을 포함한 부시 행정부는 파키스탄의 핵 과학자 칸(A. Q. Khan)이 파키스탄이 북한에 핵 기술을 팔았음을 시인했다고 주장하였다. 이에 따라 미국은 북한이 고농축우라늄 프로그램을 가지고 있는 것이 틀림없다고 믿었다(Kahn/Chira 2004.06.09). 많은 서방의 전문가들도 이를 맞다고 보고 있다. 미국의 동북아시아 전문가인 오핸론(Michael O'Hanlon)과 모츄지키(Mike Mochizuki)는 자신들의 저서에서 북한의 HEU 프로그램의 존재를 기정사실로 가정하고 있다(O'Hanlon/Mochizuki 2003, 65-67). 일부 독일의 전문가들(Kay Möller, Oliver Thränert)도 일반적으로 미국의 주장을 받아들이고 있는 것으로 보인다. 독일의 하안니쉬(Harnisch) 교수는 이러한 상황을 다음과 같이 묘사하였다.

> 만일 북한의 비밀 핵 프로그램이 사실이라면, 그것은 비확산체제(1985.04.18)의 합의, 남북한 비핵화 공동선언(1992.01.20), 국제원자력기구(IAEA) 안전협정(1992.04.09), 그리고 제네바 합의(1994.10.21)를 위반한 것이다(Harnisch

2002b, 584).

> 북한의 농축우라늄 프로그램에 대하여 지금까지 공공에 보도된 정보들로는 명확한 그림을 그릴 수 없다. 그러한 정보들은 오히려 그 프로젝트의 목적이나 성격에 대한 임시적으로 그럴듯한 추측들을 가능하게 하는 하나의 퍼즐을 구성할 뿐이다(Harnisch 2003, 155).

그럼에도 불구하고 그는 명확한 증거 없이 북한의 비밀 농축우라늄 프로그램에 대한 미국의 주장을 받아들이고 있다.

그러나 북한은 켈리의 그러한 주장을 강력하게 반박하며, 핵기술의 평양에 대한 불법전달을 시인한 파키스탄 과학자 칸(Khan)의 주장을 "새빨간 거짓말"이라고 비난하였다(FAZ 2004.02.10). 또한 중국도 그러한 주장을 받아들이지 않고 있다. 중국의 한 고위급 인사는 북한이 농축우라늄 프로그램을 시도하고 있다는 부시 행정부의 주장은 의심스러운 데가 있다고 말하며, 미 행정부가 켈리의 주장을 더 이상 6자회담을 중단시키는 근거로 이용해서는 안 된다고 주장했다(Kahn/Chira 2004.06.09).

3) 제2차 북한 핵 위기

한반도에너지개발기구(KEDO) 사무국은 켈리의 주장을 받아들여 북한의 행위를 비난하며 2002년 11월 북한에 대한 중유공급을 중단하였다. 이 중단은 제네바 합의에 대한 미국 측의 공식적인 파기였다. 국제원자력기구(IAEA)는 북한에게 제네바 합의 관련 의무사항의 준수를 요구하였다. 평양은 이러한 요구를 거부하며, IAEA가 미국의 이해관계만을 대변한다고 비난하였다. 이후 영변의 원자로에 연료봉들이 다시 주입되었다. IAEA에 의해 설치되었던 감시카메라들이 제거되고 12월 두 명의 IAEA 사찰요원들이 추방되었다.

2003년 1월 IAEA는 의무를 준수하고 사찰요원의 재투입을 허용하라고 북한에게 최후통첩을 하고, 그렇지 않을 경우 이 문제를 유엔 안전보장이사회로 넘기겠다고 압박하였다. 그러나 북한은 이를 거부하며 비확산체제

(NPT)의 즉시 탈퇴를 선언하였다. 이를 통해 제네바 합의와 (1년 후) 시작되었던 KEDO 프로세스는 최종적으로 중단되었으며, 동시에 2차 북핵 위기가 시작되었다(Lee 2006, 224-227).

2003년 2월 유엔 안보리의 북한에 대한 제재는 중국과 러시아의 반대로 무산되었다. 평양은 정전협정을 폐기하겠다고 위협하였고, 부시 행정부는 모든 옵션이 가능하다고 압박하였다. 미 행정부는 중유지원의 중단으로 경제적으로 어려워진 북한이 다른 불량국가나 테러조직에게 핵물질을 판매하는 것을 두려워하였다. 그래서 부시 행정부는 북한의 의심스러운 선박이나 항공기를 검색할 수 있는 "대량살상무기 확산방지구상(PSI: Proliferation Security Initiative)"을 모색하게 되었다. 그 밖에도 미국은 유엔 안보리 상임이사국 5개국과 남북한, 일본, 호주, 유럽연합이 함께하는 협상을 제안하였다(Hilpert/Möller 2006).

2003년 4월 북한은 북경에서 열린 미국, 중국과의 3자 회담에서 미국의 다자협상안을 거부하였다. 북한은 IAEA의 감시하에 자신의 핵 프로그램을 동결하고 나중에 폐기한다는 조건으로 미국에게 불가침문서에 대한 공식 서명과 남북관계 및 북일관계의 개선을 방해하지 않는다는 반대급부를 요구하였다. 경수로의 건설은 계속되어 완성되어야 하고, 이러한 이행 기간에는 대체에너지가 공급되어야 한다고 주장하였다. 이러한 북한의 요구는 제네바 합의사항과 유사한 것이었다. 그러나 미국은 모든 핵 프로그램의 조건 없는 종료를 요구하였다. 하지만 지속적인 협상에 대한 의지를 보였다(Möller 2003, 2).

이라크의 사담 후세인이 붕괴된 직후 당시 럼스펠드 국방장관은 미국은 중국과 함께 평양정권의 교체를 유도할 수 있다고 선언하였다(Feffer 2004, 104-108). 럼스펠드의 유력한 조언자인 리처드 펄(Richard Perle)은 2003년 6월 미국은 이라크전쟁과 동시에 영변의 핵시설을 공격하여 파괴할 수 있다고 언급하였다(FAZ 2006.06.17). 2004년 초 럼스펠드는 "CONPLAN 8022"라는 비밀 작전계획을 승인하였다. 이와 함께 미국은 원칙적으로 북한 핵시설에 대한 선제공격의 시도가 가능하게 되었다.

2003년 7월 미국의 언론들은 영변의 핵시설 재가동을 보도하였다. 이처럼 위기상황을 극대화하여 협상 상대자로부터 보다 많은 양보를 얻어내고자 하는 이러한 북한의 행위를 흔히 "벼랑끝 전략(brinkmanship)"이라고 한다(Snyder 1999, 68-85). 이러한 상황에서 미국과 북한은 중국의 외교적 노력에 힘입어 6자회담에 이르게 된다. 이를 통해 미국은 북핵에 대한 지금까지의 강경한 입장에서 다시 외교적 협상으로 돌아오게 되었다.

비록 미국이 2003년 8월부터 북경에서의 6자회담에 참여하기는 하였지만, 부시 행정부는 2004년 10월 북한인권법을 제정하여 선포하였다. 이 법안은 인도적 지원의 북한 주민에 대한 분배의 명료성과 북한 탈출주민[8]의 보호를 위하여 제정되었으며, 이를 위하여 2008년까지 연간 2천만 달러의 예산을 확보하였다. 그러나 이 법안은 미국의 평양정권교체 의도에 대한 북한의 우려를 강화시켰다(Wu 2005, 37-38). 이러한 법률의 제정으로 미 행정부는 북한과의 관계정상화 조건을 보다 강화한 셈이다(Abramowitz/Laney/Heginbotham 2003, 11-12). 왜냐하면 북한정권의 입장에서 보면 북미관계정상화를 위해서는 핵 프로그램의 포기뿐만 아니라 인권문제도 함께 해결해야 하기 때문이다. 일본은 이 법안에 대하여 긍정적인 입장을 제시하였다. 그러나 한국과 중국은 이 법안을 별로 탐탁지 않게 여겼는데, 그 이유는 그 법이 핵문제 해결에 도움이 되지 않는다고 보았기 때문이다(Hwang 2005). 이 외에도 라이스 미 국무장관은 2005년 1월 북한을 "폭정의 전초기지"라고 명명하였다. 이러한 미국의 대북정책들은 북한에게 커다란 도전으로 다가왔다.

4) 부시 행정부 대북정책의 분석

켈리의 주장(북한이 농축우라늄 프로그램의 개발을 시도하고 있다)은 미국과 북한에게 대단히 중요한 일이었다. 왜냐하면 부시 행정부는 그것을 통해

8) 2004년 시점에서 볼 때 약 20~30만 명의 난민이 중국으로 넘어가는 것으로 추산됨 (Cohen 2004.08.29).

제네바 합의를 파기할 수 있었고 개선되고 있는 남북관계와 북일관계에 제동을 걸 수 있었기 때문이다. 특히 미 행정부는 의회의 반발로 북한에 대한 중유 공급과 경수로 건설 등 제네바 합의의 이행에 어려움을 겪고 있었다. 또한 2000년 6월 남북정상회담 이후 남북관계와 북일관계의 호전에 따라 이 지역에 대한 미국의 영향력이 점차 줄어들고 있었다. 2002년 9월 고이즈미 일본 총리는 평양을 방문하여 정상회담을 가졌고, 양국의 관계는 곧 정상화될 수도 있는 상황이었다(Möller 2002b, 4). 그 밖에도 유럽연합의 대부분 국가들이 북한과 외교관계를 수립하였다. 독일도 유럽연합의 11번째 국가로 2001년 9월 평양과 수교하였다(Möller 2001).

바로 이러한 시점에서 2002년 10월 켈리의 주장이 등장하였다. 이와 함께 남북관계와 북일관계는 일시 얼어붙었고, 이를 통해 부시 행정부는 켈리 주장의 진위여부와 상관없이 동북아 지역에서 다시 정치적 이니셔티브를 갖게 되었다. 여기서 켈리 주장의 진실여부는 중요하지 않았다.

켈리의 주장에 따른 이러한 미국의 정책은 다음 두 가지 점을 시사해준다. 첫째, 미국의 대북 외교정책의 일방적인 측면을 잘 보여주는데, 부시 행정부는 북한이 농축우라늄의 존재를 부인하고 또 그에 대한 명확한 증거도 없으면서도 자신의 주장에만 근거하여 제네바 합의를 중단했다. 미 행정부는 스스로 북핵문제에 대한 외교적 해결노력을 포기한 것이다. 둘째, 미국은 한반도 및 동북아에서의 긴장관계를 반드시 피하려고 하는 것은 아니라는 점을 보여준다. 왜냐하면 미국은 제네바 합의를 파기하면 북미관계 및 한반도 상황이 다시 합의 이전의 긴장상태로 되돌아가고, 진전되고 있는 남북 및 북일관계도 다시 중단된다는 것을 잘 알고 있기 때문이다.

또한 부시 행정부는 나중에 켈리의 주장을 2003년 8월부터 시작된 6자회담을 지연시키는 구실로도 이용하였다. 그러나 미국은 2차 6자회담 이후부터 2007년 하반기까지 더 이상 북한의 농축우라늄 문제를 언급하지 않았다. 이것은 농축우라늄 문제가 단지 하나의 전략적 수단이었을 뿐 원래 미국에게 그렇게 중요한 문제가 아니었음을 시사한다고 볼 수 있다.

이 외에도 부시 행정부는 북한의 핵문제를 과장하거나 이를 무시하는 상호 모순되는 모호한 대북정책을 수행하여 왔다. 한편으로 미국은 북한 핵이나 미사일 문제의 과장을 통해서 자신의 미사일 방어체제(NMD/TMD)나 과도한 군비지출을 정당화시키는 반면(Cha 2002, 238; Reiter 2003, 6), 다른 한편으로는 동북아에서의 군사적 현상유지를 위하여 북핵 문제를 방치하거나 무시하는 정책을 취해 왔다. 이는 동북아에서의 현상유지가 장기적으로 미국의 국익에 크게 어긋나지 않는다는 것을 의미하는 것이고, 또 다른 측면에서는 현실적으로 북한에 대한 미국의 군사적 선택이 쉽지 않음을 보여주는 것이다. 이 문제를 독일의 아시아 전문가 카이 묄러(Kay Möller)는 다음과 같이 분석하였다.

> 미국이 북한에 대한 군사작전을 선택하기 어려운 까닭은 첫째 군사작전에 따른 남한의 취약성, 둘째 높은 위기확산 가능성, 셋째 동북아에 수평적 핵확산 촉발가능성, 넷째 미국의 동북아 동맹에 대한 부정적인 영향 등이 그 이유이다 (Möller 2003, 3).

미국의 모순된 대북정책을 설명하는 또 다른 이유로는 다음과 같은 점을 생각해 볼 수 있다. 만일 미국이 북한과 수교를 하게 되면, 주한미군은 그 존재의미를 상실하게 되고 논의를 거쳐 결국 철군을 고려해야 될 것이다. 원래 주한미군의 목표는 북한을 억제하고 봉쇄하는 것이었기 때문이다. 주한미군의 철수와 미래에 이루어질 "통일한국"과 중국의 우호적인 관계는 그동안 이 지역에서 지배적인 위치에 있던 미국의 지위를 크게 약화시킬 것이 분명하다. 특히 이 지역에서 미군의 철군은 미 국방부가 여러 차례 강조해 온 그동안의 전략과도 배치되는 것이다. 또한 북미수교로 미국은 미사일 방어체제를 위한 한 가지 구실을 잃게 될 것이다.

결론적으로 미국은 지금까지 글로벌 및 지역적 차원에서의 국익에 따라 북한에 대하여 때로는 과장하고 때로는 무시하는 정책을 수행하여 왔다. 아마도 미국은 이 지역에서 자신의 영향력을 잃지 않으면서 북한의 핵문제를 해결할 수 있는 방법을 찾고 있을 것이다. 그 한 가지 방법이 북한의 정권을 교체하는 것이다.[9] 이를 통하여 아프가니스탄이나 이라크에서처럼 북한에 친미정권을 세우는 것이다. 그러한 정권은 계속해서 미국의 후원을 필요로 할 것이고, 그러한 점을 이용하여 미국은 지속적으로 자신의 군대를 한반도에 주둔시킬 수 있고, 이와 함께 이 지역에서 미국의 지배력을 강화

〈도표 6-1〉 동북아시아에서 미국의 딜레마

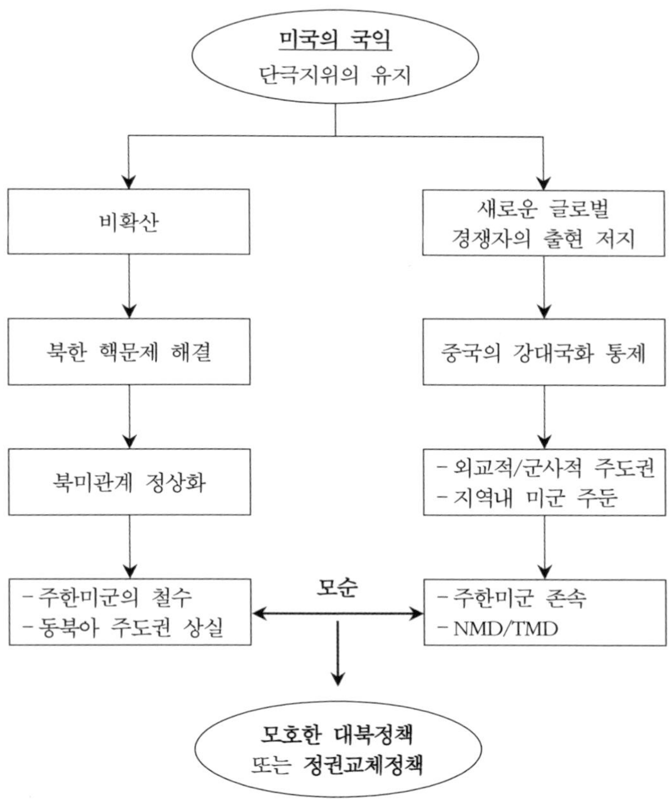

9) 부시 행정부는 북한의 정권교체(regime change)가 여의치 않자, 북한정권의 변화를 모색하는 정권변환(regime transformation 또는 regime behavior change)의 개념으로 점차 옮겨갔었다(Shim 2004.12.08; U.S. Department of State 2006.05.15).

할 수 있을 것이다. 그래서 부시 행정부는 북한과 양자회담을 통한 신속한 핵문제 해결에 모호한 태도를 보였다 분석된다(〈도표 6-1〉 참조).

2. 6자회담(2003~)

1) 제1차 6자회담

2003년 8월 27일에서 29일 사이에 북한의 핵 프로그램을 종식시키기 위한 1차 6자회담이 미국, 중국, 러시아, 일본, 북한과 한국이 참여한 가운데 중국의 북경에서 개최되었다. 북한은 미국에게 불가침조약의 체결을 요구하였다. 중국과 러시아는 협상 전 북한의 안전보장 요구를 지지한다고 발표했다. 북한은 미국이 중유공급을 재개한다면 자신의 핵 프로그램을 포기하겠다고 제안했다. 또한 북한은 켈리의 주장을 반박하며, 그것은 단지 미국의 전략일 뿐이라고 주장하였다(FAZ 2003.08.29). 6자회담 참가국들은 북한의 핵문제는 한반도의 평화와 안정을 위하여 대화를 통한 방법으로 평화적으로 해결해야 한다는 데에만 의견의 일치를 보였다. 회담은 향후 지속적으로 개최한다는 것 이외에 성과 없이 끝났다(FAZ 2003.08.30).

요약하면 북한대표는 미국과의 동시행동을 요구하며 소위 "대담한 제안"이라는 패키지 해결방안을 제시하였는데 그 내용은 다음과 같다.

> 미국은 단계적으로 중유와 인도적 지원을 재개하고, 불가침조약에 서명하며, 북한과의 외교관계를 수립하도록 한다. 그 반대급부로 북한은 핵무기 생산을 중단하고 핵사찰을 허용하며, 종국에는 핵시설을 철거하고, 미사일 실험 및 수출을 중단한다(Süddeutsche Zeitung 2003.08.29).

미국은 아직 불가침조약의 문제를 다룰 때가 아니라며 지금까지의 입장인 북한의 조건 없는 핵 포기를 요구하며 아무런 제안도 하지 않았다(Pomfret 2003.08.28). 북한대표는 회담을 마치고 북경을 떠나기에 앞선 기자회견에서 다음과 같이 언급하였다.

이러한 종류의 회담은 필요 없다. 회담에 대한 기대는 사라졌으며, 우리는 더 이상 이 회담에 관심이 없다. 또한 우리는 미국이 술수를 부려 우리의 무장해제를 시도하고 있으며, 자신들의 정책을 변경할 의사가 없음을 확인했다(FAZ 2003.08.31).

2) 제2차 6자회담

2차 회담은 2004년 2월 25일에서 28일까지 북경에서 개최되었다. 북한은 자신의 핵 프로그램의 포기의 대가로 미국의 안전보장과 경제적 지원을 요구하였다. 반면에 미국은 북한에게 먼저 모든 핵 프로그램의 "완전하고 검증가능하며 불가역적인 해체(CVID: complete, verifiable, irreversible dismantlement)"를 요구하며, 그 이후에 안전보장을 검토할 수 있다는 입장을 보였다. 미국의 6자회담 대표인 켈리(Kelly)는 회담에 앞서 유화적인 제스처로 미국은 북한을 공격할 의사가 없음을 밝혔다(Pan 2004.02.25; FAZ 2004.02.27).

한국대표는 북한이 자신의 핵 프로그램을 완전히 포기한다는 것을 전제로 한국, 중국, 러시아가 에너지 공급을 지원하는 방안을 제시했다. 미국과 일본은 이 제안을 지지했으나, 지원에 대한 참여를 원치는 않았다(NYT 2004.02.26). 또 한국대표는 향후 6자회담을 매월 개최하고 당분간 실무그룹을 운영하자고 제안하였다(Hiplert/Möller 2004). 러시아 측은 북한은 군사적 핵 프로그램을 폐기할 준비가 되어 있으며, 대신 에너지 생산을 위해 경수로 시설을 계속 건설하기를 원한다고 전했다(NYT 2004.02.26).

갈등의 핵심은 북한이 핵무기 제조를 위해 우라늄을 농축하려 한다는 워싱턴의 의혹이었다. 미국은 북핵문제에 대한 CVID를 회담의 의제로 올릴 수 있었기 때문에 2차 6자회담을 성공적인 것으로 평가했다. 그럼에도 불구하고 북미 간에는 지속적으로 커다란 이견이 존재하였다(FAZ 2004.02.28). 중국 대표단의 회담대표 겸 6자회담의 의장직을 맡고 있는 왕리(Wang Li)는 양국 간에 몇 가지 차이점과 어려움이 존재하고 있기 때문에 회담을 좀 더 지속하는 것이 필요하다고 언급하였다(Pan/Kessler 2004.02.27).

3) 제3차 6자회담

3차 6자회담은 2004년 6월 23일부터 26일까지 북경에서 개최되었는데, 여기서 미국은 처음으로 북핵문제 해결을 위한 제안을 내놓았다. 북한이 핵 프로그램을 동결한다면 그에 따라 즉각적인 에너지 지원과 임시적으로 안전보장을 받을 수도 있다는 것이다(FAZ 2004.06.26). 구체적으로 북한이 3개월 이내에 핵관련 모든 프로그램의 목록을 제출하고 특정한 핵 프로그램을 감시하에 동결한다면, 제3자로부터 경제지원을 받을 수 있다는 것이다. 또한 임시적으로 다자적인 안전보장도 제공받을 수 있다는 것이다.

이러한 제안은 미국 대북정책의 변환을 의미하는 것이다. 왜냐하면 부시 행정부는 지금까지 제네바 합의를 파기한 북한에게 보상하지 않겠다는 입장을 유지해 왔었기 때문이다. 외교관계자들의 시각에 따르면 이러한 미국의 입장변화는 북한과의 협상에서 미국이 좀 더 유연해져야 한다는 6자회담 참가국들의 압력에 따른 것으로 해석된다(FAZ 2004.06.26). 특히 중국 외교부의 왕리는 북한이 농축우라늄 프로그램을 개발했다는 미국의 주장이 의문시된다는 점을 강조하면서 워싱턴이 보다 유연함을 보일 것을 요구하였다(Hilpert/Möller).

평양은 미국의 제안에 대하여 경제지원과 안전보장을 담보로 자신의 플루토늄 핵 프로그램을 동결할 수 있다고 역제안하였다. 그러면서 미국이 북한의 나머지 5개 제안을 수용한다면, 북한은 비확산체제(NPT)에 재가입과 국제원자력기구(IAEA) 사찰요원의 방문도 허용하겠다고 제안하였다(Hilpert/Möller).

이후 6자회담 기간 동안 북한 대표단은 미국과의 비공식 양자논의에서 핵실험을 할 수도 있다고 위협했다고 미국 대표단은 전했다. 이에 대해 일본과 한국 대표단은 그러한 북한의 언급이 확산되지 않도록 노력하였다. 북한은 이미 지난 회담에서 핵실험을 하겠다고 위협했었다. 다른 회담 참가국들은 북한 대표단의 그러한 위협을 보다 많은 양보를 받아내기 위한 수단으로 인식하였다(FAZ 2004.06.26). 중국 대표는 아직 양자 간의 신뢰에 중대한 결함이 있다고 지적하였다(NYT 2004.06.26).

4) 제4차 6자회담

13개월의 중단 끝에 열린 4차 6자회담은 2005년 7월 26일부터 8월 7일까지, 이어서 잠시 휴식기를 가진 후 9월 13일부터 19일 사이에 개최되어, 드디어 공동성명(Joint Statement)을 이끌어내게 되었다. 이 9·19 공동성명은 북핵문제의 종료를 위한 그동안 4차례의 회담 끝에 합의한 최초의 공동문서이다(FAZ 2005.09.19). 이 문서는 다음의 여섯 가지 내용을 담고 있다.

1) 6개 당사국들은 한반도에서 핵무기 프로그램을 평화적이고 검증 가능한 방법으로 폐기하고자 하는 목적을 강조하였다.
   - 북한은 모든 핵무기와 핵 프로그램을 포기하고 비확산체제에 재가입할 의무를 진다.
   - 미국은 한반도에 핵무기를 배치하지 않고 북한을 공격할 의사가 없음을 재차 확인한다.
   - 북한은 핵의 평화적인 이용 권리를 갖는다.
   - 북한을 제외한 다른 참가국들은 "적절한 시점"에 경수로 건설 논의를 재개하는 데 동의하였다.
2) 미국과 북한은 상호 주권을 존중하고 평화적으로 공존하며 관계를 정상화한다.
3) 참가국들은 에너지, 교역, 투자 분야에서 경제협력을 강화하고, 중국, 일본, 한국, 러시아, 미국은 북한에 에너지를 지원하며, 한국은 2백만 킬로와트의 전력을 제공한다.
4) 당사국들은 한반도를 포함한 동북아시아의 항구적 평화를 위하여 협상한다.
5) "선언 대 선언, 행동 대 행동"의 원칙에 따라 합의사항을 단계적으로 이행한다.
6) 제5차 6자회담을 11월 북경에서 열기로 한다(NYT 2005.09.19; Die Welt 2005.09.20).

그러나 이러한 합의에도 불구하고 몇 가지 문제점들이 존재한다. 먼저 미국과 북한은 합의사항의 실천에 있어서 서로 다른 순서를 주장하고 있다. 또한 공동선언문에 북한이 언제 핵 프로그램을 포기하고, IAEA가 언제 사찰을 시작하며, 미국과 다른 참가국들이 언제 에너지 지원을 제공하는지, 특히 경수로 건설 제공의 "적절한 시점"이 언제인지에 대한 구체적인 언급이 없다. 그 밖에도 미국이 자신의 대북정책(예를 들어, 정권교체)을 변경했는지 그렇지 않은지 불명확한 상황이다. 비록 미국이 북한을 핵이나 재래식 무기로 공격할 의사가 없음을 선언하였으나, 미국이 주한미군을 철수하거나 한미 군사훈련을 중단할 것으로 보이지는 않는다(Koo 2006, 94-95).

북한은 공동선언이 있은 지 하루 만에 핵무기 포기의 선행조건이자 상호 신뢰의 구축을 위하여 경수로 건설을 요구하고 나섰다. 북한 외교부는 미국은 경수로 건설 이전에 북한이 자신의 억제력을 먼저 포기할 것이라고 오판해서는 안 될 것이라고 주장하였다. 미국은 북한의 요구를 거부하며, 그러한 입장은 공동선언에 위배된다고 주장하였다(FAZ 2005.09.20).

> 평양은 미국이 북한의 안전을 보장하고 경제지원을 제공하면 핵 프로그램을 포기하겠다는 입장이며, 워싱턴은 북한이 핵 프로그램을 포기하면 안전보장과 경제지원을 제공하겠다는 입장이다(저자의 요약).

이와 같이 양측이 원래 하고자 하는 바는 유사한 상황인데, 항상 문제가 되고 있는 것은 "어떻게 이러한 합의를 이행할 것이냐, 누가 먼저 또는 어떤 것을 동시에 할 것이냐?"의 실천의 문제가 쟁점이 되고 있다(Abramowitz 외 2003, 2). 공동선언문에는 그러한 쟁점들이 언급되어 있지 않다. 이러한 점에서 보면 4차 6자회담이 반드시 그렇게 성공적인 것만은 아니다.

5) 제5차 6자회담

5차 6자회담은 2005년 11월 9일에서 11일 사이에 열렸으나 성과 없이 끝났다. 미국의 6자회담 대표인 크리스토퍼 힐(Christopher Hill)은 영변 원자료의 검증 가능한 중단을 요구하였다. 북한의 김계관 외무성 부상은 핵무기 폐기 5단계 계획을 제안하였으나, 그를 위한 선행조건으로 먼저 미국의 행동을 요구하였다. 구체적으로 마카오의 "방코 델타 아시아(Banco Delta Asia)" 은행에 동결되어 있는 북한계좌(약 2,500만 달러)에 대한 제재의 해제를 요구하며(Möller/Hilpert 2005; 방태섭 외 2006), 북한이 위조달러를 유통시킨다는 비난을 철회하고 모든 금융제재를 해제할 것을 요구하였다. 미국은 이를 거부하였다. 이에 따라 중국이 제안한 실무그룹도 구성되지 못했으며, 회담의 다음 일정도 잡지 못한 체 종료되었다(Hilpert/Möller).

2005년 9월 19일의 공동선언으로 북한 핵문제의 해결방안을 마련했으나, 거기에는 중요한 문제점이 남아 있었다. 뉴욕 타임스는 이를 다음과 같이 묘사하였다.

> 지난 9월 6자회담에서 북한과 다른 참가국들이 서명한 공동선언문은(…) 북한이 자신의 핵무기를 포기하고 이른 시점에 비확산체제에 재가입한다고 되어 있는데, 핵무기 포기가 먼저인지 북한에 대한 지원이 먼저인지는 완전히 불명확한 상태로 되어 있다(Sanger NYT, 2006.05.18).

비록 미 행정부 내 — 특히 라이스(C. Rice) 국무장관과 그녀의 보좌관 젤리코우(P. Zelikow) — 이러한 교착상황을 돌파하기 위한 몇 가지 논의가 있었지만, 예를 들어 휴전협정을 평화협정으로 전환하기 위한 협상의 도입 등, 미국은 지속적으로 북한에 대한 경제제재의 해제를 거부하였다. 해드리(S. Hadley) 부시 대통령의 안보보좌관은 외교전문가 소그룹 논의에서 그 금융제재는 북한이 관심을 갖는 최초의 시도라고 평가하였다. 일부 정보소식통은 다음과 같이 언급하였다.

> 그들은 미국의 금융제재가 부분적으로 북한에서 김정일 리더십에 대한 충성심을 고취하는 등 김정일의 개인자금을 관리하는 39호실(Unit 39)의 비밀공작에 영향을 미칠 것이기 때문에 북한의 저항이 있을 것이라고 믿었다(Sanger NYT, 2006.05.18).

이러한 사정 때문에 북미협상은 계속해서 교착상태에 빠지게 되었다.

6자회담을 둘러싼 각국의 행태는 다음과 같이 설명되어질 수 있다.

- 북한을 제외한 다른 모든 국가는 한반도 비핵화 목표에 동의하고 있으나, 그 목표를 달성하기 위한 수단은 서로 달리하고 있다.
- 미국과 일본은 경제제재를 통한 정권교체로 비핵화 목표를 달성하려고 시도하고 있는 반면, 다른 국가들은 외교를 통한 목표 달성을 추구하고 있다.
- 일본은 한반도에서 북미 사이의 전쟁발발에 대해 우려를 가지고 있으며, 이는 미군이 일본에도 주둔하고 있어서 북한의 미사일 공격을 받을 수도 있기 때문이다. 또한 한국도 이와 똑같은 우려를 가지고 있다. 그러나 한국과 일본은 북핵문제를 해결하기 위한 해법에서는 다소 다른 입장을 보이고 있다.
- 2006년 북한의 장거리 미사일 및 핵실험 이후 중국과 한국은 부분적으로 대북 경제제재에 참여하고 있다(아래 〈도표 6-2〉 참조).

〈도표 6-2〉 6자회담의 목표와 수단

	목표	수단		
	한반도 비핵화	정권교체	경제제재	외교
미국	○	○	○	△
일본	○	○	○	△
한국	○	×	△	○
중국	○	×	×	○
러시아	○	×	×	○
북한	△	×	×	○

○ = 찬성, × = 반대, △ = 모호

3. 북한의 핵실험(2006)

1) 제2차 장거리 미사일 실험

2006년 7월 5일 북한은 미국, 일본, 한국, 중국 등의 국제적 경고에도 불구하고 7발의 미사일 발사실험을 실시하였다. 6발의 중·단거리 미사일(노동/스커드 C)이 북한 북동쪽 기태령에서 발사되었고, 무수단리에서는 장거리 미사일인 대포동 2호가 발사되었다. 중·단거리 미사일은 성공적으로 발사되었으나, 미국 군사전문가들이 이론적으로 핵탄두를 장착하고 알래스카나 미국의 서부해안까지 도달할 것으로 평가하는 대포동 2호는 발사 후 42초 만에 추락하였다. 7발의 미사일은 모두 동해에 떨어졌으며, 그중에 1발은 러시아 국경에서 불과 40킬로미터 떨어진 바다(블라디보스토크에서 약 155마일 떨어진 곳)에 낙하하였다. 이번 미사일 실험은 8년 만에 처음으로 재개된 것이다(Onishi/Sanger, NYT 2006.07.05).

미사일 발사 직후 일본은 유엔 안보리 비상회의를 신청하고 미국의 지원 아래 이번 미사일 발사실험이 국제안보 및 평화를 위협한다는 내용의 제재 결의안을 제출하였다. 일본은 유엔 안보리 회원국들에게 이 결의안을 만장일치로 통과시킬 것을 호소하였다. 중국은 일본의 결의안을 기각하고 북한에 대한 제재안에 반대하며 러시아의 지원 아래 자체 결의안을 제출하였다. 중국의 결의안은 제재나 군사행동을 보장하는 유엔헌장 7조를 배제하였다(Schneppen, FAZ 2006.07.06). 2003년 이라크전쟁 이후 중국과 러시아는 부시 행정부가 미국에 맞서려는 국가들에 대해 군사행동을 선호하는 것에 대해 우려를 가지고 있었다. 대북결의안에 유엔헌장 7조를 넣을 경우 북한에 대한 군사행동을 정당화해 줄 수 있기 때문에 중국과 러시아는 이를 배제하고자 하였다(NYT 2006.07.16).

유엔 안보리 15개 회원국은 중국과의 협의를 거쳐 2006년 7월 15일 만장일치로 1695호 결의안을 통과시켰다. 이 결의안은 북한의 미사일 발사를 단죄하고 북한이 모든 미사일 활동을 중단하고 6자회담에 복귀할 것을 요구하였다. 결의안은 북한의 행위에 대해 이해를 표명하지는 않았으나, 군사적 제재에도 동의하지 않았는데 중국과 러시아가 거기까지 나가는 것을 원치 않았기 때문이었다(FAZ 2006.07.16). 유엔결의안 채택 직후 박길연 북한 유엔대사는 다음과 같이 주장하였다.

> 우리는 일부 국가들이 북조선 민주공화국을 압박하고 소외시키기 위한 정치적 목적을 위해 유엔 안보리를 남용하려는 시도에 대해 강력하게 항의하며, 우리는 결코 이번 결의안을 받아들일 수 없다(NYT 2006.07.16).

유엔결의안 채택 다음 날 북한 외무성은 다음과 같이 선언하였다.

> 우리 공화국은 지금 미국의 극단적인 대북 적대시 정책 때문에 최악의 상황에 도달한 시점에서 우리의 자위를 위해 모든 수단과 방법을 동원하여 전쟁억제력을 강화해 나갈 것이다(NYT 2006.07.17).

북한의 미사일 실험은 기술적인 측면에서 실패했으며, 특히 대포동 2호 발사는 명백한 실패였다. 이번 미사일 문제는 북한의 미사일이 미 본토에 도달할 수 있을 것인지 불명확하였기 때문에 지난 몇 주간 세계적으로 주요 관심사였다. 이번 실험을 통해 북한이 아직 장거리 미사일 능력을 보유하지 못했음을 알게 되었다. 또한 서구 전문가들에 따르면 대포동 2호의 사정거리는 10,000km에 이를 것으로 평가되었지만, 이 외에도 탄두의 무게를 경량화하는 문제가 남아 있는 것으로 분석되었다. 핵탄두의 장착을 위해서는 최소 탄두의 무게가 800kg 이하여야 하며, 북한은 아직 이 목표에 도달하지 못한 것으로 보였다. 이러한 정황에서 전문가들은 북한이 소형 핵탄두를 개발하기는 어려울 것으로 보았으며, 그래서 많은 사람들은 북한의 실험을 실제 위협이 아니라 무력시위로 인식하였다(Busse, FAZ 2006.07.05).

미 행정부는 북한의 추가적인 도발가능성에 대해 경고하였다. 스노우(T. Snow) 백악관 대변인은 미국은 미 본토와 동맹들을 보호하기 위하여 필요한 모든 조치들을 취하겠다고 선언하였다(FAZ 2006.07.05). 해드리 안보보좌관은 북한의 미사일 발사실험을 도발로 규정했으나, 동시에 그것이 미국에 위험을 제공하지는 않을 것이라고 확신하며 다음과 같이 언급하였다.

> 이 사건은 북미 간 문제가 아니며, 우리는 북한의 김정일이 이를 북미문제로 만들도록 내버려 두지 않을 것이다.(…) 핵심 포인트는 북한을 다시 돌아오게 할 외교적 방법을 찾아내는 것과 6자회담에 다시 참여하게 하는 것이다(Faiola, Washington Post 2006.07.05).

중국과 러시아가 유엔 대북결의안 1695호를 지지하였다. 이는 부시 행정부의 승리였는데, 이는 중국과 러시아가 결의안에서 미국편에 섰기 때문이다. 또한 이번 사건은 미 행정부 내 강경파의 입장을 강화시켜 주었다. 미국은 이 시점에서 1999년부터 중단된 대북 제재방안을 다시 도입하는 것을 검토하였다. 그 제재방안은 무역제한조치 및 북한방문 미국인에 대해 엄격한 통제방안 등이 포함되었다.

그러나 북한이 왜 과거에 성공적으로 실험한 중·단거리 미사일을 다시 발사했는지에 대해서는 분명하게 밝혀지지 않았다. 미 행정부의 고위관료는 이에 대해 다음과 같이 설명하였다.

> 하나의 설명은 북한이 대포동 2호 발사만으로 미국이 적극적으로 대화에 나서지 않을 것이라는 가능성에 대해 알고 있다는 것이다. 그래서 도발이 실질적으로 작용할 수 있도록 여러 발을 한꺼번에 발사한 것이다(Onishi/Sanger, NYT 2006.07.05).

또한 연세대학교 김우상 교수는 다음과 같이 설명하였다.

> 확실히 대포동 2호의 성공은 아직 준비되지 않았지만 북한은 메시지를 보내고 있다. 그들은 대포동 2호 시험발사의 실패가 미국에 대해서는 위협이 되지 않겠지만 여전히 한국과 일본에는 위협이 될 것이라는 점을 시위하고 싶었을 것이다(Faiola, Washington Post 2006.07.05).

그래서 일본 방위청은 북한의 군사시설에 대한 예방공격이 헌법에 위반되는지 여부를 검토하기도 하였다. 북한의 미사일 발사실험은 일본의 유명한 대북 강경파이며 고이즈미 총리의 후계자로 예상되는 아베에게 유리한 전기를 마련해 주었으며(2006년 9월 아베는 일본 총리가 됨), 이러한 분위기는 평양정권에 대해 강경한 입장을 가진 일본 정치인들에게 일본 국민들이 호의를 갖게 하는 계기가 되었다. 교토통신에 따르면 일본 정부는 미국의 대북정책을 동조하고 북한이 돈세탁을 한 의심이 가는 금융기관에 대한 금융제재를 할 예정이라고 한다(Schneppen, FAZ 2006.07.06).

중국 외무부는 시험발사 직후 아무런 공식반응을 내놓지 않다가 대단히 유감스럽다는 입장을 밝힌 후 모든 관련국들에게 긴장을 유발하거나 상황을 악화시키는 행동을 자제하고 평정을 되찾아야 한다고 강조했다. 베이징은 발사 직전 북한에게 냉정을 되찾기를 긴급히 요구하였으나, 북한은 결정적 순간에 이를 듣지 않았다(Schneppen, FAZ 2006.07.06).

노무현 정부의 안보수석인 서주석은 주변국들에게 북한의 도발을 유도할 수 있는 자극을 중단하고 협상의 테이블로 되돌아올 것을 요구하였다. 노무현 대통령은 시험발사 직후 북한이 특정 국가를 목표로 한 것은 아니었다고 언급하면서 한국의 안보가 위협을 받은 것은 아니라고 보았다. 그러나 상황을 보다 악화시킬 수 있는 일본의 급격한 대응과 관련해서는 우려를 표명하였다. 어찌 되었든 미사일 시험발사는 한국의 체면에 손상을 가져왔으며, 햇볕정책의 실패에 대한 우려를 불러왔다. 이와 함께 남북관계는 경색되었고 북한에 대한 남한의 10만 톤의 비료와 50만 톤의 옥수수 지원이 일시적으로 보류되었다. 그러나 남쪽 기업이 북한의 값싼 노동력을 이용할 수 있는 개성공단 사업과 현대의 금강산 관광사업은 지속되었다(FAZ 2006.07.05).

나토는 북한의 미사일 시험발사에 대해 다음과 같은 논평을 내놓았다.

> 북한의 미사일 확산과 도발적 행동은 국제사회의 강력한 대응을 필요로 한다. 미사일 시험발사는 대체적으로 지역과 국제사회에 대한 심각한 위협이다(O'Neil, NYT 2006.07.05).

그러면서 나토는 북한이 협상테이블로 돌아와야 한다고 촉구하였다. 독일과 프랑스 정부는 미사일 실험에 대해 깊은 유감을 표명하고 무책임한 도발이라고 언급하였다. 그 밖에도 G8 및 ASEAN 국가들은 북한이 미사일 프로그램의 개발을 중단할 것을 요구하였다(NYT 2006.07.05).

북한의 조선중앙통신사(KCNA)는 미사일 발사실험을 자위력 강화를 위한 일반적인 군사훈련의 일환이라고 표현했다. 북한 외무성 대변인은 미사일 실험은 주권국의 권리이며 북한은 미사일기술 통제체제(MTCR)의 회원국이 아니기 때문에 이 체제의 규정들을 따를 의무가 없다고 발표하였다. 또한 북한은 1999년 미국과의 미사일 발사유예 약속 또는 2002년 일본과의 평양정상선언을 위반하지 않았다고 주장하며, 미국과의 약속은 북미대화가 지속될 때에만 유효한 것이기 때문이라고 그 이유를 설명하였다. 그러나 미국은 북한과의 양자회담을 여전히 거부하고 있다. 평양정상선언과 관련해서도 미사일 발사유예가 유효하려면 일본이 북일관계를 정상화하고 과거 식민지 지배에 대한 보상이 이루어져야 한다고 주장하였다. 일본은 미 대북특사 켈리의 주장(HEU 프로그램 개발) 이후 북한에 대해 화해정책을 중단하였다(KCNA 2006.07.07).

북한은 유엔결의안을 거부하고 강력한 반발과 경제제재 위협에도 불구하고 동북아의 평화와 안정, 그리고 세력균형을 위해서는 지속적인 미사일 개발이 필요하다고 선언하였다. 북한의 한성렬 유엔 차석대사는 뉴욕에서 가진 일본 TBS 방송과의 인터뷰에서 "대북 제재안이 실행된다면, 그것은 대대적인 보복조처를 유발하게 될 것이다(FAZ 2006.07.06)." 김일철 북한 인민무력부장은 유엔결의안 및 지속적인 미국의 적대적 정책에 맞서 핵 프로그램 계속해서 강화해 나가겠다고 선언하였다. 그 밖에도 북한은 이번 미사일 실험은 핵문제와 무관하다고 주장하며, 방코델타아시아 은행의 동결된 자금이 풀릴 경우 6자회담에 복귀할 준비가 되어 있다고 설명하였다. 또한 미국이 한국과 함께하는 군사훈련을 중단할 경우 향후 미사일 발사를 포기할 수도 있다고 발표하였다. 백남순 북한 외상은 쿠알라룸푸르에서 열린 ASEAN 지역포럼(ARF)에 참석하였으나 6자회담 참여국들 사이의 비공식회담은 이루어지지 않았다. 북한은 그러한 접촉을 거부하고 대화의 전제 조건으로 미국이 금융제재 해제를 요구하였다(KCNA 2006.07.07).

2) 북한의 핵실험과 그 평가

2006년 10월 9일 북한은 지하 핵실험을 실시하였다. 실시 직후 전문가들은 이번 핵실험이 일반적인 핵실험에 비해 그 규모가 작았기 때문에 다양한 평가들을 내놓았다. 1945년 미국이 일본 히로시마에 낙하한 핵탄두는 13킬로톤의 규모(1킬로톤은 TNT 1,000톤의 위력)였으며, 가장 최근의 실험에 사용된 핵탄두는 최소 10킬로톤 규모였다. 그런데 오스트리아 비인에 소재하며 주로 비밀 핵실험을 감시하는 "포괄적 핵실험금지 조약기구(CTBTO)"의 발표에 따르면 이번 북한의 핵실험은 5킬로톤의 소규모라는 것이다. 만일 북한이 핵탄두를 이 정도로 소량화할 수 있다면, 북한은 이미 상당히 발전된 핵기술을 보유한 것으로 평가가 가능하다고 설명하였다. 핵탄두를 이처럼 소량화하는 것은 일반적인 핵탄두에 비해 상당히 어려운 것으로 알려지고 있다(Illinger, Süddeutsche Zeitung 2006.10.10).

부시 대통령은 북한의 핵실험 직후 이번 실험이 성공하지 못한 것으로 평가절하하고 이번 실험을 도발행위로 간주하며 다음과 같이 반응하였다.

> 북한이 핵무기 또는 핵물질을 다른 국가나 비국가단체에 이전하는 것은 미국의 안보에 중대한 위협이며, 우리는 북한의 그러한 행위에 대해 엄중한 책임을 물을 것이다(Abramowitz, Washington Post 2006.10.10).

미국은 성공적인 핵실험을 위해서는 핵탄두의 규모가 10~60킬로톤은 되어야 한다고 보았다. 익명의 미국 관리는 북한의 핵실험 규모는 1킬로톤 미만인 것 같다고 주장하였다. 그는 "우리는 북한에서 소규모 폭발만을 감지하였다. (…) 사실 우리는 그것이 핵폭발이었는지 확실히 모르겠다"고 설명하였다. 세르게이 이바노프(S. Ivanov) 러시아 국방장관은 이타르타스(ITAR-TASS) 통신과의 회견에서 모스크바는 이번 핵실험을 5~15킬로톤 규모로 본다고 설명했다(Stout/O'Neil, NYT 2006.10.09). 일주일 후 미국은 미군이 북한지역에서 방사능활동을 측정했다고 북한의 핵실험이 분명하다고 확인했다(Süddeutsche Zeitung 2006.10.14).

북한의 핵실험 6일 후 유엔 안보리는 만장일치로 북한에 대한 제재를 결정하였다. 15개 회원국은 핵실험을 강하게 비난하고 결의안을 의결하였다. 유엔결의안 1718호에서 핵실험은 세계의 평화와 안보에 대한 명백한 도전이라는 결의와 함께 단죄하였다. 안보리는 평양에 대해 "추가적인 핵 또는 미사일 실험을 포기하고 조건 없이 6자회담에 복귀할 것"을 요구하였다. 결의안은 핵기술을 비롯하여 탱크, 전함, 전투기, 미사일의 이전을 금지하고 그 밖에 사치품의 이전도 금지하였다. 또한 북한으로의 여행금지, 물자이동 등의 엄격한 통제를 담고 있으나, 무력의 사용은 명시적으로 배제하였다(FAZ 2006.10.14).

볼튼(J. Bolten) 미국 유엔대사는 "결의안 내용에 완전히 만족하는 것은 아니지만 우리가 논의과정에서 담으려는 주요내용을 포함시켰다"고 설명했다(Süddeutsche Zeitung 2006.10.14). 그는 또한 "미국은 의결과 관련 매우 만족한다. (…) 이 결의안은 북한의 행위에 엄중한 책임을 물은 것으로 북한에 대해 강력한 메시지를 보낸 것이다"라고 평가하였다(Hoge, NYT 2006.10.15). 왕광야 유엔주재 중국대사는 아래와 같이 의견을 표명하였다.

> 우리는 이번 결의안이 동북아 지역의 평화와 안전에 기여할 것인지 다소 우려를 가지고 있다. (…) 중국은 제재조치가 북한의 반발을 살 수도 있다고 보고 "강력한(firm)" 대신 "적절한(appropriate)" 제재를 주장했었다(NYT 2006.10.15).

박길연 유엔주재 북한대사는 유엔 안보리에서 다음과 같이 주장하였다.

> 우리 정부는 유엔결의안을 전적으로 거부하며, 안보리 회원국들의 깡패 같은 행위와 이중 잣대를 기소한다. (…) 만일 미국이 소위 도발적 행보를 지속한다면, 북한은 그것을 하나의 전쟁선포로 간주할 수박에 없다(NYT 2006.10.15).

북한은 이번 핵실험을 통해 핵보유국 대열에 9번째로 합류하게 되었다. 이 사건은 비확산체제(NPT)에 대한 중대한 도전이 되고 있는데, 이는 북한 사례를 통해 많은 국가들이 과연 NPT 체제가 핵확산의 방지에 중요한 역할을 하고 있는가에 대해 회의적인 시각을 갖게 되었기 때문이다. 북한은 2003년 1월 비확산조약을 탈퇴함으로써 비확산조약 규정을 위반하는 것을 피해갈 수 있었다. 북한의 핵무기는 국제안보에 주요한 위협이 될 수 있는데, 한국에의 안보위협은 차치하더라도 평양정권이 외화부족을 이유로 핵탄두나 핵물질을 제3자에게 판매할 수 있기 때문이다. 또한 유엔 안보리의 위상에도 손상을 가져왔다. 유엔 안보리는 사전에 북한의 핵실험을 강력히 경고했으나 그것을 막지 못했기 때문이다(Möller/Thränert 2006, 1-4).

부시 행정부는 핵보유국으로서 북한의 지위를 인정하지 않았으며, 북한의 핵 프로그램에 대해 명확한 입장을 밝히지 않았다. 독일의 주요 싱크탱크 연구소인 SWP의 전문가들은 이를 워싱턴의 "전략적 모호성"이라고 분석하였다. 미 행정부는 금융제재를 통해 평양정권의 붕괴를 모색하고 있다.

이러한 전략은 김정일의 붕괴를 위해 노력하지 않는다는 기존의 입장과는 모순되는 것이다. 이러한 모순은 서로 다른 외교정책의 목표가 혼재되어 있기 때문에 초래된 현상이다. 한편으로 미국은 비확산정책의 일환으로 북한의 핵 프로그램을 종료하고자 노력하고 있으며, 다른 한편으로는 북한 핵 프로그램의 존재를 광역미사일방어(TMD)시스템을 구축하는 근거로, 또 일본 및 한국과의 동맹을 강화하는 구실로 이용하고 있다. TMD 계획과 한미/미일동맹은 부상하는 중국을 견제하는 데 중요하기 때문이다(Möller/Thränert 2006, 7-8).

통일연구원의 박형중 연구위원도 미국의 이해를 다음과 같이 설명하고 있다.

> 미국의 실제 국익은 북한의 핵무기 그 자체에 있는 것이 아니라, 동북아와 글로벌 비확산 문제에서 어떠한 영향을 미칠 것인가에 있다. 북한 핵무기에 대한 미국의 반응은 그대로 이란의 행동에 영향을 주게 될 것이다(Park 2006.10.24).

반면에, 미국 RAND연구소의 베네트(B. Bennett)는 핵실험을 북한 내부 문제의 하나라고 평가하고 다음과 같이 주장하였다.

> 김정일은 정권의 권한강화를 위한 유일하면서도 실질적인 수단으로 핵무기가 필요하다. (…) 핵무기는 미국이나 주변국가들의 북한에 대한 공격을 억제하는 지렛대 역할을 할 것이다. (…) 핵위협은 주변국가들을 압박하여 경제지원을 얻는데 도움이 될 것이다. 또한 김정일은 핵무기와 핵기술을 부가가치가 높은 수출상품으로 평가하며, 이를 통해 막대한 비용을 지불할 수 있는 오일머니 국가인 이란과 가까워질 수 있을 것으로 보고 있다(Bennett, Washington Times 2006.10.15).

3) 제5차 6자회담과 2·13 합의

2006년 10월의 북한 핵실험이 실시된 2개월 후 6자회담(제5차 6자회담의 두 번째 회담)[10)]이 개최되었으나 미국과 북한의 의견대립으로 성과 없이 끝났다. 2007년 1월 중순 미국의 크리스토퍼 힐(Christopher Hill) 대표와 북한의 김계관 외무성 부상이 베를린에서 비공식 접촉을 가졌다. 협상내용은 공식적으로 발표되지 않았으나, 미 정부는 이번 양자회담을 긍정적으로 평가한 것으로 알려졌다(FAZ 2007.01.17).

이후 제5차 6자회담의 세 번째 회담이 2007년 2월 8일부터 13일까지 베이징에서 개최되었다. 이번 회담에서는 2005년 9월에 합의한 "9·19 공동선언"의 이행을 위한 구체적인 "2·13 실행계획(Action Plan)"에 합의하였다. 이번 실행계획의 주요 골자는 북한은 60일 이내에 영변 핵시설의 가동을 중단하고 IAEA 사찰을 다시 허용한다는 것이다. 이에 대한 반대급부로 다른 국가들은 북한에 5만 톤의 중유를 공급하고 30일 이내에 미국의 금융제재를 해제하며 5개의 실무위원회를 설치하는 것이다. 이 실무위원회는 한반도 비핵화, 북미관계 정상화, 북일관계 정상화, 경제 및 에너지 협

---

10) 제5차 6자회담의 첫 번째 회담은 2005년 11월 9일에서 11일 사이 개최되었으나 성과 없이 끝남.

력, 동북아 평화 및 안보체제 구축을 다루도록 합의하였다. 그 밖에도 북한이 모든 핵시설을 신고하고 폐기할 경우, 북한은 추가적으로 95만 톤의 중유를 공급받기로 합의하였다(Yardley, NYT 2007.02.13; FAZ 2007.02.13).

이번 합의는 미국의 대북정책에 있어서 중요한 방향전환으로 보이는데, 이는 부시 행정부가 금융제재 해제와 관련 북한의 요구를 수용하였기 때문이다. 지금까지 워싱턴은 방코델타아시아의 북한 자금 건은 북한 핵문제와는 별도로 처리한다는 입장을 고수해 왔기 때문이다. 이번 양보로 미 행정부는 평양정권에 대한 그동안의 강경한 입장을 바꾸었고 관계정상화를 위한 대화에 착수했다(Cody, Washington Post 2007.02.13).

이러한 미국의 대북정책 변화는 2006년 10월 북한의 성공적 핵실험 실시와 추가적인 핵실험 위험, 제3국이나 테러집단으로의 핵물질 이전가능성 등이 주요 원인으로 분석되었다. 또한 같은 해 11월 미 의회선거에서 공화

〈도표 6-3〉 핵관련 북미협상

	원인	위기시작	협상과정	결과
클린턴 행정부	미국의 위협 (핵무기배치 및 연합훈련) 제재 및 봉쇄정책	북한의 NPT 탈퇴 미국의 영변폭격계획	카터의 평양방문 북미 제네바 회담	제네바합의 KEDO 프로세스
	제재정책 제네바합의의 지연	대포동 1호 실험	베를린 양자회담	미사일발사유예 경제제재해제 상호 방문 (조명록/올브라이트)
부시 행정부	HEU 프로그램 제네바합의 중단	북한의 NPT 탈퇴/ 영변핵시설 재가동	3자회담 6자회담(1~4차)	9·19 공동선언
	협상교착/금융제재 이라크/이란 문제 미국의회선거	대포동 2호 실험 1차 핵실험	6자회담(5차)	UN결의안 1695 UN결의안 1718 2·13 합의

당의 패배, 그리고 계속되는 이라크와 이란에서의 어려움도 대북정책을 지금까지 강경일변도에서 외교적인 협상전략으로 전환하게 한 이유로 보인다. 당시 부시 행정부는 북핵문제와 관련 어떻게 해서든지 외교적인 성과를 내기를 원했는데, 이는 미국이 북한 핵문제를 통제할 만한 다른 마땅한 수단이 더 이상 존재하지 않았기 때문이다(Hiermann/Thränert 2007).

그러나 2·13 실행계획을 실제로 실천에 옮기는 일은 그리 간단하지 않았다. 2007년 3월 19일로 예정되었던 6자회담은 열리지 못했다. 왜냐하면 북한은 이 6자회담이 열리기 전까지 북한에 대한 금융제재 해제의 증거로 미국이 마카오 소재 방코델타아시아 은행에 묶여 있는 북한자금을 풀어줄 것을 요구하였으나, 동결된 자금이 쉽게 풀리지 않았기 때문이다. 자금이 풀리지 않자 북한이 베이징을 떠나면서 6자회담은 무산되었다(Lague, NYT 2007.03.22/2007.03.23).

제7장

북한의 핵정책

I. 북한의 핵개발 동기

북한의 핵개발 동기는 한국전쟁 당시 미국의 핵무기 사용위협에서부터 시작되었다고 볼 수 있다. 한국전쟁 후 북한은 소련 및 중국의 지원과 함께 핵 프로그램을 개발하기 위해 노력하였다. 1956년 3월 북한은 소련과 핵관련 공동 연구기관 설립에 관한 내용의 조약을 체결하였다. 이 조약에 따라 약 30명의 북한 전문가들이 소련을 방문하였고, 핵기술에 대해 교육을 받았다. 평양은 방사능화학연구소를 설립하기로 결정한 이후 1958년 1월 소련은 북한이 길주군 근처에 핵무기 훈련센터를 건설하는 것을 지원하였다 (장전익 1999, 116).

평양과 모스크바는 1959년 핵 협력조약에 서명하였는데, 이 조약에서 소련은 북한의 핵 연구관련 기술적 지원을 약속하였다. 1963년 코트로브(V. Kotlov) 소련 핵과학자의 지휘 아래 영변에 소련식 핵원자로 IRT-2000의 건설이 시작되었고 1965년에 완공되었다. 1974년 4월 김일성은 베이징을 방문하여 저우언라이(周恩來)에게 북한의 핵 프로그램 개발에 대한 지원과 북한에 대한 중국의 안보보장을 요청하였다. 중국이 비록 북한의 요청을 전부 수용하지는 않았지만 북한 핵과학자나 기술자들을 중국에서 연수하도록 허용하였다. 1984년 5월 김일성은 모스크바를 방문하여 체르넨코(K. Chernenko) 서기장에게 북한의 전력난을 해소하기 위해 핵발전소 설립에 대한 지원을 요청하였다(Oberdorfer 1997, 254).

1985년 북한은 소련의 압력으로 비확산체제(NPT)에 가입하였으나, 1992년까지 국제원자력기구(IAEA)의 사찰은 거부하였다(Park 1994, 80). 뒤이어 모스크바와 평양은 경제기술협력조약을 체결하였다. 이 조약에서 북한의 NPT 가입에 대한 대가로 소련은 4개의 경수로를 지어주기로 약속하였다. 그러나 이 프로젝트는 1988년 모스크바의 재정사정으로 취소되었다(Quinones 1998, 108).

실제로 북한은 1958년 미 전술핵무기의 한국 배치 이후 미국의 핵위협에 놓여 있었다. 비록 북한이 1961년 소련 및 중국과 우호조약을 체결하기는 하였지만, 모스크바와 베이징은 북한에게 공식적인 핵우산을 제공하지 않았다. 동서냉전의 종식 후 동구블록이 붕괴하면서 북한에게는 더 이상 안전보장을 위한 안전판이 없어졌는데, 러시아와의 군사동맹이 끝이 나고 중국의 북한에 대한 안보의지가 모호하였기 때문이다. 이 외에도 1990년대 초반 한국이 러시아 및 중국과 수교한 반면, 북한은 미국 및 일본과 수교를 이루지 못하였다(Hamm 2005; Köllner 2003, 29; Hughes 1996, 85). 이처럼 한반도에서 상호 교차승인이 이루어지지 못한 것은 북한에게 안보상으로 상당한 위기의식을 갖게 하였다.

북한은 여전히 미국의 경제제재하에 놓여 있으며, 탈냉전기를 맞으면서 정치적 고립과 경제적 어려움에 처하게 되었다. 반면에 한국은 미국의 경제적/군사적 지원(1946~1999, 약 100억 달러)과 협력에 힘입어 급속히 성장하였다. 한국은 1996년 OECD에 가입한 반면, 북한은 1989에서 1993년 사이에 국내총생산이 무려 20% 이상 감소하였다. 1993년 북한의 국내 총생산량은 약 205억 달러를 기록하였고, 이는 한국(3,287억 달러)의 1/16에 불과한 것이다(Lee 2006, 297; Eberstadt 1997, 81; Ahn 1994, 97). 평양은 남북한 경제성장의 극심한 차이 때문에 남한과 재래식 무기를 가지고 군비경쟁을 하기가 어렵게 되었다. 이는 2000년 남북한 군사비 지출을 — 남한 128억 달러, 북한 13~21억 달러 — 비교해 보면 확연히 알 수 있다(CDI 2001-2002, 39; Lee 2006, 299).

미국의 한반도 전문가인 해리슨(S. Harrison)은 핵무기 역량확보를 위한 북한의 노력을 원래 방어 전략의 일환으로 평가했다. 여기서 방어 전략이란 지난 수십 년간 전술핵무기 배치와 팀 스피리트(Team Spirit) 한미연합 군사훈련(1976~1993)에 대한 대응이라는 것이다(Harrison 1996-97, 39). 이를 위해 북한은 대량살상무기의 개발에 진력했던 것이다. 이처럼 미국에 의한 안보위협과 점차 심해지는 경제적 취약함이 핵무기 보유에 대한 강한 집착을 가져왔으며, 평양의 입장에서 볼 때 핵무기는 대내외적으로 북한의 위상을 올리는 것일 뿐만 아니라 안보위협에 대한 가장 저렴한 억제수단이 된다고 인식한 것이다(Köllner 2003, 29-30). 호트리(R. Hawtrey)의 주장은 이러한 입장을 잘 뒷받침해 준다.

> 한 국가의 위신이 소멸된다면, 향후 외교전에서 그 국가의 역량은 약화될 것이다. 또 국가의 외교전이 중요한 것이라면, 외교전의 실패는 한 국가의 총체적 역량이 감소하는 것을 의미한다. 따라서 국가위신의 축소는 두려워할 만한 손실이다.(…) 한 국가가 외교상 자신의 국가위신이 실제 국력과 일치하지 않는다고 믿는다면, 그 국가는 투쟁에 나설 것이다(Gilpin 1981, 32).

맨닝(R. Manning)은 냉전의 종식, 소련의 붕괴, 북한 경제모델의 실패가 북한 핵문제를 야기했다고 본다. 1970~80년대 김일성은 북한의 핵 프로그램을 하나의 억제수단이나 한반도 통일을 위한 수단으로 보았다. 이 외에도 핵무기가 북한의 국가위신을 높여줄 것으로 생각했다. 1980년대 말 이후 북한정권은 핵무기 프로그램이 자신들의 안전보장을 위한 최상의 장치로 보았고, 자신의 생존을 담보할 정치적 협상카드로 여기게 되었다(Manning 2002, 64-65).

미국의 한반도 전문가 카펜터(T. Carpenter)와 밴도우(D. Bandow)는 북한의 핵무기 개발동기가 미국의 양보를 얻어내고, 주변국을 압박할 수단을 갖게 되며, 국가위신을 높이는 데 있다고 보았다. 또 다른 동기로는 핵무기가 재래식 무기에 비해 저렴한 억제수단이라는 점이다. 핵무기를 통해 평양은 재래식 전력의 규모와 비용을 줄일 수 있을 것으로 본다. 그 밖에도 북한은 핵무기를 전략적 동기에서 보유할 수 있는데, 가장 믿을 만한 억제수단 또는 어쩌면 유일한 억제수단이라는 점이 바로 그것이다(Carpenter/Bandow 2004, 71-72).

북한의 핵개발과 관련하여 일군의 전문가들은 북한이 미국의 공격을 억제하기 위한 유일한 수단으로서 핵 역량을 가지려한다고 본다. 또 다른 전문가 그룹은 북한이 핵을 이용한 협상에 관심이 있으며, 그래서 미국의 안전보장, 북미수교, 미국 또는 주변국들에 의한 경제적 지원과 맞교환하여 자신들의 핵 프로그램을 포기할 준비가 되어 있다고 본다(Abramowitz/Laney/Heginbotham 2003, 17-21).

고전적 현실주의의 입장에서 보면 북한의 핵개발 동기는 국제체제 내에서 자신의 권력을 확대하기 위한 것으로 볼 수 있다. 이 시각에서 보면 북한은 결코 핵 프로그램의 포기를 원하지 않을 것이다. 이 경우 핵문제 해결을 위한 협상은 단지 북한이 (보다 많은 핵무기 개발을 위한) 시간을 버는 수단에 지나지 않는다. 반면 구조적 현실주의(신 현실주의)의 입장에서 보면 북한의 핵개발 동기는 미국의 위협에 대응하기 위한 것으로 볼 수 있다. 이와 같은 시각에서 보면 북한은 미국과의 관계를 정상화하고 경제지원을 받을 수 있으면, 자신의 핵 프로그램을 포기할 수도 있다고 본다.

II. 북한의 생존전략

2002년 10월 북한 외무성은 아래의 세 가지 조건이 충족될 경우, 협상을 통하여 자신의 핵무기 프로그램을 중단할 수 있다고 발표하였다(북한 외무성 발표, 2002).

- 미국의 북한주권 인정
- 북미 간 불가침조약 체결
- 미국의 대북 경제재제 해제

북한의 핵 프로그램은 안전보장의 담보일 뿐 아니라 경제회복을 위한 외부지원의 교환수단이 되고 있다. 이로부터 북한의 이해관계가 협상을 통한 미국과의 관계정상화에 있다는 것을 도출할 수 있다. 이를 통한 생존이 북한정권의 목표라고 볼 수 있다.

이러한 이해관계를 달성하기 위하여 평양정권은 그동안 두 가지 서로 다른 전략을 구사하여 왔다. 북한은 2005년 2월 공식적인 핵보유 선언 이전까지 자신의 핵보유와 관련하여 항상 모호한 입장을 견지하여 왔다. 따라서 이전에는 북한이 핵무기 또는 대량살상무기를 보유하고 있는지 또는 그렇지 않은지가 불분명하였다. 북한의 핵무기 실제 보유여부가 어차피 북한정권에게는 전략적으로 그렇게 중요한 일이 아니었으나, 미국에게는 아주 중요한 일이었다. 왜냐하면 미 행정부가 북한 핵보유 관련 잘못된 정보에 기초하여 북한에게 양보를 할 경우, 의회로부터 커다란 저항에 부딪힐 수 있기 때문이었다.

북한의 핵무기 존재여부에 대해서 2006년 10월 핵실험 이전까지는 명확한 증거가 존재하지 않았고 국제기구나 정보기관, 주변국들의 추측이 있었을 뿐이었다. 2003년 국제원자력기구(IAEA)의 평가에 따르면 북한은 곧 핵무기를 만들 수 있는 상황이었다. 당시 IAEA의 대변인은 2003년 8월 독일의 한 신문과의 인터뷰에서 다음과 같이 말했다. “우리가 말할 수 있는 것은 북한이 이미 기술적으로 아주 많이 발전했다는 것이며, 따라서 조만간에 핵무기를 생산할 능력을 가질 것이라는 점을 쉽게 예상할 수 있다는 것이다(FAZ 2003.08.23).” 미국의 정보기관은 북한이 이미 1~2개의 핵무기를 보유하고 있을 것이라고 오래전부터 믿고 있었다. 중국 정보기관의 예상은 보다 더 충격적이다. 북경은 북한이 이미 5개 정도의 핵무기를 보유했을 것이라고 믿었다(Carpenter 2003/4, 94).

북한은 2005년 2월 이전까지는 자신의 핵무기 존재여부에 대하여 긍정도 부정도 하지 않았었다. 어떤 이유에서 평양정권이 자신의 핵무기와 관련하여 그러한 모호한 전략을 추구했었는지 그 이유를 분석해보면 다음과 같다.

1. 전략 1: 핵무기의 존재를 부인하지 않음

북한의 핵전략은 두 가지 측면을 가지고 있었다. 한 가지 측면은 자신의 핵무기 존재를 분명하게 부정하지 않았다는 것이다. 이러한 전략을 수행했던 까닭은 미국 및 남한과의 대치상황 속에서 자신의 안보를 위하여 억제수단이 필요하였기 때문이다. 군사적, 경제적인 비대칭관계에서 북한이 핵무기 이외에 다른 억제수단을 갖기는 어렵기 때문이다(Snyder 2000, 169). 또 다른 이유로는 북한이 미국과의 협상에서 보다 강력한 협상수단을 갖고자 하였기 때문이다. 만약 북한이 확실하게 핵무기가 없다는 것이 알려질 경우, 미국은 북한을 협상상대자로 진지하게 생각하지 않았을 것이기 때문이다. 이 경우 북한이 협상에서 미국으로부터 무언가 양보를 받아낸다는 것은 상상하기 힘든 일이다. 따라서 북한은 협상력을 높이기 위하여 때때로 핵과 관련한 모호함을 의도적으로 이용하기도 하였다(Hilpert 2003, 7; Pinkston/Saunders 2003, 92).

2. 전략 2: 핵무기의 존재를 인정하지 않음

또 다른 측면에서 북한은 핵무기의 존재를 분명하게 시인하지 않는 전략을 구사하였다. 이러한 전략이 필요했던 이유도 몇 가지가 존재한다. 먼저 북한은 국제사회에서 일반적으로 통용되는, 핵을 갖지 않은 국가에게는 핵을 사용하지 않는다는 "핵무기 사용의 금기"를 이용하여 미국의 핵공격을 피하고자 하였다. 그러나 미국이 2002년 《핵태세 검토보고서(NPR)》에서 그러한 금기와 상관없이 핵무기를 사용할 수 있다고 천명함에 따라 이러한 북한의 전략은 더 이상 유효하지 않게 되었다.

북한의 핵무기 보유는 한국이나 일본, 그리고 대만의 핵무기 보유동기를 자극할 수 있다. 그러한 핵도미노 현상이 일어날 경우 동북아시아에서는 군비경쟁의 긴장이 일어날 수 있다(Hughes 1996, 81). 중국은 핵무장을 한 주변국가의 등장을 원치 않으며, 특히 대만의 핵무장 가능성에 대해서는 커다란 우려를 표시하고 있다. 따라서 북한이 핵무기의 존재를 인정하는 것은 쉬운 일이 아니었다.

오늘날 중국은 북한이 필요로 하는 에너지양의 90%를 공급하고 있으며, 북한 식량수입량의 약 1/3을 담당하고 있다. 1990년대 중반 이후 북한은 매년 약 2백만 톤의 식량부족 사태를 겪고 있다. 1980년 북한의 생산량은 약 5백만 톤이었으나, 1990년에는 그 생산량의 약 40%가 감소하였다. 따라서 평양정권이 대외정치에서 중국의 이해관계를 벗어나는 행동이나 정치적 소신을 밀고 나가는 것은 그리 간단한 일이 아니었다. 이러한 의미에서 북한은 경제적인 측면과 국제정치적인 면에서(예를 들어, 유엔 안보리에서의 지지 확보) 중국에게 상당한 정도 의존하고 있다고 볼 수 있다(Köllner 2003, 28).

그 밖에도 1991년 말 남북한이 합의한 "한반도 비핵화 공동선언"도 북한이 핵무기의 존재를 인정하지 않았던 또 다른 이유가 될 수 있을 것이다.

3. 미 공격에 대한 북한의 우려

핵실험 이전까지 북한의 이러한 모호한 핵전략의 배경에는 한반도 정전 상태의 지속, 미국과의 협상에 있어서 안보상의 어려움과 경제적인 고충이 있었기 때문이다.

2003년 3월 미국의 이라크 공격은 북한에게 또 하나의 두려움을 안겨주었다. 2003년 1월 9일 브릭스(H. Blix) 유엔 조사관은 유엔 안보리에 지금까지 이라크에서 불법적인 무기는 발견되지 않았다고 보고하였다. 1월 24일 코피 아난(Kofi Annan) 유엔 사무총장은 이라크에 대한 군사적인 공격은 아직 이르다고 말했다. 슈뢰더(G. Schröder) 독일 총리는 이라크 공격에 대한 군사행동에 불참을 선언하였다. 2003년 2월 14일 로마, 런던, 베를린 등을 위시하여 세계적으로 천만 명이 넘는 사람들이 전쟁반대 시위를 하였다. 또 프랑스, 러시아, 독일은 유엔 안보리에 이라크에 대한 무력제재의 이유가 충분하지 않다고 자신들의 의견을 제시하였다. 이라크가 대량살상무기를 보유했다는 증거가 아직 없다는 것이다(Spiegel Online 2003.09.18).

그러나 이라크전쟁을 저지하기 위한 이러한 모든 노력은 소용이 없었다. 유엔 안보리의 동의 없이 감행된 미국의 이라크 공격은 불량국가의 대량살상무기 보유여부가 미국의 예방전쟁 결정여부에 그렇게 결정적인 요소는 아니라는 점을 분명하게 보여주었다. 미국이 자신의 국익을 관철하기 위하여 국제사회의 규범을 벗어나고 국제법을 무시한 사례는 이번이 처음은 아니다(Paech 2003, 41). 북한은 미국의 이라크 공격에서, 또 이라크전쟁을 저지하려는 국제적인 노력의 실패에서, 그리고 미국의 대북정책에서 한 가지 중요한 교훈을 얻었는데, 그것은 핵무기 없이는 아무도 미국의 공격으로부터 안전할 수 없다는 인식이다. 그래서 북한은 온갖 어려움을 무릅쓰고 자신의 대량살상무기를 획득하고자 했던 것이다(Sommer, Zeit 2004. 04.07).

III. 북한정권의 선택 가능한 대안

한 국가가 외부로부터 안보위협을 느낄 경우, 그 국가는 그러한 위협을 제거하기 위하여 노력하게 된다. 국제정치학 내 현실주의 이론의 위협균형이론에 따르면 그러한 노력에는 두 가지 가능성이 존재한다. 균형화와 편승화 전략이 그것이다.

먼저 균형화 전략에는 내부 균형화와 외부 균형화 전략이 있다. 내부 균형화 전략이란 한 국가가 내부의 자원을 동원하여 직접 군비를 강화함으로써 위협국가에 대하여 스스로 대항세력을 구축하는 것이다. 여기에서 핵무기는 중요한 역할을 하게 되는데, 특히 위협을 받는 국가가 위협을 하는 국가에 대하여 비대칭적(열등한) 관계에 놓여 있을 때는 더욱 그러하다. 이와 관련하여 국제정치학자 폴(T. V. Paul)은 다음과 같이 쓰고 있다.

> 핵무기는 — 그것이 비록 소수일지라도 — 패권국이 핵무기 보유국을 직접적으로 위협할 수 없을 것이라는 확신을 강대국들에게 제공한다. 그래서 핵무기에 의하여 갖게 되는 최소한의 현실적인 억제력은 핵무기 보유국들에게 현실적인 안전보장을 제공한다(Paul 2005, 56).

외부 균형화는 가장 위협적인 존재/국가에 맞서 다른 국가들과 연합하여 대항하는 것을 말한다. 즉 패권국에 맞서려는 국가는 그러한 동맹을 통하여 대항세력(Gegenmacht)을 형성할 수 있다. 편승화 전략은 위협을 받는 국가가 가장 위협적인 국가와 동맹을 구성하는 것이다. 이를 통하여 위협을 받는 국가는 위협을 제거할 수 있다.

한국전쟁 이래 북한은 미국으로부터 안보상의 위협을 느껴왔다. 냉전시기에 북한은 미국의 위협에 대하여 상대적으로 크게 걱정하지 않았다. 왜냐하면 소련이나 중국이 든든한 버팀목이 되어주었기 때문이다. 그러나 냉전이 끝나면서 더 이상의 후원자가 없어졌다. 따라서 북한은 새로운 대항세력을 구성할 필요가 생긴 것이다. 2000년 이후 북한은 부시 행정부의 일방적이고 패권주의적인 외교·안보정책에 직면하게 되었다. 특히 2003년의 이라크전쟁으로 북한정권은 미국의 군사적 위협에 대해 보다 큰 우려를 가지게 되었다.

이러한 상황에서 북한에게는 앞에서 이론적으로 살펴본 바와 같이 두 가지 가능성이 존재한다. 외부 균형화 전략을 위해서는 북한이 중국과 동맹을 맺는 것인데, 이것이 여의치 않은 것이다. 왜냐하면 중국이 아직 과거 냉전시대 미국이나 소련처럼 초강대국이 아니기 때문이다. 따라서 외부 균형화를 위해서는 북한은 좀 더 기다려야 한다. 만일에 중국이 초강대국으로 성장한다면, 북한은 중국과의 동맹을 통하여 미국의 위협을 제거할 수 있을 것이다.

편승화 전략을 위해서 북한은 미국과 통합하는 시도를 할 수 있다. 이것은 아마도 북한정권에게 최후의 선택이 될 것이다. 왜냐하면 그러한 시도는 북한의 주권을 일부 제한할 것이기 때문이다. 그럼에도 불구하고 북한정권은 이미 자신의 핵을 포기하고 미국과의 관계를 정상화하려는 그러한 시도를 해오고 있으나, 미국은 이러한 제안을 거부하고 북한정권의 교체를 노리고 있다. 따라서 평양정권이 편승화 전략을 통하여 미국의 위협으로부터 벗어나려는 시도는 현재 상황에서 쉽지 않은 형편이다.

그래서 북한정권은 내부 균형화 전략을 통한 대항세력 형성을 추구하고 있다. 구체적으로 핵무기와 장거리 미사일의 개발을 시도하고 있는 것이다. 핵과 미사일 개발을 통하여 중국이 초강대국이 될 때까지 자신의 주권을 지키며 기다릴 수 있는 것이다. 미국이 북한에 대한 정권교체 정책을 바꾸지 않는 한, 평양정권으로서는 자신의 생존을 위하여 이러한 내부 균형화 전략이외에 다른 선택을 하기는 어려울 것으로 보인다.

북한의 핵무기 포기와 관련하여 남아프리카공화국(이하 남아공)의 사례가 시사점을 줄 수 있다. 1970년대 중반 남아공 정부는 핵 프로그램을 개발, 소련의 위협에 대항하여 6개의 핵무기를 보유하였었다. 1993년 3월 클럭(F. W. de Klerk) 남아공 대통령은 자국의 한 의회연설에서 다음과 같이 설명하였다.

> 남부 아프리카 국가들에 대한 소련의 팽창위협은 (…) 1975년부터 시작된 쿠바 주둔 소련군의 앙골라 배치는 이에 대한 억제력이 필요하다는 생각을 한층 더 강화시켰다. 소련의 공격에 대해 외부지원에 의존하는 것은 어려울 것이라는 생각 때문에 어느 정도 국제적인 고립을 무릅쓰면서 남아프리카공화국은 핵무기를 제조하였다(Sagan 1996/97, 60-61).

남아공은 1991년 소련에 의한 위협이 실제로 사라지자 자신의 핵무기를 폐기하였다. 이러한 맥락에서 본다면 미국의 위협이 사라지지 않는 한 북한정권이 자신들의 핵 프로그램을 포기하는 것은 쉽지 않을 것이다.

〈도표 7-1〉 북한정권의 선택 가능한 정책

미국의 대북정책

위협

- 악의 축
- 폭정의 전초기지
- 핵무기 공격대상
- 예방전쟁의 대상
- 정권교체
- 금융제재

북한정권

균형화 정책

편승화 정책

* 미국의 정권교체 정책 때문에 어려움

외부균형화 정책

* 러시아와는 더 이상 군사동맹이 아니고, 중국은 아직 미국과 대적할 만한 수준이 아니기에 동맹이 되기 어려움

내부균형화 정책

* 핵무기 및 장거리 미사일 개발을 통한 군사력 강화 가능성이 높은 상황임

종장

결론

1. 냉전 이후 미국의 외교안보정책

동서냉전이 막을 내리면서 미국은 국제체제 내 단극(일극)의 지위를 차지하게 되었으며, 유일한 초강대국으로서 자신의 안보와 지위를 유지하기 위해 노력하게 되었다. 그래서 유럽 또는 아시아에서 새로운 초강대국의 등장을 억제하는 것과 대량살상무기 및 그 운반체의 확산을 방지하는 것이 미국의 주요 국가이익으로 등장하였다. 이를 위해 미국은 중국이 초강대국으로 부상하는 것을 견제하고 비확산문제의 해결에 정책의 초점을 맞추고 있는데, 특히 불량국가나 테러집단에 의한 대량살상무기의 확산을 저지하기 위해 노력하고 있다.

2001년 9·11 사태는 미국인들의 안보에 대한 인식을 근본적으로 바꾸어 놓았고, 특히 테러집단의 대량살상무기 공격에 대한 미국인들의 우려가 커지게 되었다. 이러한 맥락에서 비확산 문제와 불량국가 문제의 해결이 미국 외교·안보정책의 핵심과제가 되었는데, 불량국가들이 테러그룹에게 대량살상무기나 또는 그 기술을 판매 또는 이전할 수 있기 때문이다. 부시 행정부는 불량국가들에 대해 클린턴 행정부보다 강경한 입장을 보였는데, 2001년에는 아프가니스탄을, 2003년에는 이라크를 공격하였으며, 불량국가들에서는 정권교체나 제재정책을 수행하였다.

2. 미 외교안보정책의 이론적 설명

구조적 현실주의(신 현실주의) 이론의 가정대로 냉전기간 미국은 소비에트 연방에 대한 균형화를 유지하기 위하여 노력했었다. 소련의 붕괴 이후 미국은 국제체제 내 단극의 지위를 차지하였으나, 그럼에도 불구하고 미국은 자신의 힘을 더 강화하기 위해 노력하고 있다. 이것은 물론 어떤 특정 상대에 대한 균형화를 추구하기 위한 행위는 아니다.

미국의 이라크 공격은 어떤 세력에 대한 균형화(Gegenmachtbildung)를 위한 시도라기보다는, 고전적/공세적 현실주의 이론의 주장대로 자신의 상대적 힘을 극대화하기 위한 것으로 보인다. 또한 어떤 강대국도 이러한 미국에 대하여 균형화를 시도하고 있지 않다. 아직까지 국제체제 내에서는 과거 냉전시대의 미소대립과 같은 최소한의 세력균형도 일어나지 않고 있다. 이러한 맥락에서에서 보면, 1990년대 이후 미국의 행위는 구조적 현실주의 이론보다 고전적 현실주의 이론에 의하여 더 잘 설명된다고 할 수 있다.

냉전시기 미국은 북한을 위험하다고 보지 않았으며, 또한 소련이 배후에 있었기 때문에 북한을 압박할 수도 없었다. 미국은 1990년대 초부터 북한을 수정주의 국가로 보고, 소위 불량국가의 하나로 지목하였다. 그러나 이 '불량국가' 개념의 정의나 적용에 대한 명확한 국제적 합의는 존재하지 않는다. 불량국가 개념은 미 행정부에 의해 만들어진 것이며, 그 적용기준도 모호한 편이다. 부시 행정부는 많은 국제적 안건들에 대하여 일방적으로 행동하였다. 2001년 9·11 테러 이후에도 이러한 경향은 크게 변하지 않았다. 2003년의 이라크전쟁은 미국의 패권주의 정책을 극명하게 보여주었다. 그럼에도 불구하고 이와 관련하여 어떤 국가나 국제기구도 미국이 국제규범을 준수하도록 강요할 수 없었다.

이러한 일방적이고 패권주의적인 미국의 외교안보정책은 오늘날 국제체제 내 미국의 단극적 지위 때문에 가능한 것이라고 설명할 수 있다. 따라서 "한 국가가 국제체계 내 단극의 지위를 차지하면, 그 국가는 수정주의 국가들에 대하여 패권정책을 추구한다."는 이 책에서의 가정은 적실성을 갖는다고 볼 수 있을 것이다.

3. 북한 핵문제를 둘러싼 북미관계

1990년대 초반부터 북한은 자체 핵무기를 개발해 오고 있다. 북한의 비확산체제(NPT) 탈퇴와 미국의 영변 핵시설에 대한 공격계획으로 제1차 북한 핵 위기가 발생하였다. 이 위기는 1994년 10월 북미 제네바 합의에 의해 임시적으로 봉합되었다. 이후 제네바 합의내용이 제대로 이행되지 않는 가운데 1998년 8월 북한이 장거리 미사일 대포동 1호를 시험 발사하면서 미사일 위기가 발생하였다. 이 위기는 1999년 9월 베를린 북미 양자회담으로 해소되었다.

2000년 6월 최초의 남북정상회담은 이후 동북아 국제관계를 현저하게 긍정적으로 변화시켰는데, 구체적으로 남북관계의 화해무드, EU 국가들의 대북관계 정상화, 2002년 고이즈미 일본 총리의 평양방문 등이 그것이다. 바로 이러한 한반도 긴장완화의 시점에서 부시 행정부는 2002년 11월 북한의 고농축우라늄 프로그램을 이유로 한반도에너지개발기구(KEDO)를 통해 북한에 대한 중유공급을 중단하였다. 그러자 북한당국은 2002년 12월 영변 핵시설을 재가동하고 또다시 NPT를 탈퇴하였다. 이러한 과정을 통해 제네바 합의의 이행은 중단되었고 제2차 북한 핵 위기가 시작되었다.

이 위기를 해소하기 위해 미국, 중국, 일본, 러시아, 한국과 북한이 참여하는 6자회담이 2003년 8월부터 베이징에서 시작되었는데, 2005년 9월 제 4차 6자회담에서 회담 당사국들은 9·19 공동선언을 통해 상호 합의에 이르렀다. 그러나 미국과 북한이 그 합의의 이행을 놓고 서로 의견이 갈리면서 6자회담은 다시 교착상태에 빠지게 되었다.

4. 미국의 모호한 대북정책

미국의 대북정책은 한국전쟁 당시부터 1990년대 초반까지 봉쇄와 제재정책으로 묘사될 수 있다. 비록 클린턴 행정부가 1994년 제네바 합의에 서명하고 북한에 대해 협조적이고 관여적인 자세를 취하기는 했으나 자신의 대북 제재정책은 크게 변하지 않았다.

부시 행정부도 북한의 핵 및 미사일 프로그램에 대해 모호한 입장을 보였다. 한편으로 6자회담과 같은 외교적 협상을 추진하면서, 다른 한편으로는 핵태세 검토보고서(NPR), 국가안보전략(NSS) 등에서 정권교체, 예방전쟁, 핵무기 사용가능성, 금융제재 등 북한에 대해 강경한 입장을 보였다.

결론적으로 미국은 북핵 문제에 대해 한편으로 과장하거나(미사일 방어시스템 참조) 다른 한편으로 동북아에서의 현상유지를 위해 무시, 방치하는 모호한 자세를 취하고 있다. 동시에 미국은 북핵 위기를 종식시키기 위해 외교적 접근(제네바 합의, 6자회담 등)을 취하는 반면, 또 다른 측면에서는 강경한 정책(핵위협, 예방전쟁의 잠재적 목표로 지정, 정권교체, 지속적인 금융제재, 봉쇄정책 등)을 수행하고 있다. 이와 같은 미국의 모호하고 모순되는 행동은 동북아에서 미국의 국익과 연관되어 있다고 볼 수 있으며, 이러한 미국의 대북정책이 가능한 것은 미국이 동서냉전 이후 국제체제 내에서 단극의 지위를 차지하였기 때문이라고 할 수 있다.

5. 미국의 모호한 대북정책의 원인

미 행정부는 비확산정책의 일환으로 동북아에서 북한의 핵개발을 억제하고자 노력하였고, 새로운 경쟁자의 등장을 막기 위해 중국의 성장을 통제하고자 하였다. 미국은 중국을 견제하고 동북아에서 주도권을 잡기 위해 이 지역에 미군의 주둔을 필요로 하고 있다. 그러나 이러한 주한미군의 존재는 북한 핵문제의 해결이나 북미관계의 정상화에는 걸림돌로 작용하고 있다.

주한미군의 존재는 한미관계에 달려 있다고 볼 수 있다. 여기에는 두 가지 요소가 중요한 역할을 하는데, 하나는 한국 내 반미주의가 지속적으로 성장할 것인지 여부이고, 다른 하나는 북한 핵문제가 해결되지 않는 한 한국 내 반미정서에도 불구하고 주한미군은 계속해서 주둔할 수 있을 것이기 때문에 향후 북핵문제가 어떻게 진전될 것인지가 주요 변수가 될 것이다. 미국은 한편으로 자신의 영향력 확대를 위해 동북아 지역에 대한 자국 군대의 주둔을 원하고 있고, 다른 한편으로는 북한 핵문제의 해결을 위해서 주한미군의 철수를 검토해야 하는 상황이다. 바로 여기에 미국의 딜레마가 있는 것으로 보인다. 그래서 미국은 북한 핵문제 해결과 지역 내 미군 주둔의 두 가지 목적을 동시에 달성하기 위해 북한정권의 교체를 시도하고 있으며, 이런 점들이 미국의 모호한 대북정책의 배경으로 작용하고 있는 것으로 분석된다.

6. 북한의 핵정책/생존전략

한국전쟁 이후 북한은 미국과의 대치상태에 놓여 있다. 냉전시기 북한은 소련이나 중국의 지원을 기대할 수 있었다. 그러나 소련이 붕괴되고 중국이 확실한 안전보장을 제공하지 않게 되자, 북한은 1990년대 초반부터 더 이상 자신의 안보를 보장해주는 후원국이 존재하지 않게 되었음을 실감하게 되었다. 북한의 행위, 특히 핵무기를 개발하는 행위는 현실주의 이론에 의해 잘 설명되어질 수 있다.

고전적 현실주의 이론의 시각에서 보면 북한은 핵무기를 통해 자신의 상대적 힘의 극대화를 추구한다고 볼 수 있으며, 구조적 현실주의 이론에서 보면 북한은 자신의 안보를 위하여 미국에 대한 균형화를 추구한다고 볼 수 있다.

현실주의적 시각, 특히 위협균형이론의 시각에서 볼 때 미국 중심의 단극체제하에서 미국의 위협에 맞서는 북한정권에게는 균형화 및 편승화 전략의 두 가지 가능성이 있다. 균형화 전략에는 외부 균형화와 내부 균형화의 길이 있다. 외부 균형화 전략은 현재 어떤 국가도 미국에 맞서기를 원치 않기 때문에 가능하지 않은 상황이다. 또한 미국이 북한정권의 교체를 시도하고 있고 북한도 자신의 주권을 포기하려 하지 않기 때문에 편승화 전략도 쉽지 않아 보인다. 스티븐 월트는 이 전략은 비상시에만 가능하다고 본다.

따라서 북한정권에게는 자체적으로 역량을 강화하는 내부 균형화 전략 이외에는 자신의 안보를 보장할 마땅한 방안이 없는 것으로 보인다. 내부 균형화 전략은 핵무기와 장거리 미사일의 역량을 지속적으로 강화하는 것이다. 그러나 이러한 북한의 노력에는 한계가 있는데, 어차피 북한은 미국에 대해 비대칭적 균형화밖에 이룰 수 없기 때문이다.

7. 향후 전망

북한의 핵실험 성공, 미 의회선거에서 공화당의 패배, 이라크에서의 어려움 등의 이유 때문에 부시 행정부는 자신의 대북정책을 그동안의 강경한 입장에서 좀 더 유연한 입장으로 변경하였다. 그래서 2007년 2월 6자회담에서 2·13 합의가 이루어졌다. 그러나 그 합의의 이행과정은 간단치 않았다. 미국의 대북한 금융제재 해제를 둘러싸고 북한과 미국은 서로 다른 입장을 보였기 때문이다. 미국은 마카오 은행의 북한자금에 대한 제재만을 해제하였으나, 북한은 미국에 의한 모든 금융제재가 해제될 것을 기대하였기 때문이다.

결론적으로 비록 미국과 북한이 원칙적으로 2·13 실행계획에 합의하였으나, 북한 핵문제의 해결을 위한 길은 아직 요원해 보인다. 국제체제 내 미국의 단극 지위가 계속해서 유지되는 한, 또 동북아에서 미국의 이해관계가 변하지 않는 한 미국의 모호한 대북정책은 크게 변하지 않을 것으로 보인다. 또한 이에 맞서는 북한정권의 균형화 생존전략도 미국의 정책에 변화가 없는 한 크게 변하기 어려울 것으로 전망된다.

【부록 1】 북미 핵협상 연대표

1950~1953	한국전쟁
1958.01	미 전술핵무기 한국배치(이후 약 600기)
1963~1965	북한, 영변 핵원자로 IRT-2000 건설
1976.06	한미 팀스피리트 연합훈련 시작
1985.12	북한, 비확산체제(NPT) 가입
1991.10	미 핵무기 한국에서 철수
1991.12	남북한 한반도비핵화 공동선언
1992까지	북한, IAEA 사찰 거부
1993.03	북한, 비확산체제 탈퇴선언
1993.05	북한, 노동 미사일 실험
1994.06	카터 평양방문
1994.10	북미 제네바합의
1995.03	KEDO 설립
1998.08	북한, 대포동 1호 실험
1999.09	북미 베를린 미사일 합의
1999.10	페리 보고서(Perry Report)
2000.06	평양 제1차 남북한 정상회담
2000.10	조명록 워싱턴방문/올브라이트 평양방문
2002초	북한, 미 핵무기 사용의 잠재적 목표대상(NPR)
2002.01	부시 언급, 북한 "악의 축"의 일원
2002.09	부시독트린 발표: 선제공격/예방공격(NSS)
	고이즈미 평양방문

2002.10	켈리 미 특사, 북한 고농축우라늄(HEU) 핵개발 주장
2002.11	KEDO, 대북 중유공급 중단
2003.01	북한, NPT 탈퇴선언
2003.03	미 이라크 공격/사담 후세인 정권붕괴
2003.04	베이징 3자회담(미국, 북한, 중국)
2003.05	미국, 확산방지구상(PSI) 설립
2003.07	북한, 영변 핵시설 재가동
2003.08	베이징 제1차 6자회담 (미국, 중국, 일본, 러시아, 한국, 북한)
2004.02	제2차 6자회담
2004.06	제3차 6자회담
2004.10	미국, 북한인권법 제정
2005.01	라이스 미 국무장관, 북한 "폭정의 전초기지" 명명
2005.02	북한, 핵무기보유 선언
2005.08/09	제4차 6자회담: 9·19 공동선언
2005.11	제5차 6자회담
2006.07	북한, 대포동 2호 실험 → 유엔결의안 1695호
2006.10	북한, 제1차 핵실험 → 유엔결의안 1718호
2006.11	미 의회선거
2007.02	2·13 실행계획 합의(제5차 6자회담 세 번째 회의)

【부록 2】 약어 설명

ABC-weapons	atomic, biologic & chemical weapons (대량살상무기)
ABM	Anti-Ballistic Missile (탄도탄요격미사일)
APEC	Asia-Pacific Economic Cooperation (아시아-태평양 경제협력기구)
ASEAN	Association of South-East Asian Nations (아세안 또는 동남아국가연합)
CTBT	Comprehensive Test Ban Treaty (포괄적핵실험금지조약)
DMZ	Demilitarized Zone (between North and South Korea) (휴전선)
DPRK	Democratic People's Republic of Korea (North Korea) (북한)
EU	European Union (유럽연합)
FAZ	Frankfurter Allgemeine Zeitung
G7	Group of Seven
G8	G7 plus 러시아
GATT	General Agreement on Tariffs and Trade (관세 및 무역에 관한 일반 협정)
GPR	Global Defense Posture Review (글로벌방위태세검토보고서)
HEU	highly enriched uranium (고농축우라늄)
IAEA	International Atomic Energy Agency (Wien) (국제원자력기구)
IMF	International Monetary Fund (Washington, DC) (국제통화기금)

KCNA	Korean Central News Agency (Tokio) (조선중앙통신)
KEDO	Korean Peninsula Energy Development Organization (한반도에너지개발기구)
MAD	Mutual Assured Destruction (상호확증파괴)
MW	megawatt (메가와트)
MTCR	Missile Technology Control Regimes (미사일기술통제체제)
MTR	Military Technical Revolution (군사기술혁신)
NAFTA	North American Free Trade Agreement (북미자유무역협정)
NATO	North Atlantic Treaty Organization (북대서양조약기구)
NMD	National Missile Defense (국가미사일방어)
NPR	Nuclear Posture Review (핵태세검토보고서)
NPT	Non-Proliferation Treaty (Treaty on the Nuclear Non-Proliferation of Nuclear Weapons) (비확산체제)
NSS	National Security Strategy (국가안보전략)
NYT	New York Times
OECD	Organization of Economic Cooperation and Development (Paris) (경제협력개발기구)
PSI	Proliferation Security Initiative (확산방지구상)
QDR	Quadrennial Defense Review (4개년 국방검토보고서)
RMA	Revolution in Military Affairs (군사분야혁신)
TMD	Theatre Missile Defense (광역미사일방어)
USFK	United States Forces Korea (주한미군)
WTO	World Trade Organization (Genf) (세계무역기구)

참고문헌

구갑우·박건영·최영종. “한반도 평화체제 수립과 동아시아 다자간 안보협력에 관한 연구.” 『한국과 국제정치』 21권 2호(2005 여름).

박정동. 『개발경제론 – 중국과 북한의 비교』(서울대학교출판부, 2003).

방태섭 외. “북한변수와 안보리스크.” *CEO Information* 567호(SERI, 2006.08.23).

이 근. “GPR과 한미동맹의 미래.” *Hot Issue & Cool Vision*(미래전략연구원, 2004.06.15).

이남주. “미군 재배치 계획(GPR)과 한중관계.” *Hot Issue & Cool Vision*(서울: 미래전략연구원, 2004.06.15).

이삼성. “한미동맹의 유연화를 위한 제언.” 『국가전략 9권 3호』(세종연구소 2003).

이정철. “6자회담 이후의 남북관계 전망.” *CEO Information* 440호(SERI, 2004.03.03).

장준익. 『북한 핵미사일 전쟁』(서문당, 1999).

정영태. 『북한 핵 폐기 가능성과 북미관계』(통일연구원 2004).

Abramowitz, Morton I., James T. Laney, Eric Heginbotham. *Meeting the North Korean Nuclear Challenge* (Report of an Independent Task Force: the Council on Foreign Relations, June 2003).

Ahn, Byung-joon. “The Man who would be Kim.” In *Foreign Affairs,* Vol.73, No.6 (November/December 1994), S. 94-108.

Ahn, Yinhay. North Korea – Economy, Society, and Women.” In Kim, Samuel S. (ed.). *The North Korean System in the Post-Cold War Era* (New York: Palgrave, 2001), S. 115-137.

Allison, Graham. "North Korea Nuclear Challenge: Bush Administration Failure; China's Opportunity." In *The Korean Journal of Defense Analysis,* Vol XVIII, No.3 (Fall 2006), S. 7-34.

Allison, Graham, Philip Zelikow. *Essence of Decision – Explaining the Cuban Missile Crisis, second edition* (New York u.a.: Addison Wesley Longman, 1999).

Andréani, Gilles. "The Disarray of US Non-Proliferation Policy." In *Survival,* Vol.41, No.4(Winter 1999-2000), S. 42-61.

Annan, Kofi. The Secretary-General Address to the General Assembly (New York, 23.09.2003), at http://www.un.org/webcast/ga/58/statements/sg2eng030923.htm (Stand: 03.08.2006).

Arend, Anthony Clark. "International Law and the Preemptive Use of Military Force." In *The Washington Quarterly,* Vol.26, No.2 (Spring 2003), S. 89-103.

Armitage, Richard L. *The Armitage Report on North Korea: Naval Blockades and Preemptive Strikes by Japanese Forces?* (National Defense University: Strategic Forum, No.159, March 1999), at http://www.kimsoft.com/1997/armitag.htm (Stand: 25.08.2004).

Arreguin-Toft, Ivan. *How the Weak Win Wars: A Theory of Asymmetric Conflict* (New York u.a.: Cambridge University Press, 2005).

Art, Robert J. "Geopolitics updated – The Strategy of Selective Engagement." In *International Security,* Vol.23, No.3 (Winter 1998/99), S. 79-113.

Bandow, Doug. "Nuclear Issues between the United States and North Korea." In Dae-sook Suh, Chae-jin Lee (eds.). *North Korea After Kim Il Sung* (Boulder/London: Rienner, 1998), S. 123-145.

Betts, Richard K. "The Future of Force and U.S. National Security Strategy." In *The Korean Journal of Defense Analysis,* Vol.XVII, No.3 (Winter 2005), S. 7-26.

_____. "Wealth, Power, and Instability – East Asia and United States after the Cold War." In *International Security,* Vol.18, No.3 (Winter 1993/94), S. 34-77.

Blinken, Antony J. "From Preemption to Engagement." In *Survival,* Vol.45, No.4 (Winter 2003-04), S. 33-60.

Boulden, Jane, Thomas G. Weiss. "Tactical Multilateralism – Coaxing America Back to the UN." In *Survival,* Vol.46, No.3 (Autumn 2004), S. 103-114.

Braun, Chaim, Christopher F. Chyba. "Proliferation Rings – New Challenges to the

Nuclear Nonproliferation Regime." In *International Security,* Vol.29, No.2 (Fall 2004), S. 5-49.

Brooks, Stephen G., William C. Wohlforth, "Hard Times for Soft Balancing." In *International Security,* Vol.30, No.1 (Summer 2005), S. 72-108.

Brzezinski, Zbigniew. *The Choice – Domination or Leadership* (New York: Basic Books, 2004).

_____. *The Grand Chessboard – American Primacy and Its Geostrategic Imperatives* (New York: Basic Books, 1997).

Budget of the United States Government. *Fiscal Year 2003 – Historical Table* (Washington, DC: The White House, 2004) at http://www.whitehouse.gov/omb/buget/ (Stand: 23.09.2004).

Bull, Hedley. *The Anarchical Society – A Study of Order in World Politics* (London: Macmillan, 1977).

Bunn, George, Christopher F. Chyba (eds.). *U.S. Nuclear Weapons Policy – Confronting Today's Threats* (Washington, DC: Brookings/CISAC, 2006).

Burchill, Scott. "Realism and Neo-realism." In Burchill, Scott u.a. (eds.). *Theories of international relations,* 2nd edition (New York: Palgrave, 2001), S. 70-102.

Bush, George W. *The National Security Strategy of the United States of America* (Washington, DC: The White House, September 2002).

_____. *The National Security Strategy of the United States of America* (Washington, DC: The White House, March 2006).

Buzan, Barry, Ole Waever. *Regions and Powers – The Structure of International Security* (Cambridge, 2003).

Calder, Kent E. "The New Face of Northeast Asia." In *Foreign Affairs,* Vol.80, No.1 (January/February 2001), S. 106-122.

Carpenter, Ted Galen. "Living with the Unthinkable – How to coexist with a nuclear North Korea." In *The National Interest* (Winter 2003/04), S. 92-98.

Carpenter, Ted Galen, Doug Bandow. *The Korean Conundrum – America's troubled relations with North and South Korea* (New York: Palgrave, 2004).

Carter, Ashton B. "How to Counter WMD." In *Foreign Affairs,* Vol.83, No.5 (September/October 2004), S. 72-85.

Center for Defense Information (CDI). *Military Almanac 2001-2002,* at http://www.cdi.org/products/almanac0102.pdf (Stand: 25.10.2003).

Cha, Victor D. "Engaging North Korea Credibly." In *Survival,* Vol.42, No.2 (Summer 2000), S. 136-155.

_____. "Korea's Place in the Axis." In *Foreign Affairs,* Vol.81, No.3 (May/June 2002), S. 79-92.

_____. "Assessing the North Korean Threat: The Logic of Preemption, Prevention, and Engagement." In Samuel S. Kim, Tai Hwan Lee (eds.). *North Korea and Northeast Asia* (New York u.a.: Rowman & Littlefield, 2002), S. 217-248.

Chung, Kyung-young. "Strategy for Institutionalization of Military Cooperation in Northeast Asia." In *KNDU Review,* Vol.10, No.2 (December 2005), S. 45-74.

Clausewitz, Carl von. *Vom Kriege,* 3. Auflage (München: Ullstein, 2002).

Clinton, William J. "Advancing our interests through engagement and enlargement." In Peter L. Hays, Brenda J. Vallance, Alan R. Van Tassel (eds.). *American Defense Policy,* 7th edition (Baltimore, Maryland: The Johns Hopkins University Press, 1997), S. 284-298.

CNS. *North Korea Nuclear Chronology 1941~1989,* at http://www.nti.org/db/profiles/dprk/nuc/chron/NKNCHPre90_GO.html (Stand: 18.09.2004).

Cohen, Eliot A. "A Tale of two Secretaries." In *Foreign Affairs,* Vol.81, No.3 (May/June 2002), S. 33-46.

Cumings, Bruce. *Korea's Place in the Sun* (New York: W.W. Norton, 1997).

_____. *The Origins of the Korean War – The Roaring of the Cataract 1947-1950* (Princeton: Princeton University Press, 1990).

Czempiel, Ernst-Otto. *Weltpolitik im Umbruch – Die Pax Americana, der Terrorismus und die Zukunft der internationalen Beziehungen* (München: C. H. Beck, 2002).

Daase, Christopher. "Der Anfang vom Ende des nuklearen Tabus – Zur Legitimitätskrise der Weltnuklearordnung." In *Zeitschrift für Internationale Beziehungen* (2003) Heft 1, S. 7-41.

_____. "Nonproliferation und das Studium internationaler Legitimität – Eine Antwort auf meine Kritiker." In *Zeitschrift für Internationale Beziehungen* (2003) Heft 2, S. 351-364.

Deutsch, John u.a. "Making the World Safe for Nuclear Energy." In *Survival,* Vol.46, No.4 (Winter 2004-05), S. 65-80.

Diedrichs, Udo, Wolfgang Wessels. "Europäische Union." In Werner Weidenfeld,

Wolfgang Wessels (Hrsg.). *Europa von A bis Z* (Bonn, 2002), S. 166-175.

Dingman, Roger. "Atomic Diplomacy during the Korean War." In *International Security,* Vol.13, No.3 (Winter 1988/89), S. 50-91.

Dittgen, Herbert. *Amerikanische Demokratie und Weltpolitik – Außenpolitik in den Vereinigten Staaten* (Paderborn u.a.: Ferdinand Schöningh, 1998).

Eberstadt, Nicholas. "Hastening Korean Reunification." In *Foreign Affairs,* Vol.76, No.2 (March/April 1997), S. 77-92.

Einhorn, Robert, Derek Mitchell. *A Blueprint for U.S. Policy toward a United Korea* (Washington, DC: Center for Strategic and International Studies, August 2002), at http://www.csis.org/press/pr02_58.htm (Stand: 20.12.2003).

Eland, Ivan, Daniel Lee. "The Rogue State Doctrine and National Missile Defense." In *Foreign Policy Briefing,* No.65(Washington, DC: Cato Institute, 29.03. 2001), S. 2-4, at http://www.cato.org/pubs/fpb65.pdf (Stand: 15.04.2005).

Evans, Graham, Jeffrey Newnham. *The Penguin Dictionary of International Relations* (London: Penguin Books, 1998).

Feffer, John. *Nordkorea und die USA – Die amerikanischen Interessen auf der koreanischen Halbinsel* (Kreuzlingen/München: Diederichs, 2004).

Feith, Douglas J. *Transforming the U.S. Global Defense Posture* (Washington, DC, 03.12.2003), at http://www.defenselink.mil/speeches/2003/sp20031203-0722.html (Stand: 18.01.2005).

Foot, Rosemary J. "Nuclear Coercion and the Ending of the Korean Conflict." In *International Security,* Vol.13, No.3 (Winter 1988/89), S. 92-112.

_____. *The Wrong War – American Policy and the Dimensions of Korean Conflict 1950-1953* (Ithaca: Cornell University Press, 1985).

Freedman, Lawrence. "Prevention, Not Preemption." In *The Washington Quarterly,* Vol.26, No.2 (Spring 2003), S. 105-114.

Fröhlich, Stefan. "Zwischen Multilateralismus und Unilateralismus. Eine Konstante amerikanischer Außenpolitik." In *Aus Politik und Zeitgeschichte* (Bonn, B25/ 2002), S. 23-30.

Fuchs, Werner u.a. (Hrsg.). *Lexikon zur Soziologie,* 2. Auflage (Opladen, 1978).

Fues, Thomas. "Klima und Energie." In Ingomar Hauchler, Dirk Messner, Franz Nuscheler (Hrsg.). *Globale Trends 2004/2005 – Fakten Analysen Prognosen* (Bonn: SEF, 2003), S. 194-213.

Fukuyama, Francis. "Re-Envisioning Asia." In *Foreign Affairs,* Vol.84, No.1 (January/ February 2005), S. 75-87.

_____. The End of History?" In *The National Interest* (Summer 1989), S. 3-18.

Gardiner, Nile, Brett D. Schaefer. "U.N. Security Council Expansion Is Not in the U.S. Interest." In *Backgrounder,* No.1876 (Washington, DC: The Heritage Foundation, 18.08.2005).

Gareis, Sven Bernhard, Johannes Varwick. *Die Vereinten Nationen – Aufgaben, Instrumente und Reformen,* 2. Auflage (Opladen: Leske+Budrich, 2002).

Gholz, Eugene, Harvey M. Sapolsky. "Restructuring the U.S. Defense Industry." In *International Security,* Vol.24, No.3 (Winter 1999/2000), S. 5-51.

Gilpin, Robert. *War and Change in World Politics* (New York: Cambridge University Press, 1981).

Glaser, Charles L. "Realists as Optimists: Cooperation as Self-Help." In *International Security,* Vol.19, No.3 (Winter 1994/95), S. 50-90.

Goldgeier, James M., Michael McFaul. "A tale of two worlds: core and periphery in the post-cold war ear." In *International Organization,* Vol.46, No.2 (Spring 1992), S. 467-491.

Gu, Xuewu. *Theorien der internationalen Beziehungen* (München: Oldenbourg, 2000).

Haass, Richard N. "Regime Change and Its Limits." In *Foreign Affairs,* Vol.84, No.4 (July/August 2005), S. 66-78.

Haftendorn, Helga. "Eine neue NATO?" In *SWP-Aktuell 16* (Berlin, April 2004).

_____. "Zur Theorie außenpolitischer Entscheidungsprozesse." In *Politische Vierteljahresschrift* (Sonderheft, 21/1990), S. 401-423.

Hamm, Taik-young. "Threat Perception of North Koreans and Asymmetric Capabilities." In *IFES Forum,* No.05-5-31-1 (Seoul: IFES, 31.05.2005), at http://ifes.kyungnam.ac.kr/ifes/ifes/eng/activity/05_ifes_forum.asp (Stand: 01.06.2005).

Han, Yong-sup. "Implications of the European Success of Multilateral Security Cooperation for Peace in East Asia and Northeast Asia." In *The Korean Journal of Security Affairs,* 11-1 (June 2006), S. 83-101.

Harnisch, Sebastian. "Die Gespräche zur Beendigung des nordkoreanischen Raketenprogramms zwischen Washington und Pjöngjang." In *Österreichische Militärzeitschrift* (2002a) 4, S. 415-424.

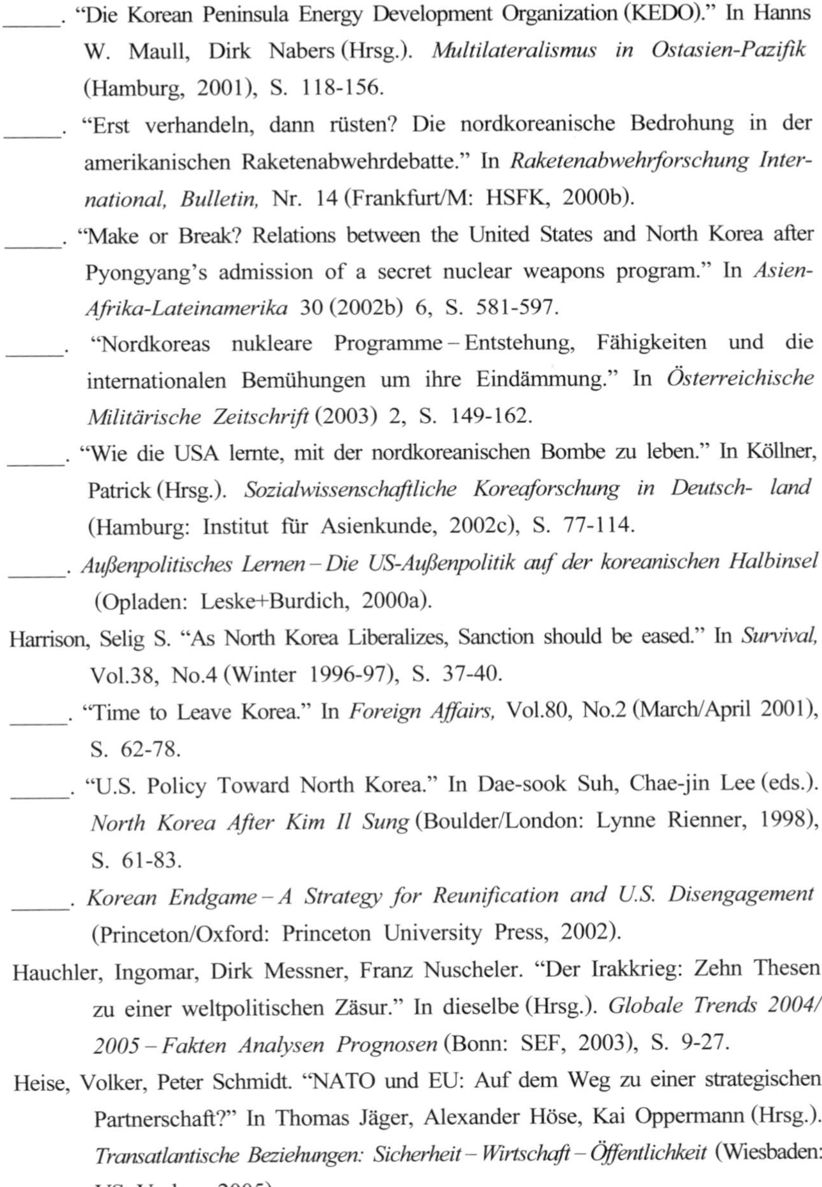

_____. "Die Korean Peninsula Energy Development Organization (KEDO)." In Hanns W. Maull, Dirk Nabers (Hrsg.). *Multilateralismus in Ostasien-Pazifik* (Hamburg, 2001), S. 118-156.

_____. "Erst verhandeln, dann rüsten? Die nordkoreanische Bedrohung in der amerikanischen Raketenabwehrdebatte." In *Raketenabwehrforschung International, Bulletin,* Nr. 14 (Frankfurt/M: HSFK, 2000b).

_____. "Make or Break? Relations between the United States and North Korea after Pyongyang's admission of a secret nuclear weapons program." In *Asien-Afrika-Lateinamerika* 30 (2002b) 6, S. 581-597.

_____. "Nordkoreas nukleare Programme – Entstehung, Fähigkeiten und die internationalen Bemühungen um ihre Eindämmung." In *Österreichische Militärische Zeitschrift* (2003) 2, S. 149-162.

_____. "Wie die USA lernte, mit der nordkoreanischen Bombe zu leben." In Köllner, Patrick (Hrsg.). *Sozialwissenschaftliche Koreaforschung in Deutsch- land* (Hamburg: Institut für Asienkunde, 2002c), S. 77-114.

_____. *Außenpolitisches Lernen – Die US-Außenpolitik auf der koreanischen Halbinsel* (Opladen: Leske+Burdich, 2000a).

Harrison, Selig S. "As North Korea Liberalizes, Sanction should be eased." In *Survival,* Vol.38, No.4 (Winter 1996-97), S. 37-40.

_____. "Time to Leave Korea." In *Foreign Affairs,* Vol.80, No.2 (March/April 2001), S. 62-78.

_____. "U.S. Policy Toward North Korea." In Dae-sook Suh, Chae-jin Lee (eds.). *North Korea After Kim Il Sung* (Boulder/London: Lynne Rienner, 1998), S. 61-83.

_____. *Korean Endgame – A Strategy for Reunification and U.S. Disengagement* (Princeton/Oxford: Princeton University Press, 2002).

Hauchler, Ingomar, Dirk Messner, Franz Nuscheler. "Der Irakkrieg: Zehn Thesen zu einer weltpolitischen Zäsur." In dieselbe (Hrsg.). *Globale Trends 2004/2005 – Fakten Analysen Prognosen* (Bonn: SEF, 2003), S. 9-27.

Heise, Volker, Peter Schmidt. "NATO und EU: Auf dem Weg zu einer strategischen Partnerschaft?" In Thomas Jäger, Alexander Höse, Kai Oppermann (Hrsg.). *Transatlantische Beziehungen: Sicherheit – Wirtschaft – Öffentlichkeit* (Wiesbaden: VS Verlag, 2005).

Herz, John H. *Weltpolitik im Atomzweitalter* (Stuttgart, 1961).

Hiemann, Roland, Oliver Thränert. "Der weite Weg zur nuklearen Abrüstung – Die Atomverhandlungen mit Nordkorea vor der nächsten Krise?" In *SWP-Aktuell 18* (Berlin, März 2007).

Hilpert, Hanns Günther. "Nordkoreas Nuklearpoker." In *SWP-Diskussionspapier* (Berlin, September 2003).

Hilpert, Hanns Günter, Kay Möller. "*Der nordkoreanische Atomkonflikt. Eine Chronologie*." In SWP-Diskussionspapier (Berlin, 2006).

Hippler, Jochen. "Die Folgen des 11. September 2001 für die internationalen Beziehungen." In *Aus Politik und Zeitgeschichte* (Bonn, B3-4/2004), S. 3-6.

_____. "Unilateralismus der USA als Problem der internationalen Politik." In *Aus Politik und Zeitgeschichte* (Bonn, B31-32/2003), S. 15-22.

_____. "USA und Europa – unterschiedliche Sicherheitspolitiken." In Ingomar Hauchler, Dirk Messner, Franz Nuscheler (Hrsg.). *Globale Trends 2004/2005 – Fakten Analysen Prognosen* (Bonn: SEF, 2003), S. 293-307.

Hippler, Jochen, Jeanette Schade. "US-Unilateralismus als Problem von internationaler Politik und Global Governance." In *INEF-Report,* Heft 70 (Duisburg, 2003).

Hoffman, Bruce. *Terrorismus – Der unerklärte Krieg: Neue Gefahren politischer Gewalt, 4. Auflage* (Frankfurt/M: Fischer, 2002).

Hughes, Christopher W. "The North Korean Nuclear Crisis and Japanese Security." In *Survival,* Vol.38, No.2 (Summer 1996), S. 79-103.

Hummel, Hartwig, Herbert Wulf. "Rüstung und Sicherheit." In Ingomar Hauchler, Dirk Messner, Franz Nuscheler (Hrsg.). *Globale Trends 2004/2005 – Fakten Analysen Prognosen* (Bonn: SEF, 2003), S. 273-291.

Huntington, Samuel P. "The Erosion of American National Interests." In *Foreign Affairs,* Vol.76, No.5 (September/October 1997), S. 28-49.

_____. "The Lonly Superpower." In *Foreign Affairs,* Vol.78, No.2 (March/April 1999), S. 35-49.

_____. "Why International Primacy Matters." In *International Security,* Vol.17, No.4 (Spring 1993), S. 68-83.

_____. *The Clash of Civilizations and the Remaking of World Order* (New York, 1996).

Hwang, Balbina Y. "Defusing Anti-American Rhetoric in South Korea." In

Backgrounder, No.1619 (Washington, DC: The Heritage Foundation, 23.01. 2003).

_____. "Minding the Gap: Improving U.S.-ROK Relations." In *Backgrounder,* No.1814 (Washington, DC: The Heritage Foundation, 21.12. 2004).

_____. "Spotlight on the North Korean Human Rights Act – Correcting Misperceptions." In *Backgrounder,* No.1823 (Washington, DC: The Heritage Foundation, 10.02.2005).

Ikenberry, G. John. "America's Imperial Ambition." In *Foreign Affairs,* Vol.81 No.5 (September/October 2002a), S. 44-60.

_____. "Multilateralism and U.S. Grand Strategy." In Stewart Patrick, Shepard Forman (eds.). *Multilateralism and U.S. Foreign Policy – Ambivalent Engagement* (Boulder/London: Lynne Rienner, 2002b), S. 121-140.

_____. *After Victory – Institutions, Strategic Restraint, and the Rebuilding of Order after Major Wars* (Princeton/Oxford: Princeton University Press, 2001).

Jacobs, Andreas. "Realismus." In Siegfrieder Schieder, Mauela Spindler (Hrsg.). *Theorien der Internationalen Beziehungen* (Opladen: Leske+Budrich, 2003), S. 35-59.

Jäger, Thomas. "Ordnung, Bedrohung, Identität: Grundlage außenpolitischer Strategien." In Thomas Jäger, Alexander Höse, Kai Oppermann (Hrsg.). *Die Sicherheitsstrategien Europas und der USA – Transatlantische Entwürfe für eine Weltordnungspolitik* (Baden-Baden: Nomos, 2005a), S. 9-26.

_____. "Die Entwicklung der transatlantischen Beziehungen unter den Bedingungen machtpolitischer Asymmetrie und kultureller Differenz." In Thomas Jäger, Alexander Höse, Kai Oppermann (Hrsg.). *Transatlantische Beziehungen: Sicherheit – Wirtschaft – Öffentlichkeit* (Wiesbaden: VS Verlag, 2005b), S. 13-33.

_____. *Isolation in der internationalen Politik* (Baden-Baden: Nomos, 1996).

Jäger, Thomas, Gerhard Kümmel. "Internationale Sicherheit und der reale Stellenwert des Terrorismus." In *Welt Trends,* Nr. 32 (Herbst 2001), S. 89-94.

Joffe, Josef. ""Bismarck" or "Britain"? – Toward an American Grand Strategy after Bipolarity." In *International Security,* Vol.19, No.4 (Spring 1995), S. 94-117.

Johnson, Chalmers, E.B. Keehn. "East Asian Security – The Pentagon's Ossified Strategy." In *Foreign Affairs,* Vol.74, No.4 (July/August 1995), S. 103-116.

Jonston, Alastair Iain. “Is China a Status Quo Power?” In *International Security,* Vol.27, No.4 (Spring 2003), S. 5-56.

Jopp, Mathias. Europäische Sicherheits- und Verteidigungspolitik.” In Werner Weidenfeld, Wolfgang Wessels (Hrsg.). *Europa von A bis Z* (Bonn, 2002), S. 160-165.

Kamp, Karl-Heinz. “Wie sicher sind Pakistans Atomwaffen?” In *Internationale Politik* (9/2004), S. 51-56.

Kang, David C. “Getting Asia Wrong – The Need for New Analytical Frameworks.” In *International Security,* Vol.27, No.4 (Spring 2003), S. 57-85.

Keohane, Robert O. “Neoliberal Institutionalism: A Perspective on World Politics.” In ders. (ed.). *International Institutions and State Power. Essays in International Relations Theory* (Boulder: Westview Press, 1989), S. 1-20.

Kim, Jungsup. “The Security Dilemma: Nuclear and Missile Crisis on the Korean Peninsula.” In *The Korean Journal of Defense Analysis,* Vol.XVIII, No.3 (Fall 2006), S. 89-106.

Kim, Samuel S. “Introduction – A Systems Approach.” In Samuel S. Kim (ed.). *The North Korean System in the Post-Cold War Ear* (New York: Palgrave, 2001), S. 1-37.

_____. “North Korea and Northeast Asia in World Politics.” In Samuel S. Kim, Tai-hwan Lee (eds.). *North Korea and Northeast Asia* (New York u.a.: Rowman & Littlefield, 2002), S. 3-58.

Köllner, Patrick. “Nordkoreas Außen- und Sicherheitspolitik im Zeichen der Krisen.” In *Aus Politik und Zeitgeschichte* (Bonn, B35-36/2003), S. 25-35.

Koo, Bon-Hak. “The Six-Party Talks: A Critical Assessment and Implications for South Korea’s Policy Toward North Korea.” In *The Korean Journal of Defense Analysis,* Vol.18, No.1 (Spring 2006), S. 85-110.

Krause, Joachim. “Amerikanische und europäische Konzepte zur internationalen Ordnung.” In Thomas Jäger, Alexander Höse, Kai Oppermann (Hrsg.). *Transatlantische Beziehungen: Sicherheit – Wirtschaft – Öffentlichkeit* (Wiesbaden: VS Verlag, 2005), S. 35-61.

Krause, Joachim, Jan Irlenkaeuser, Benjamin Schreer. “Wohin gehen die USA? Die neue Nationale Sicherheitsstrategie der Bush-Administration.” In *Aus Politik und Zeitgeschichte* (Bonn, B48/2002), S. 40-46.

Krauthammer, Charles. "The Unipolar Moment." In *Foreign Affairs,* Vol.70, No.1 (Winter 1990/91), S. 23-33.

Kreft, Heinrich. "Vom Kalten zum "Grauen Krieg" – Paradigmenwechsel in der amerikanischen Außenpolitik." In *Aus Politik und Zeitgeschichte* (Bonn, B25/2002), S. 14-22.

Krell, Gert. *Weltbilder und Weltordnung – Einführung in die Theorie der internationalen Beziehungen,* 3. Auflage (Baden-Baden: Nomos, 2004).

Labs, Eric. "Beyond Victory: Offensive Realism and Expansion War Aims." In *Security Studies,* Vol.6, No.4 (Summer 1997), S. 1-49.

Lake, Anthony. "Confronting Backlash States." In *Foreign Affairs,* Vol.73, No.2 (March/April 1994), S. 45-55.

Layne, Christopher. "From Preponderance to Offshore Balancing – America's Future Grand Strategy." In *International Security,* Vol.22, No.1 (Summer 1997), S. 86-124.

_____. "The Unipolar Illusion: Why New Great Power Will Rise." In *International Security,* Vol.17, No.4 (Spring 1993), S. 5-51.

Lee, Chae-Jin. *A Troubled Peace – U.S. Policy and the Two Koreas* (Baltimore: The Johns Hopkins University Press, 2006).

Legro, Jeffrey W./Moravcsik, Andrew. "Is Anybody still Realist?" In *International Security,* Vol.24, No.2 (Fall 1999), S. 5-55.

Lemke, Christiane. *Internationale Beziehungen* (München u.a.: Oldenbourg, 2000).

Levi, Michael A. "Mini-Nukes und andere Entwicklungen." In *Internationale Politik* (1/2004), S. 26-30.

Levy, Jack S. "What Do Great Powers Balance Against and When?" In T.V. Paul, James J. Wirtz, Michel Fortmann (eds.). *Balance of Power – Theory and Practice in the 21st Century* (Stanford, Cal.: Stanford University Press, 2004), S. 29-51.

Li, Rex. "Security Challenge of an Ascendant China – Great Power Emergence and International Stability." In Suisheng Zhao (ed.). *Chinese Foreign Policy – Pragmatism and Strategic Behavior* (New York u.a.: An East Great Book: 2004).

Lieber, Keir A., Gerard Alexander. "Waiting for Balancing – Why the World Is Not Pushing Back." In *International Security,* Vol.30, No.1 (Summer 2005), S.

109-139.

Link, Werner. “Außenpolitische Forschung im Spannungsfeld zwischen Praxisbezug, Praxisrechtfertigung und Praxiskritik.” In *Politische Vierteljahresschrift* (Sonderheft, 9/1978), S. 484-494.

_____. *Der Ost-West-Konflikt,* 2. Auflage (Stuttgart u.a.: Kohlhammer, 1988).

_____. *Die Neuordnung der Weltpolitik- Grundprobleme globaler Politik an der Schwelle zum 21. Jahrhundert,* 3. Auflage (München: Beck, 2001).

Litwak, Robert S. “Non-Proliferation and the Dilemmas of Regime Change.” In *Survival,* Vol.45, No.4 (Winter 2003-04), S. 7-32(23-24).

_____. “The Calculus of Pre-emption.” In *Survival,* Vol.44, No.4 (Winter 2002-03), S. 53-80.

Luther, Susanne. *Die Nordostasienpolitik der Vereinigten Staaten von Amerika nach dem Ende des Kalten Krieges (1989-1996) – Aufbruch in eine neue Ära?* (Hamburg, 2000).

Maihold, Günther. “Kurswechsel in Madrid – Die Außenpolitik Spaniens nach den Attentaten vom 11. März 2004 und vor dem Regierungswechsel.” In *SWP-Aktuell 12* (März 2004).

Manning, Robert A. “United States – North Korean Relations: From Welfare to Workfare.” In Samuel S. Kim, Tai Hwan Lee (eds.). *North Korea and Northeast Asia* (New York u.a.: Rowman & Littlefield, 2002), S. 61-88.

Mastanduno, Michael. “Preserving the Unipolar Moment – Realist Theories and U.S. Grand Strategy After the Cold War.” In Michael Mastanduno, Ethan B. Kapstein (eds.). *Unipolar Politics – Realism and State Strategies After the Cold War* (New York: Columbia University Press, 1999), S. 138-181.

Mastanduno, Michael, Ethan B. Kapstein. “Realism and State Strategies After the Cold War.” In Michael Mastanduno, Ethan B. Kapstein (eds.). *Unipolar Politics – Realism and State Strategies After the Cold War* (New York: Columbia University Press, 1999), S. 1-27.

Mazarr, Michael J. “Going Just a Little Nuclear – Nonproliferation Lessons from North Korea.” In *International Security,* Vol.20, No.2 (Fall 1995), S. 92-122.

Mearsheimer, John J. “Back to the Future: Instability in Europe After the Cold War.” In *International Security,* Vol.15, No.1 (Summer 1990), S. 5-56.

_____. “The False Promise of International Institutions.” In *International Security,*

Vol.19, No.3 (Winter 1994/95), S. 5-49.

_____. "The Future of the American Pacifier." In *Foreign Affairs,* Vol.80, No.5 (September/October 2001a), S. 46-61.

_____. *The Tragedy of Great Power Politics* (New York/London: W. W. Norton, 2001b).

Messner, Dirk, Jeanette Schade, Christoph Weller. "Weltpolitik zwischen Staatenanarchie und *Global Governance.*" In Ingomar Hauchler, Dirk Messner, Franz Nuscheler (Hrsg.). *Globale Trends 2004/2005 – Fakten Analysen Prognosen* (Bonn: SEF, 2003), S. 235-251.

Meyers, Reinhard. "Grundbegriffe und theoretische Perspektiven der Internationalen Beziehungen." In Bundeszentrale für politische Bildung (Hrsg.). *Grundwissen Politik,* 3. Auflage (Bonn, 1997), S. 313-434.

Miles, James. "Waiting out North Korea." In *Survival,* Vol.44, No.2 (Summer 2002), S. 37-49.

Möller, Kay. "Die Chinapolitik der USA." In *Aus Politik und Zeitgeschichte* (Bonn, B14/2006), S. 12-18.

_____. "Ende der koreanischen Eiszeit?" In *SWP-Aktuell 24* (Berlin, August 2002a).

_____. "Korea 2001 – Neue Konfliktlinien." In *SWP-Aktuell 9* (Berlin, April 2001).

_____. "Nordkorea – der verschleppte Konflikt." In *SWP-Aktuell 32* (Berlin, September 2003).

_____. "Pyöngyang bekennt sich zur Bombe." In *SWP-Aktuell 41* (Berlin, Oktober 2002b).

_____. "Sonnenschein über Pyöngyang – Korea nach dem Gipfel." In *Aus Politik und Zeitgeschichte* (Bonn, B51/2000b), S. 30-38.

_____. "ASEAN and the United States – For Want of Alternatives," In Jörn Dosch, Manfred Mols (eds.). *International Relation in the Asia-Pacific – New Patterns of Power, Interest, and Cooperation* (New York, 2000a), S. 155-169.

Möller, Kay, Hanns Günther Hilpert. "Falschgeld, Drogen, Menschenrechte: Sechs Parteien in der Sackgasse? – Nach der Ausweitung der amerikanischen Nordkorea-Agenda." In *SWP-Aktuell 59* (Berlin, Dezember 2005).

Möller, Kay, Oliver Thränert. "Nordkoreas Atombombentest – Die Folgen für die globale und regionale Sicherheit." In *SWP-Aktuell 47* (Berlin, Oktober 2006).

Moltz, James Clay. "US policy interests and the concept of North Korean neutrality."

In Tsuneo Akaha (ed.). *The Future of North Korea* (London/New York, 2002), S. 64-76.

Moon, Chung-in. "The Sunshine Policy and the Korean summit." In Tsuneo Akaha (ed.). *The Future of North Korea* (London/New York, 2002), S. 26-46.

Morgenthau, Hans J. *Politics among Nations. The Struggle for Power and Peace* (New York, 1948); und deutsch: *Macht und Frieden – Grundlegung einer Theorie der internationalen Politik* (Gütersloh, 1963).

Morris, Stephen J. "Averting the Unthinkable." In *The National Interest* (Winter 2003/04), S. 99-107.

Müller, Friedmann. "Energiepolitische Interessen in Zentralasien." In *Aus Politik und Zeitgeschichte* (Bonn, B8/2002), S. 23-31.

Müller, Harald. "Die Zukunft der nuklearen Ordnung." In *Aus Politik und Zeitgeschichte* (Bonn, 48/2005), S. 3-16.

_____. *Amerika schlägt zurück – Die Weltordnung nach dem 11. September* (Frankfurt/M: Fischer, 2003).

Müller, Harald, Niklas Schörning. "Revolution in Military Affairs – Abgesang kooperativer Sicherheitspolitik der Demokratien?" In *HSFK-Report 8/2001* (Frankfurt/M, 2001).

Müller, Philipp S. "Die Außenpolitik der USA und der 11. September." In *SWP-Zeitschriftenschau* (Berlin, Januar 2002).

Münkler, Herfried. *Die neuen Kriege* (Hamburg: Rowohlt, 2002).

Nabers, Dirk. "Das ASEAN Regional Form (ARF)." In Hanns W. Maull, ders. (Hrsg.). *Multilateralismus in Ostasien-Pazifik* (Hamburg, 2001), S. 90-117.

Newhouse, John. "The Missile Defense Debate." In *Foreign Affairs,* Vol.80, No.4 (July/August 2001), S. 97-109.

Noland, Marcus. "Why North Korea will muddle through." In *Foreign Affairs,* Vol.76, No.4 (July/August 1997), S. 105-118.

Novak, Michael. "Global Liberty – Toward a Foreign Policy for Democratic Nations." In American Enterprise Institute (AEI) for Public Policy Research (28.01. 2005), at http://www.aei.org/include/news_print.asp?newsID=21893 (Stand: 20.02.2005).

Nye, Joseph S., Jr. "East Asian Security – The Case for Deep Engagement." In *Foreign Affairs,* Vol.74, No.4 (July/August 1995), S. 90-102.

O'Hanlon, Michael E. "Come Partly Home, America – How to Downsize U.S. Deployments Abroad." In *Foreign Affairs,* Vol.80, No.2 (March/April 2001), S. 2-8.

_____. "The Pentagon's Quadrennial Defense Review." In *Policy Brief,* No.15 (Washington, DC: The Brookings Institution, 1997).

O'Hanlon, Michael E., Mike M. Mocizuki. *Crisis on the Korean Peninsula – How to deal with a Nuclear North Korea* (McGraw-Hill, 2003).

O'Hanlon, Michael E., Susan E. Rice, James B. Steinberg. "The New National Security Strategy and Preemption." In *Policy Brief,* No.113 (Washington, DC: The Brookings Institution, December 2002).

Oberdorfer, Don. *The Two Koreas – A Contemporary History* (London: Warner Books, 1997).

Osama bin Laden's "letter to the American people" (24.11.2002), at http://observer.guardian.co.uk/worldview/story/0,11581,845725,00.html (Stand: 07.08.2006).

Paech, Norman. "Die Rolle der UNO und des Sicherheitsrats im Irakkonflikt." In *Aus Politik und Zeitgeschichte* (Bonn, B24-25/2003), S. 35-44.

Pape, Robert A. "Soft Balancing against the United States." In *International Security,* Vol.30, No.1 (Summer 2005), S. 7-45.

Park, Hyeong-jung. "The North Korea's Nuclear Test and US's North Korea Policy." In *Online Series* 06-12 (Seoul: KINU, 24.10.2006).

Park, Sang-hoon. "North Korea and the Challenge to the US-South Korean Alliance." In *Survival,* Vol.36, No.2 (Summer 1994), S. 78-91.

Park, Young-jun. "Der Südkorea-Japan Gipfeltreffen und die nordkoreanische Nuklearfrage." In *Hot Issue & Cool Vision* (in koreanischer Sprache), (Seoul: KiFS, 24.06.2005).

Patrick, Stewart. "Multilateralism and Its Discontents: The Causes and Consequence of U.S. Ambivalence." In Stewart Patrick, Shepard Formen (eds.). Multilateralism and U.S. Foreign Policy (Boulder/London: Lynne Rienner, 2002), S. 1-44.

Paul, T.V. "Soft Balancing in the Age of U.S. Primacy." In *International Security,* Vol.30 No.1 (Summer 2005), S. 46-71.

Perry, William J. *Review of United States Policy Toward North Korea: Findings and Recommendations* (Unclassified Report), (Washington, DC, 12.10.1999), at http://www.state.gov/www/regions/eap/991012_northkorea_rpt.html (Stand:

25.08.2004).

Pinkston, Daniel, Phillip C. Saunders. "Seeing North Korea Clearly." In *Survival,* Vol.45, No.3 (Autumn 2003), S. 79-102.

Pollack, Kenneth, Ray Takeyh. "Taking on Tehran." In *Foreign Affairs,* Vol.84, No.2 (March/April 2005), S. 20-34.

Posen, Barry R., Andrew L. Ross. "Competing Visions for U.S. Grand Strategy." In *International Security,* Vol.21, No.3 (Winter 1996-97), S. 5-53.

Powell, Robert. "Nuclear Deterrence Theory, Nuclear Proliferation, and National Missile Defense." In *International Security,* Vol.27, No.4 (Spring 2003), S. 86-118.

_____. *Nuclear Deterrence Theory – The Search for Credibility* (New York: Cambridge University Press, 1990), S. 6-12.

Pritchard, Charles L. "The Korean Peninsula and the role of multilateral talks." In United Nations Institute for Disarmament Research (UNIDIR): *Disarmament Forum – North-East Asian Security,* No.2 (2005), S. 26-34, at http://www.unidir.org/bdd/fiche-article.php?ref_article=2275 (Stand: 03.05.2005).

Quinones, C. Kenneth "North Korea – from Containment to Engagement." In Dae-sook Suh, Chae-jin Lee (eds.). *North Korea After Kim Il Sung* (Boulder/London: Rienner, 1998), S. 101-122.

Reiter, Erich. "Die Sicherheitsstrategie der EU." In Thomas Jäger, Alexander Höse, Kai Oppermann (Hrsg.). *Die Sicherheitsstrategien Europas und der USA – Transatlantische Entwürfe für eine Weltordnungspolitik* (Baden-Baden: Nomos, 2005), S. 57-65.

_____. *Nach dem Irak nun Nordkorea? – Die Krise um das nordkoreanische Atomwaffenprogramm* (Wien: Büro für Sicherheitspolitik des Bundesministeriums für Landesverteidigung, Juni 2003).

Riecke, Henning. "Nichtverbreitungspolitik – Im Aufwind oder in der Krise?" In *Internationale Politik* (1/2004), S. 1-11.

Rodman, Peter W. "The World's Resentment – Anti-Americanism as a Global Phenomenon." In *The National Interest,* No.60 (Summer 2000), S. 33-41.

Roy, Denny. "North Korea as an Alienated State." In *Survival,* Vol.38, No.4 (Winter 1996-97), S. 22-36.

Rudolf, Peter. "Amerikanische Irakpolitik – wie weiter?" In *SWP-Aktuell 36* (Berlin,

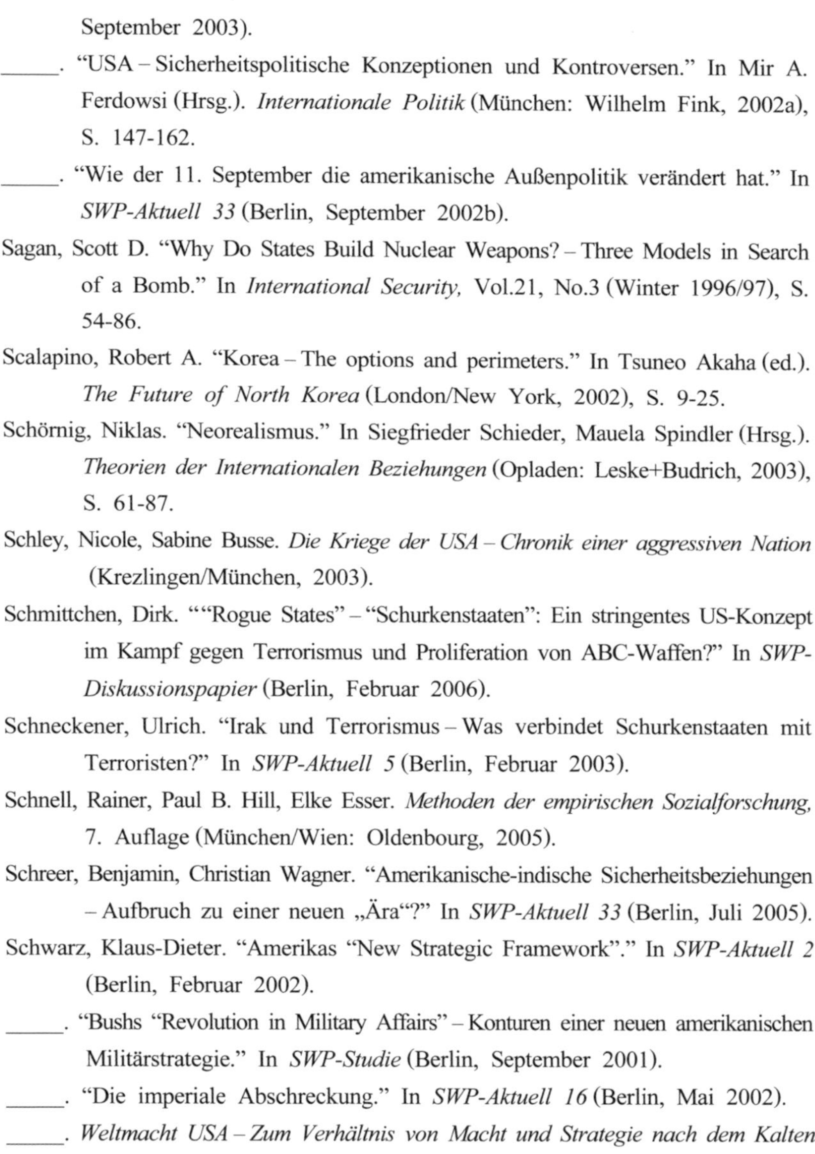

September 2003).

_____. "USA – Sicherheitspolitische Konzeptionen und Kontroversen." In Mir A. Ferdowsi (Hrsg.). *Internationale Politik* (München: Wilhelm Fink, 2002a), S. 147-162.

_____. "Wie der 11. September die amerikanische Außenpolitik verändert hat." In *SWP-Aktuell 33* (Berlin, September 2002b).

Sagan, Scott D. "Why Do States Build Nuclear Weapons? – Three Models in Search of a Bomb." In *International Security,* Vol.21, No.3 (Winter 1996/97), S. 54-86.

Scalapino, Robert A. "Korea – The options and perimeters." In Tsuneo Akaha (ed.). *The Future of North Korea* (London/New York, 2002), S. 9-25.

Schörnig, Niklas. "Neorealismus." In Siegfrieder Schieder, Mauela Spindler (Hrsg.). *Theorien der Internationalen Beziehungen* (Opladen: Leske+Budrich, 2003), S. 61-87.

Schley, Nicole, Sabine Busse. *Die Kriege der USA – Chronik einer aggressiven Nation* (Krezlingen/München, 2003).

Schmittchen, Dirk. ""Rogue States" – "Schurkenstaaten": Ein stringentes US-Konzept im Kampf gegen Terrorismus und Proliferation von ABC-Waffen?" In *SWP-Diskussionspapier* (Berlin, Februar 2006).

Schneckener, Ulrich. "Irak und Terrorismus – Was verbindet Schurkenstaaten mit Terroristen?" In *SWP-Aktuell 5* (Berlin, Februar 2003).

Schnell, Rainer, Paul B. Hill, Elke Esser. *Methoden der empirischen Sozialforschung,* 7. Auflage (München/Wien: Oldenbourg, 2005).

Schreer, Benjamin, Christian Wagner. "Amerikanische-indische Sicherheitsbeziehungen – Aufbruch zu einer neuen „Ära"?" In *SWP-Aktuell 33* (Berlin, Juli 2005).

Schwarz, Klaus-Dieter. "Amerikas "New Strategic Framework"." In *SWP-Aktuell 2* (Berlin, Februar 2002).

_____. "Bushs "Revolution in Military Affairs" – Konturen einer neuen amerikanischen Militärstrategie." In *SWP-Studie* (Berlin, September 2001).

_____. "Die imperiale Abschreckung." In *SWP-Aktuell 16* (Berlin, Mai 2002).

_____. *Weltmacht USA – Zum Verhältnis von Macht und Strategie nach dem Kalten Krieg* (Baden-Baden: Nomos, 1999).

Schweigler, Gebhard: Außenpolitik. In Willi Paul Adams, Peter Lösche (Hrsg.).

Länderbericht USA – Geschichte Politik Geographie Wirtschaft Gesellschaft Kultur (Bonn, 1998), S. 393-473.

Schweller, Randall L. "Bandwagoning for Profit: Bringing the Revisionist State Back In." In *International Security,* Vol.19, No.1 (Summer 1994), S. 72-107.

_____. "Realism and the Present Great Power System – Growth and Positional Conflict Over Scarce Resources." In Michael Mastanduno, Ethan B. Kapstein (eds.). *Unipolar Politics – Realism and State Strategies After the Cold War* (New York: Columbia University Press, 1999), S. 28-68.

_____. Unanswered Threats. "A Neoclassical Realist Theory of Underbalancing." In *International Security,* Vol.29, No.2 (Fall 2004), S. 159- 201.

Sewall, Sarah. "Multilateral Peace Operations." In Stewart Patrick, Shepard Forman (eds.). *Multilateralism and U.S. Foreign Policy – Ambivalent Engagement* (Boulder/London: Lynne Rienner, 2002), S. 191-224.

Sigal, Leon. *Disarming Strangers* (Princeton: Princeton University Press, 1998).

Snyder, Jack. *Myths of Empire: Domestic Politics and International Ambition* (Ithaca, NY: Cornell University, 1991).

Snyder, Scott. *Negotiating on the edge – North Korean Negotiating Behavior* (Washington, DC: United States Institute of Peace Press, 1999).

_____. "Pyongyang's Pressure." In *The Washington Quarterly,* Vol.23, No.3 (Summer 2000), S. 163-170.

Sokolsky, Richard. "Demystifying the U.S. Nuclear Posture Review." In *Survival,* Vol.44, No.3 (Autumn 2002), S. 133-148.

Spring, Baker u.a. "Thumbs down to the Bottom-Up Review." In *Backgrounder,* No.957 (Washington, DC: The Heritage Foundation, 24.09.1993).

Spring, Baker. "What the Pentagon's Nuclear Doctrine Review should say." In *Backgrounder,* No.987 (Washington, DC: The Heritage Foundation, 26.05. 1994).

Steinberg, David I. "On Patterns of Political Legitimacy in North Korea." In Samuel S. Kim (ed.). *The North Korean System in the Post-Cold War Ear* (New York: Palgrave, 2001), S. 88-113.

Steinberg, James B., Ivo H. Daalder, James M. Lindsay. "The Bush National Security Strategy: An Evaluation." In *Policy Brief,* No.109 (Washington, DC: The Brookings Institution, October 2002).

Stelzenmüller, Constanze. "Bündnis in Bedrängnis: Die NATO in ihrer größten Bewährungsprobe." In *Internationale Politik* (6/2004), S. 1-12.

Suh, Dae-sook, Chae-jin Lee (eds.). *North Korea After Kim Il Sung* (Boulder/London: Rienner, 1998).

Takeyh, Ray. "Iran – From Reform to Revolution?" In *Survival,* Vol.46, No.1 (Spring 2004), S. 131-144.

_____. "Iran's Nuclear Calculations." In *World Policy Journal,* Vol.20, No.2 (Summer 2003), at http://www.worldpolicy.org/journal/articles/wpj03-2/takeyh.html (Stand: 18.06.2006).

The Secretary of State. *United States Strategic Plan for International Affairs* (Washington, DC, February 1999).

Tkacik Jr., John J. "America's "China Policy" Is in Urgent Need of Definition." In *Heritage Lectures,* No.874 (Washington, DC: The Heritage Foundation, 19.04.2005).

U.S. Department of Defense. *Nuclear Posture Review* [Excerpts] (Washington, DC, 2002), S. 9, at www.globalsecurity.org/wmd/library/policy/dod/npr.htm (Stand: 24.01.2004).

U.S. Department of State U.S.-D.P.R.K. Joint Communiqué (12, October 2000), at http://www.state.gov/www/regions/eap/001012_usdprk_jointcom.html (Stand: 18.12.2004).

U.S. Department of State. Libya Important Model for Regime Behavior Change, Rice Says – Iran, North Korea should make similar strategic decisions, says secretary (15.05.2006).

U.S. Office of the Press Secretary. President Bush Delivers Graduation Speech at West Point (Washington, DC: The White House, June 2002), at http://www.whitehouse.gov/news/release/2002/06/20020601-3.html (Stand: 24.11.2004).

Umbach, Frank. "Atommacht Nordkorea – was tun?" In *Internationale Politik* (11/2003), S. 65-68.

Utgoff, Victor A. "Proliferation, Missile Defense and American Ambitions." In *Survival,* Vol.44, No.2 (Summer 2002), S. 85-102.

Wagner, Christian. "Indien als strategischer Partner der USA." In *SWP-Aktuell 13* (Berlin, März 2006).

Wallace, William. "U.S. Unilateralism: A European Perspective." In Stewart Patrick,

Shepard Forman (eds.). *Multilateralism and U.S. Foreign Policy – Ambivalent Engagement* (Boulder/London: Rienner, 2002), S. 141-164.

Walt, Stephen M. "Alliance Formation and the Balance of World Power." In *International Security,* Vol.9, No.4 (Spring 1985), S. 3-43.

_____. "International Relations: One World, Many Theories." In *Foreign Policy* (Spring 1998), S. 29-46.

_____. "The Progressive Power of Realism." In *American Political Science Review,* Vol.91, No.4 (December 1997), S. 931-935.

_____. *Taming American Power – The Global Response to U.S. Primacy* (New York/London: W. W. Norton, 2005).

_____. *The Origins of Alliances* (Ithaca, NY: Cornell University Press, 1987).

Waltz, Kenneth N. "Structural Realism after the Cold War." In *International Security,* Vol.25, No.1 (Summer 2000), S. 5-41.

_____. "The Emerging Structure of International Politics." In *International Security,* Vol.18, No.2 (Fall 1993), S. 44-79.

_____. *Theory of International Politics* (Reading, Mass.: Addison-Wesley, 1979).

_____. *Man, the State, and War – A Theoretical Analysis* (New York: Columbia University Press, 1959).

Wedgwood, Ruth "Unilateral Action in a Multilateral World." In Stewart Patrick, Shepard Forman (eds.). *Multilateralism and U.S. Foreign Policy – Ambivalent Engagement* (Boulder/London: Lynne Rienner, 2002), S. 167-189.

Weintraub, Stanley. *MacArthur's War – Korea and the Undoing of an American Hero* (New York: Free Press, 2000).

Wilkening, Dean A. "Ballistic-Missile Defense and Strategic Stability." In *Adelphi Paper 334* (Oxford: Oxford University Press, May 2000).

Wit, Joel S., Daniel B. Poneman, Robert L. Gallucci. *Going Critical – The First North Korean Nuclear Crisis* (Washington, DC: Brookings Institution Press, 2005).

Wohlforth, William C. "Realism and the End of the Cold War." In *International Security,* Vol.19, No.3 (Winter 1994/95), S. 91-129.

_____. "The Stability of a Unipolar World." In *International Security,* Vol.24, No.1 (Summer 1999), S. 5-41.

Wu, Anne. "What China Whispers to North Korea." In *The Washington Quarterly,*

Vol.28, No.2 (Spring 2005), S. 35-48.

Wulf, Herbert. "Nordkoreas Griff zur Bombe – Möglichkeiten und Strategien zum Stopp des Nuklearprogramms unter europäischer Beteiligung." In *SWP-Studie* (Berlin, Juni 2006).

_____. "Poker um Nordkoreas Atomprogramm." In *Aus Politik und Zeitgeschichte* (Bonn, 48/2005), S. 16-23.

Xiang, Lanxin. "Washington's Misguided China Policy." In *Survival,* Vol.43, No.3 (Autumn 2001), S. 7-23.

• 신문기사

Abramowitz, Michael/Lynch, Colum. "U.S. Urges Sanctions on North Korea." In *Washington Post* (10.10.2006).

Arkin, William. "Not Just A Last Resort? – A Global Strike Plan, With a Nuclear Option." In *Washington Post* (15.05.2005).

Atomhandel "Eine glatte Lüge." In FAZ (10.02.2004).

Atomstreit. "Nordkorea – Gespräche ohne Ergebnis, aber mit Fortsetzung." In *FAZ* (30.08.2003).

Bennett, Bruce. "On the Edge." In *Washington Times* (15.10.2006).

Brinkley, Joel/Weisman, Steven R. "Rice Seeks Details on Pakistani's Nuclear Help to Iran." In *NYT* (16.03.2005).

Brooke, James. "North Korea says it has nuclear weapons and rejects talks." In *NYT* (10.02.2005).

Busse, Nikolas. "Bushs neue Rüstungskontrolle." In *FAZ* (17.02.2004).

_____. "Nordkoreas Raketenprogramm – Wieder ein Fehlschlag." In *FAZ* (05.07.2006).

Chronik eines angekündigten Krieges. In *Spiegel Online* (18.09.2003), unter http://www.spiegel.de/politik/ausland/0,1518,265296,00.html (Stand: 12.02.2004).

Cody, Edward. "N. Korea Agrees to Nuclear Disarmament." In *Washington Post* (13.02.2007).

Cohen, Roberta. "Talking Human Rights With North Korea." In *Washington Post* (29.08.2004).

Demick, Barbara. "Has Bush Overstated North Korean Threat? – Asia: Although regime is lumped in an 'axis of evil', experts say its dialogue with South has eased regional tensions." In *Los Angels Times* (07.02.2002).

DPRK Foreign Ministry Spokesman on Its Missile Launches. In KCNA (07.07.2006), at http://www.kcna.co.jp/index-e.htm (Stand: 14.08.2006).

DPRK Foreign Ministry Statement. "Conclusion of non-aggression treaty between DPRK and U.S. called for." In KCNA (25.10.2002), at http://www.kcna.co.jp/index-e.htm (Stand: 14.05.2004).

Ekert, Paul. "US, Japan agree overhaul of security ties." In *Washington Post* (01.05.2006).

Erling, Johnny. "Nordkorea bietet einen „neuen kühnen Plan" an." In *Die Welt* (29.08.2003).

Faiola, Anthony. North Korea Test-Fires Seventh Missile – Launch Comes After Controversial Long-Range Rocket Fails; U.N. Session Set After U.S., Japan Condemn Action. In *Washington Post* (05.07.2006).

Fortschritte bei Nordkorea-Gesprächen. In *FAZ* (27.02.2004).

Gemeinsame Erklärung. In *Die Welt* (20.09.2005).

Gibney, Frank. "As South Koreans look ahead, U.S. policy is stuck in past." In *Los Angels Times* (25.04.2004).

Hoge, Warren. "Security Council Backs Sanctions on North Korea." In *NYT* (15.10.2006).

_____. "U.N. Council, in Weakened Resolution, Demands End to North Korean Missile Program." In *NYT* (16.07.2006).

Huang, Jing, Xiaoting Li. Pyongyang's Nuclear Ambitions: China Must Act as a "Responsible Stakeholder" (The Brookings Institution, 13.10.2006).

Illinger, Patrick. "Das Gespür für die feinen Kurven." In *Süddeutsche Zeitung* (10.10.2006).

Kahn, Joseph/Chira, Susan. "Chinese Official Challenges U.S. Stance on North Korea." In *NYT* (09.06.2004).

Kommentare – Nicht bedroht. In *FAZ* (16.07.2006).

Kumar, Hari, David E. Sanger. "India Reports a Long-Range Missile Test." In *NYT* (10.07.2006).

Lague, David. "Bank Freeze Stalls North Korean Nuclear Talks." In *NYT* (22.03.

2007).
_____. "China Ends North Korea Talks Amid Delay in return of Funds." In *NYT* (23.03.2007).
Libyen rüstet ab. In *FAZ* (21.12.2003).
Nordkorea bestreitet Besitz von Nuklearwaffen. In *FAZ* (28.08.2003).
Nordkorea macht Rückzieher. In *FAZ* (20.09.2005).
Nordkorea will offenbar keine weiteren Atomgespräche. In *FAZ* (31.08.2003).
Nordkorea will sein Atomprogramm aufgeben. In *FAZ* (19.09.2005).
Nordkorea will weitere Raketen testen. In *FAZ* (06.07.2006).
Nordkoreas Raketentests – „Hoffe, sie treffen die richtige Wahl." In *FAZ* (10.07.2006).
North Korea Is Defiant Over U.N. Council Nuclear Resolution. In *NYT* (17.07.2006).
North Korea says U.S. is Stalling Nuclear Talks. In *NYT* (26.02.2004).
O'Hanlon, Michael E. "Let's Rethink America's Global Military Presence." In *The Baltimore Sun* (13.03.2003).
_____. "Sensible Plan for South Korea." In *The Japan Times* (29.11.2003).
_____. "Why America's South Korea Plan Makes Sense." In *The International Herald Tribune* (10.06.2004).
O'Neil John. "U.N. Council to Address Tests by North Korea." In *NYT* (05.07.2006).
Onishi, Norimitsu, David E. Sanger. "Missile Fired by North Korea; Tests Protested." In *NYT* (05.07.2006).
Pan, Philip P. "South Korea tries to broker deal between U.S. and North Korea." In *Washington Post* (25.02.2004).
Pan, Philip P., Glenn Kessler. "North Korea Talks ending without Agreement." In *Washington Post* (27.02.2004).
"Perle-Nuklearanlagen in Nordkorea angreifen." In *FAZ* (17.06.2003).
"Pjöngjang droht mit Atomtest." In *FAZ* (26.06.2004).
Pomfret, John. "U.S., North Korea Don't Bend on Arms – No Movement at Nuclear Talks in Beijing." In *Washington Post* (28.08.2003).
"Resolution 1718 – Harte Sanktionen gegen Nordkorea." In *Süddeutsche Zeitung* (14. 10.2006).
"Rice Refuses to Be Pinned Down on U.S. Exit From Iraq." In *NYT* (19.01.2005).
Rühl, Lothar. "Theorie und Praxis der Bush-Doktrin." In *FAZ* (01.09.2003).
Sanger, David E. "U.S. Said to Weigh a New Approach on North Korea." In *NYT*

(18.05.2006).

Schneppen, Anne. “Pjöngjang gegen den Rest der Welt.” In *FAZ* (06.07.2006).

_____. “Schlimme Szenarios in Asien – Nordkoreas Diktator Kim Jong-il hält die Welt in Atem.” In *FAZ* (09.10.2006).

Sechser-Gespräche in Peking. Nordkorea-Gipfel endet ohne greifbaren Erfolg. In *Süddeutsche Zeitung* (29.08.2003).

Sechs-Gespräche. “Nordkorea -Streit schwelt weiter.” In *FAZ* (28.02.2004).

Shim, Jae-yun. “Washington Seeks “Transformation” of North Korean Regime: Hadley.” In *The Korea Times* (08.12.2004).

“Sicherheitsrat beschließt Sanktionen gegen Nordkorea.” In *FAZ* (14.10.2006).

Sommer, Theo. “Mit Pauken und Raketen.” In *Die Zeit* (10/2003).

_____. “Wahnsinn mit Methode- Nordkorea droht mit Atomtests.” In *Die Zeit* (37/2003).

Stout, David, O’Neil John. “North Korea’s Claim Is Met With Doubt and Anger.” In *NYT* (09.10.2006).

Streit über Atomprogramm. “Gespräche zwischen Amerika und Nordkorea in Berlin.” In *FAZ* (17.01.2007).

“Talks on North Korea Nuclear Program End.” In *NYT* (26.06.2004).

“Text of Joint Statement From Nuclear Talks.” In *NYT* (19.09.2005).

Thränert, Oliver. “Nordkorea unterläuft den Atomwaffensperrvertrag.” In *Die Welt* (19.11.2002).

“U.S. More Dangerous than North Korea.” In *Chosun Daily* (12.01.2004).

“Washington kommt Pjöngjang entgegen – Öl für Abrüstung.” In *FAZ* (13.02.2007).

Washington warnt Nordkorea vor “Provokationen”. In *FAZ* (05.07.2006).

Whitney, Craig R. “NATO at 50: With Nations at Odds, Is It a Misalliance?” In *NYT* (15.02.1999).

Yardley, Jim. “North Korea to Close Reactor in Exchange for Raft of Aid.” In *NYT* (13.02.2007).

“Zweite Runde im Oktober? – Nordkorea-Gespräche ohne größere Fortschritte.” In *FAZ* (29.08.2003).

색 인

| ㄱ |

| ㄷ |

| ㄹ |

| ㅁ |

| ㅂ |

| ㅅ |

| ㅇ |

| ㅈ |

| ㅊ |

| ㅋ |

| ㅌ |

지은이 후기

1991년부터 (주)LG유통에서 7년 가까이 근무하다가 사업부의 장기비전 수립 프로젝트("LEAP 2005")를 끝으로 여의도 트윈타워를 떠나, 한반도의 미래를 생각하며 장차 다가올 통일에 대비하여 무엇인가를 준비해야 한다는 포부를 가지고 분단과 통일의 경험이 녹아있는 독일에 갔다. 공부하는 과정에서 통일문제의 정치적인 성격과 관련하여 한국에서 전공했던 경제학을 바탕으로 자연스럽게 정치학을 공부하게 되었다.

처음부터 새로이 시작한 정치학 공부는 기본개념부터 익혀야 했으며, 이 기본과정(Grundstudium: 우리의 학부에 해당)에서 독일인 특유의 논리적인 사고(思考)능력을 배울 수 있었다. 그리고 본 과정(Hauptstudium: 대학원 과정에 해당)의 여러 세미나에서는 다양한 독서와 토론을 통해 정치, 경제, 사회 전반에 대한 식견을 고양할 수 있었다.

북한 핵문제의 해결이 한반도 통일의 첫걸음이라 생각하여 "미국의 이해관계에 따른 대북정책"을 주제로 디플롬 학위논문을 쓴 다음, 이를 보다 확대·심화하여 「탈냉전기 미국의 외교·안보정책과 북한의 핵정책」이란

논문으로 2007년 7월 박사학위를 받았다.

지도교수 토마스 예거(Thomas Jäger)는 쾰른대학교에서 국제정치를 강의하고 있으며, 국제관계/외교정책/안보와 전쟁 등 다양한 분야에 관심을 가지고 있고, 특히 독일 내 미국 외교·안보정책의 전문가이다.

학위논문은 전문서적 출판사(VDM Verlag)의 제의로 2008년 4월 독일에서 정식으로 출판되었다. 이후 미국의 북한 테러지원국 해제와 관련한 Article을 작성하여 2009년 상반기 독일 포츠담대학에서 발간하는 "Welt Trends"라는 국제정치학 학술지에 실리게 되었다.

독일로의 유학은 영어참고문헌은 물론, 그 밖에 다른 독일어권(오스트리아, 스위스) 문헌도 참조할 수 있기 때문에 영미권 유학의 경우와 비교해 볼 때, 관련 전공 분야에 따라 보다 폭넓은 시야를 갖출 수 있는 장점이 있다고 생각한다.

학위를 받은 후 베를린의 주독대사관에서 전문연구관으로 일할 수 있는 기회가 있었다. 독일 정부 부처나 정당, 경제단체 등에서 개최하는 세미나, 견학 등을 통해 알게 된 독일사회에 대한 심층적인 이해와 경험은 향후 한국사회의 정치·경제·사회·노동 등 여러 분야의 정책수립에 중요한 역할을 할 토대가 될 수 있으리라 믿는다. 특히 남북관계의 개선, 한반도 통일, 주변 강대국 외교 등 다양한 문제들에서 올바른 정책방향을 설정하는 데 미약하나마 도움이 될 것으로 확신한다. 또한 이러한 체험은 독일의 연구기관들과의 상호교류시에도 많은 도움을 줄 것이라고 기대해 본다.

돌이켜보면 유학생활은 계속되는 크고 작은 새로운 문제들을 해결해 가는 과정이라 할 수 있으며, 이러한 어려움들을 극복하고 디플롬 및 박사학위를 받게 된 것은 기쁜 일이었다. 유학 초기의 꿈대로 한반도의 미래를 위해 일할 수 있게 된다면 더욱 보람된 일이 될 것이다.

2011년 10월

조성복

지은이 소개

❖ **조성복**

(cho_sungbok@naver.com)

■ **주요 학력사항**

서울 세곡초등학교, 오류중학교, 우신고등학교 졸업
연세대학교 상경대학 경제학과 졸업
독일 듀이스부륵-에센대학교(Universität Duisburg-Essen)
정치학 학사/석사
독일 쾰른대학교(Universität Köln) 정치학 박사

■ **주요 경력사항**

(현) 참여정책연구원 연구위원(2011~)
국회사무처(2010~2011)
베를린, 주독대사관 전문연구관(2008~2010)
(주) LG 유통(1991~1997)

저서 | *Die Außen- und Sicherheitspolitik der USA und Nordkoreas*, Saarbrücken: VDM Verlag, 2008

논문 | "Runter von der Terrorliste - was nun?" Atomverhandlungen mit Nordkorea, *Welt Trends*(Zeitschrift für internationale Politik), Nr. 66, Mai/Juni 2009

탈냉전기
미국의 외교·안보정책과 북한의 핵정책

인　쇄: 2011년 12월 8일
발　행: 2011년 12월 15일

지은이: 조성복
발행인: 부성옥
발행처: 도서출판 오름
등록번호: 제2-1548호(1993. 5. 11)

주　소: 서울특별시 서초구 서초동 1420-6
전　화: (02) 585-9122, 9123 / 팩　스: (02) 584-7952
E-mail: oruem@oruem.co.kr
URL: http://www.oruem.co.kr

ISBN 978-89-7778-367-6 93340